W0233356

Wolfgang Sehringer, Petra Scheltwort
Unterrichten: Reflexion und Training

Kontakte

Kontakt zum Projektteam ist per Post oder e-mail möglich und ausdrücklich erwünscht. Der Aufbau des Systemmodells als ein Gefüge von Modulen lädt zur Fortentwicklung ein. Ganz demonstrativ wurde deshalb jeweils auf der letzten Ableitungsstufe, nämlich auf der der *Tätigkeitsbeschreibungen*, eine Leerzeile vorgegeben, um den Benutzer zu ermuntern, eigene Operationalisierungen zu formulieren und einzugeben.

Anschriften

Zu Fragen des Inhalts:

Prof. Dr. Wolfgang Sehringer
Im Grün 5
D-79650 Schopfheim

Tel.:   07622-7544
Fax: 07622-6677865

e-mail: Wolfgang_Sehringer@yahoo.de

Dipl. Päd. Petra Scheltwort
Gerhart-Hauptmann-Str. 22
D-69221 Dossenheim

Tel./Fax: 06221-879166

scheltwp@ph-heidelberg.de

Zu Fragen des technischen Umgangs:

Marc Piotrowski

zu erreichen über:
Prof. Dr. Wolfgang Sehringer, siehe oben.

Wolfgang Sehringer, Petra Scheltwort

Unterrichten: Reflexion und Training

Ein Modell zur Evaluation und Innovation des Lehrens

mit CD-ROM
Lehrerhandeln im Unterricht

Ein systemisches Beobachtungs-, Beschreibungs- und Deutungsinstrument zur Diagnostik unterrichtlicher Kompetenzen

Herausgegeben von Jörg Petersen und Gerd-Bodo Reinert

Gedruckt auf umweltbewusst gefertigtem, chlorfrei gebleichtem
und alterungsbeständigem Papier.

1. Auflage. 2004
Nach der Neuregelung der deutschen Rechtschreibung
© by Auer Verlag GmbH, Donauwörth
Alle Rechte vorbehalten
Das Werk und seine Teile sind urheberrechtlich geschützt. Jede Nutzung
in anderen als den gesetzlich zugelassenen Fällen bedarf der vorherigen
schriftlichen Einwilligung des Verlages. Hinweis zu §52a UrhG: Weder
das Werk noch seine Teile dürfen ohne eine solche Einwilligung einge-
scannt und in ein Netzwerk eingestellt werden. Dies gilt auch für Intra-
nets von Schulen und sonstigen Bildungseinrichtungen.
Satz: Fotosatz H. Buck, Kumhausen
Druck und Bindung: Ludwig Auer GmbH, Donauwörth
ISBN 3-403-04109-3

Inhaltsübersicht

Vorwort

Das vorliegende Werk soll vornehmlich denen nützen, die selbst Unterricht halten – und die darüber hinaus bedenken wollen, was beim Unterrichten von ihnen ausgeht, gesehen unter *didaktisch-methodischen* wie *pädagogisch-psychologischen* Hinsichten.

Anlässe und Gelegenheiten dazu kann es an vielen Stationen im Berufsleben geben: in den Phasen der Ausbildung zum Lehrer (vielleicht systematisiert), in den Angeboten der Lehrerfort- und -weiterbildung zur Aktualisierung des Wissens und Könnens (eher eklektisch) und (ganz pragmatisch) an allen Tagen, an denen die unterrichtlichen Probleme und mühevollen Versuche zu ihrer Bewältigung nicht weichen wollen. Aber auch eine professionelle Neugier soll gelten: Wer hätte nicht gerne einmal genauer gewusst, in welcher Weise er in einer einzigen Unterrichtsstunde tätig wird?

Mein Antrieb zur Bearbeitung des Themas entstammt aus Aufgaben der rückwärtigen Seite des Klassenzimmers. Auf dem Stuhl des Beobachters in der letzten Reihe konnte ich gegen ein alle Jahre wiederkehrendes Missvergnügen nicht aufkommen. Als Hochschullehrer an der PH Heidelberg gehörte es zu meinen dienstlichen Pflichten, Praktika der Studierenden zu betreuen und gutachtlich zu bewerten. *Nach welchen Kriterien sollte dies geschehen?* Wohl hatte ich selbst eine siebenjährige Unterrichtszeit als Gymnasiallehrer hinter mir, als ich hierher berufen wurde. Und natürlich meinte ich zu wissen, worauf es ankommt – gestärkt auch durch mein Fach an dieser Hochschule, der Pädagogischen Psychologie. Dennoch: Beides bewahrte mich nicht vor manchmal heftigen Differenzerfahrungen mit Kolleginnen und Kollegen in der Wahrnehmung und Einstufung unterrichtlicher Vorgänge. Da halfen kein Literaturstudium und auch kein Diskurs. Manche Kollegen bezweifelten sogar aus Grundsatz, dass dieser Zustand des Kriterienmangels und der Beliebigkeit der Hinsichten je geändert werden könne.

Hier wird der Beweis des Gegenteils vorgestellt – oder sachlich angemessener gesagt: eine Konzeption vorgeschlagen, die es ermöglichen soll, phänomennah und doch theoriegebunden über das *tatsächliche* Handeln des Lehrers im Unterricht so differenzierte wie relevante Auskünfte zu geben.

Zur *Wahrnehmung* dessen, was ist, wurde ein Modell entwickelt, das vor allem Zweierlei erlaubt: die Wahrnehmungseinheit zoomartig zu vergrößern oder zu verkleinern *und* die Phänomene aus ganz verschiedenen Perspektiven zu erfassen. Hat man sich in der Wahl des Erfassungsmodus' verständigt, dann sollte es über den Befund wenig Uneinigkeit geben –

vorausgesetzt, die Beobachter haben sich genügend Übung im Umgang mit den Kriterien angeeignet. Die *Bewertung* ist ein von der Wahrnehmung strikt zu trennender Arbeitsgang. Dem Beobachtungssystem wohnt keine „Messlatte" inne, aus der abzulesen wäre, welche Handlungsweisen stets einen „idealen" Unterricht oder eine „gute" Lehrkraft kennzeichnen. Weiß man doch, dass es nicht *ein* bestimmter Unterrichtsstil ist oder *eine* bestimmte Lehrstrategie, die „effektives" Unterrichten kennzeichnen. *Kriterien zur Beurteilung* sind eigens zu bestimmen und zu begründen. Dafür machen wir Vorschläge. In den Kriterien zur *Diagnose* gründen die Kriterien zur *Therapie*, wobei die Therapie der Diagnose invers ist. Ein Instrument zur Beobachtung von Unterricht mit seinen unterrichtspraktischen Anregungen und deren theoretischen Begründungen zur Verbesserung des Unterrichtsnutzens bietet sich daher in gewisser Weise auch zur *Gestaltung von Unterricht* an: als Hilfe für den Anfänger, der das Lehren lernen will und Auskunft darüber sucht, *wie* man etwas macht und mit welchen Gründen, als Anregungen für alle, die ihr Repertoire erweitern wollen, und eben auch als *text-book* für jene, zu deren Profession es gehört, das Lehren zu lehren und zu beurteilen. Diese Hilfen haben zweierlei Gestalt: Sie erscheinen als thematisch geordnete Listen von Handlungsvorschlägen für die Praxis sowie als theoretische Modelle zur Generierung von Praxis. Beide können von Nutzen sein, wenn endlich einmal daran gedacht würde, *Schulreformen als Reformen des Unterrichtens* zu verstehen. An organisatorischen und curricularen Anläufen für eine veränderte Schule ist schon lange kein Mangel. Will man jedoch den Anstrengungen um einen erfolgreichen Unterricht wirklich eine Chance geben, dann sollte man dort hinsehen, wo er stattfindet, nämlich in das Klassenzimmer, auf die Lehrer, auf die Schüler. Dies müsste dann bedeuten, dass es am wichtigsten ist, sich den *individuellen Tatsachen* zuzuwenden, statt weiterhin hehre allgemeine Ziele zu buchstabieren und immer noch das Heil im Ringen um neue organisatorische Strukturen zu suchen. Wie schon gesagt: „Effektiver" Unterricht kommt in der Tat auf recht vielfältige Weise zustande. Reformen hätten deshalb am Unterrichts*alltag*, so wie er ist, anzusetzen. Dann hieße die institutionelle Aufgabe, diejenigen zu unterstützen, die ihre pädagogische Praxis forschend beobachten und theoriegestützt reflektieren wollen. Es bedeutete, die kollegiale Zusammenarbeit und Unterstützung zu erleichtern, Gelegenheiten zu kollegialen Unterrichtsbesuchen zu begünstigen, die Bildung von Tandems und Teams zu ermöglichen. Warum? Weil es bei einer Reform des Unterrichtens zuvörderst darum gehen sollte, der Befähigung jedes *Ein-*

zelnen zur Entwicklung *seines* Unterrichts und *seiner* Schule die nötige Gelegenheit zu verschaffen.

Die immer noch nicht zureichend beantwortete Frage, *was Lehrkräfte können müssen*, ließe sich mit dem hier vorgestellten Beobachtungsinstrument am jeweiligen Ort, nach den jeweiligen Umständen und den jeweils beteiligten Personen angemessener bestimmen als durch generalisierte – und darum verständlicherweise nicht überall angemessene – Verhaltensempfehlungen, wie sie die Unterrichtsforschung bislang formulierte. Dann vermöchte jede einzelne Lehrperson an ihrem Platz sich mit den für sie *realen* wie *realisierbaren Ansprüchen* auseinanderzusetzen. Sie könnte aus dem Erhebungsbefund sich beispielsweise fragen, welche Stärken sie noch besser zu nutzen wüsste und was ihr jetzt schon alles an Wissen und Können zu Gebote steht. Denn geht es im Alltag heute nicht häufig darum, wie man es schafft, angesichts so vieler selbstwertkränkender Erlebnisse noch länger an sich und seine Tüchtigkeit zu glauben? Eine systematische und umfassende Unterrichtsanalyse, wie wir sie mit dem Beobachtungssystem ermöglichen, könnte sichtbar machen, in welcher Richtung Erweiterungen des Repertoires zu suchen sind, mit denen man wieder ein Stück voran kommt.

Für tatkräftige Unterstützungen wie nachhaltige Ermunterungen bei der Arbeit an der CD-ROM habe ich vielfach zu danken. Der Senat der PH Heidelberg gewährte mir nach meiner Pensionierung (1994) eine erste finanzielle Ausstattung für das Vorhaben, das als Forschungsprojekt der Hochschule 1997 unter der Bezeichnung „Lehr-Lernwege-Analysen" (LLA) begann. Ebenso bin ich dem früheren Rektor, Herrn Prof. Dr. L. Schwinger, für seine wohlwollende Begleitung dieser Arbeit sehr dankbar, die sich auch darin ausdrückte, dass er nach dem Auslaufen der gewährten Projektmittel die zur Weiterarbeit benötigte Räumlichkeit weiterhin zur Verfügung stellte.

Von Anfang an hatte ich ungewöhnlich anregende und hilfsbereite Geister um mich: Frau Konrektorin Christa Bosten, die alles, was zur Schulpraxis zählt, uns lebendig machte, Frau Dipl. Päd. Petra Scheltwort, die als mein alter ego sich dem Projekt vom ersten Gedanken an verschrieb, und Herrn Akad. Oberrat, Dipl. Päd. Wolfram Ulrich, der einst als geschäftsführender Leiter des Audiovisuellen Zentrums der PH Heidelberg wie jetzt auch noch als Pensionär sich immer mit Rat und Tat einsetzte (und jüngst noch die Vorfassung des Begleitbuchtextes einer gründlichen Inspektion unterzog). Dank Frau Bostens so bewundernswerter Bereitschaft nicht nur stets für Unterrichtsaufzeichnungen zur Verfügung zu stehen, sondern – wo gibt es das noch – dank ihres ungewöhnlichen Angebotes, unsere Studierenden jederzeit (!) und umstandslos als aufmerksame Beobachter in ihren Unterricht aufzunehmen und sich den Protokollen und Analysen in den von uns (Sehringer/Bosten/Ulrich) veranstalteten Hauptseminaren zu stellen, konnte ein lebhafter Theorie-Praxis-Kreislauf stattfinden. Nicht nur, dass dessen Pulsschläge vielspurig das vorliegende Werk durchdringen. Forschend studieren – was das heißen kann, wurde hier für manche Studierende zum Ereignis. Frau Scheltworts Teilhabe am Gelingen der sich über so viele Jahre erstreckenden Arbeit kann nicht an einzelnen Bereichen aufgezeigt werden. Sie arbeitete dort weiter, wo ich aufhörte, sie dachte voraus, wo ich noch überlegte, sie brachte Kompetenzen ein, die ich nicht hatte, sie übernahm nichts, was nicht ihrer Prüfung standhielt, und so manches Mal entwickelte sich ein Wettbewerb der Ideen zwischen uns – kurzum, ich danke Frau Scheltwort nicht nur für alles, was sie in so reichem Maße zum Gelingen des Werkes beigetragen hat. Ich danke ihr für das Erlebnis einer idealen Zusammenarbeit. Ohne sie hätte ich das jetzt erreichte Ziel zu hoch gesteckt gehabt.

In der Anfangsphase der Entwicklung des Beobachtungsmodells fand ich eine wichtige Unterstützung in einer Arbeitsgruppe, die als *brain trust* wie als *controller* mithalf, zu brauchbaren Listen für die Tätigkeitsbeschreibungen zu kommen. In gleichem Maße sorgte sie dafür, dass die Begriffserläuterungen des Glossars und des Stichwortverzeichnisses so knapp wie verständlich ausfielen. Ihr gehörten neben, wie immer, Frau Scheltwort an: Frau Dipl. Päd. Mechthild Barth-Stubbe, Frau Elke Brohl, Frau Yvonne Englert, Frau Dipl. Phys. Anna Suhai und Frau Dipl. Päd. Dorothea Witt. Wenn sie sich alle, so wie ich, an diese Zeit als eine herausgenommene Zeit des Entdeckens und Erfindens, des Analysierens und Kombinierens erinnern, dann haben wir sehr produktive Arbeitssitzungen zustande gebracht. In späteren Phasen haben Frau Barth-Stubbe und Frau Suhai sich noch in besonderer Weise für das Gelingen des Werkes eingesetzt. Frau Barth-Stubbe unterzog die gesamte CD-ROM einer systematischen Lektorierung, Frau Suhai testete in den von ihr betreuten Schulpraktika im Fach Evangelische Theologie die verschiedenen Einsatzmöglichkeiten des Werkes (siehe 📖 S. 208 f.: Merkblatt zur Nachreflexion auf unterrichtliches Handeln nach den *Basiswerten*).

Selbstverständlich unterzogen wir das Werk in den verschiedenen Stadien seiner Entstehung ausführlichen Erprobungen. Studierende haben in vielen Hausarbeiten dazu wichtige Beiträge geleistet. Gegen Ende der Fertigstellung der CD-ROM wurden sowohl Seminarleiterinnen und Seminarleiter aus den Studienseminaren der verschiedenen Schularten in Nordbaden und Nordwürttemberg als auch Fachkolleginnen und Fachkollegen aus verschiedenen Hochschulen um Stellungnahmen gebeten. Sie alle haben durch ihre Beiträge mitgeholfen, die Spur zu halten und den Mut nicht zu verlieren. Stellvertretend für alle möchte ich Herrn Dr. Reinhold Miller nennen und danken, der von Anfang an uns mit seinem Interesse und seinem Zuspruch begleitete.

Eine besonders heikle Aufgabe hatte derjenige übernommen, der sich daran machte, das schließlich hochvernetzte System des Modells und seiner Ausfaltungen mediengerecht aufzubereiten. Bei der allerersten Fassung der CD-ROM war der Aufwand noch vergleichsweise gering. Je mehr jedoch die Arbeit an der Systematik voranschritt, mit um so umfänglicheren und differenzierteren Wünschen sah sich Herr Marc Piotrowski, zunächst noch als Student, später als Mitinhaber der Firma *advanced media*, Heidelberg, konfrontiert. Die CD-ROM ist sehr umfänglich geworden. Für seine stets geduldige Bereitwilligkeit, meinen sich im Laufe der Entstehung der CD-ROM da und dort wandelnden Gestaltungsideen zu folgen und mir Unkundigem dabei mit hilfreichen Vorschlägen beizustehen, sei ihm an dieser Stelle sehr gedankt.

Ich möchte nicht schließen, ohne dem Menschen von ganzem Herzen zu danken, der all die – in unserem Alter – kräftezehrenden Lebensumstände dieser Jahre mitgetragen hat und mir damit die Arbeit an diesem Werk ermöglichte, meiner Frau: Danke, Marlies, danke.

Wolfgang Sehringer

Nur Stichwörter:
Zum Verfahren und seiner Verwendung

Das Verfahren dient der methodisch-didaktischen Identifikation und der pädagogisch-psychologischen Klärung überfachlicher Kompetenzen. Denn diese stellen eine bedeutsame Komponente des beruflichen Erfolges dar.

1 Das Instrument zur Beobachtung und Gestaltung von Unterricht

Einsatzbereich:
Klassenzimmerunterricht in allen Schularten und Schulstufen. Zur Beobachtung, Beschreibung, Deutung und Gestaltung unterrichtlichen Handelns. (siehe auch 🕮 „Das Praktische: Einsatzbereiche", S. 72 und „Das Praktische: Einsatzorte", S. 98)

Verfahren:
1. *Ziele:* Das Verfahren dient der didaktischen Identifikation und pädagogisch-psychologischen Klärung *überfachlicher* Kompetenzen. Denn diese stellen eine bedeutsame Komponente des beruflichen Erfolges dar. (siehe auch 🕮 „Etwas Theorie: ... Zielsetzungen", S. 31)

2. *Theorie:* Die Konzeption ist neuartig. Sie gründet in einem *Vier-Komponentenmodell,* das das Lehrerhandeln im Unterricht als einen Spezialfall *kommunikativen* Handelns versteht. (siehe auch 🕮 „Etwas Theorie: ... Die Konzeption des Systemmodells, S. 40 ff.)

3. *Aufbau:* Die Entfaltung des Konstrukts führt – in einem Modulverbund – über ein mehrfach abgestuftes *System begrifflicher Differenzierungen* zu einem Breitbandinventar mit einer Fülle didaktisch relevanter *Tätigkeitsbeschreibungen.*
Damit können unterschiedliche *Analyseebenen* angeboten werden, die es den Benutzern erlauben, das Modell gemäß ihres Beobachtungsinteresses gezielt nach Fragestellung und Verarbeitungstiefe einzusetzen.

> Die *Tätigkeitsbeschreibungen* sind sprachlich einfach formuliert. Vermieden werden darin didaktische oder psychologische Fachausdrücke, soweit sie nicht bereits umgangssprachlich geworden sind. Zudem: Für sämtliche Systembegriffe wie auch für eine Vielzahl von Fachausdrücken in den begleitenden Texten steht ein umfängliches *Wörterbuch* zur Verfügung.

Diese Eigenschaften des Beobachtungssystems erleichtern eine quasi-operationale kategoriale Diagnostik und sie ermöglichen eine differenzierte dimensionale Beschreibung vielfältiger Lehr-Lernarrangements. Mit beidem werden unerlässliche Voraussetzungen zur *Kennzeichnung der Qualitäten des Lehrerhandelns im Unterricht* geschaffen. (siehe auch 🕮 „Etwas Theorie: ... Entfaltung des Modells", S. 45)

4. *Auswertung:* Ein auch partiell und gestuft einsetzbares *Protokollmodell* organisiert die Protokollierung der Beobachtungen. Die Ausführlichkeit

der Itemlisten macht es möglich, auch spezifische Handlungsweisen theoriebezogen zu erfassen. (siehe auch 📖 „Etwas Theorie: ... Evaluation", S. 56 und „Das Praktische: ... Lehrerhandlungen analysieren", S. 80)

Anwendungen:

a) Das Beobachtungssystem kann sowohl als Instrument der *Fremd-* wie der *Selbstbeobachtung* zur Kennzeichnung der Eigenarten des Lehrerhandelns im Unterricht eingesetzt werden. Es dient damit sowohl Fremdbeurteilungs- wie Selbststudiumszwecken. Dazu liefert es *Manuale* zur Protokollierung des Lehrerhandelns im Unterricht in Lang- und Kurzfassungen sowohl in Papier- und Bleistiftform wie als Datenbank zur rechnergestützten Erfassung der Beobachtungen.

b) Es bietet darin ein Instrumentarium für eine sachverhaltsnahe, *professionelle Beschreibung unterrichtlichen Geschehens*: zur Schärfung des Blicks, zur Spezifizierung der Phänomene, zur Sicherung des Gesamturteils. Dazu gehören:

• Etablierung einer „Sprache" für eine theoriebezogene Beschreibung von Unterricht[1]
• Aufweis der Tiefenstrukturen unterrichtlicher Kommunikation
• Vermittlung zwischen Abstraktion und Konkretion
• Vermittlung zwischen Theorie und Praxis

c) Dabei leistet das Systemmodell nicht nur eine theoriebezogene *Deskription* des Beobachteten, sondern es erlaubt auch eine problembezogene, zielgerichtete, handlungsleitende *Beratung* (Analyse des Problems, Feststellung der Ziele, Herausarbeiten zielführender Handlungen).

d) Es eignet sich zur *Planung von Unterrichtsgestaltungen*, da es

• erlaubt, Strategien der Instruktion wie der Klassenführung in ihrer *didaktischen* Qualität zu identifizieren und
• in den Tätigkeitsbeschreibungen *theoriebezogene* Vorschläge zu ihrer Inszenierung anbietet.

Mit alledem stellt es auch Hilfen zur Erstellung eines didaktisch aufgeklärten *Unterrichtsentwurfs* zur Verfügung. (siehe auch 📖 „Das Praktische: Anwendungen": Unterricht gestalten, S. 88)

Training:
Das Beobachtungssystem erfordert eine gründliche Einübung in das systembezogene Sehen und Protokollieren.

---

1) Für alle Fachausdrücke und Fremdwörter verweisen wir auf das Glossar und das Stichwortverzeichnis im Programm der CD (✔ F12: Glossar)

2 Verwendung der CD-ROM nach Zielgruppen

Die CD-ROM eignet sich für vier große Berufsgruppen zu unterschiedlichen Zwecken:

A. Hochschullehrer und Seminarleiter

(insbesondere für Didaktik, Schulpädagogik und Pädagogische Psychologie)

Verwendung in der Lehre:
- Als Theorie zur Aufklärung der Praxis (siehe auch 📖, S. 40 ff.)
- Zur Erhöhung der Partizipation (siehe auch 📖 S. 98 ff.)
- Zur Unterstützung der Lehre durch Supervision (siehe auch 📖 S. 101 ff.)

Verwendung in den Praktika:
- Zur Beratung in der Gestaltung von Angebotssituationen im Unterricht (siehe auch 📖 S. 102 f.)
- Zum Einsatz in Trainingsveranstaltungen für Unterricht ganz unterschiedlicher methodischer Zielstellungen (siehe auch 📖 S. 103 f.)
- Anstoß einer Schulreform durch Unterrichtsreform (siehe auch 📖 S. 110)

B. Lehramtsstudenten, Referendare

- Als Einführung in die Psychologie des Unterrichtens
- Als Hilfe zur Vorbereitung auf Prüfungen in den Bereichen Didaktik, Schulpädagogik und Pädagogische Psychologie

C. Lehrer, Mentoren, Weiterbildner, Supervisoren

- Zur Vermittlung zwischen Theorie und Praxis (siehe auch 📖, S. 72 ff.)
- Zur Intensivierung von Trainingskursen (siehe auch 📖, S. 103 ff.)

D. Schulaufsicht

- Zur Objektivierung von Unterrichtsbeurteilungen (siehe 📖, S. 109)
- Zur Etablierung einer „Sprache", dadurch Transparenz der Kriterien: Schärfung des Blicks, Absicherung des Urteils, Spezifizierung des Gesamturteils
- Sicherung qualifizierender Aussagen (siehe auch 📖, S. 108)

Etwas Theorie:
Die Konzeption

> Die *Konzeption* ist neuartig.
> Sie gründet in einem Vier-Komponentenmodell, das das Lehrerhandeln
> im Unterricht als einen Spezialfall kommunikativen Handelns versteht.

3 Theoretisches: Lehrerhandeln beobachten

1 Hinführung

> **Was Kinder lernen, entscheidet sich im Unterricht!**
> (Jürgen Baumert, 2002, S. 30)

1.1 Lehrerhandeln im Unterricht – weiß man da Genaueres?

Obwohl Lehrer nicht selten häuslicher wie öffentlicher Nachrede ausgesetzt sind, weiß man in der Öffentlichkeit vermutlich wenig über das Lehrerhandeln im Unterricht. Auch in der Fachwelt waren andere Themen aus dem Bereich Schule in den letzten vierzig Jahren offenkundig attraktiver – oder zugänglicher, vielleicht auch politisch willkommener. Zumindest hatten sie ein allgemeines öffentliches Interesse hinter sich. Dies gilt, seit in unserem Lande eine – heute müssen wir sagen – *erste* „Bildungskatastrophe" durch Picht (1964), Dahrendorf (1965) oder Hamm-Brücher (1965) diagnostiziert worden war. Deren Blick auf die Lage war jedoch eigentümlich eng zentriert: Als Philosoph, Soziologe oder Politiker, die sie waren, leuchteten sie eigentlich nur zwei Bereiche aus, unter denen Schule begriffen werden kann: Sie richteten den Blick auf die *Organisationsformen* von Schule (man denke an die heftigen Auseinandersetzungen um die Schulformen „Dreigliedriges Schulsystem vs. Gesamtschule") und auf die *Lerninhalte* (wie sie dann in einer permanenten Debatte um Curriculumreformen die Gemüter bewegte und immer noch bewegt). Einerseits untersuchte man nach allen Regeln des soziologischen Handwerks die Systeme, wie sie sich beispielsweise in Beschulungsquoten, Abschlussquoten oder Bildungsausgaben und diesbezüglichen Benachteiligungen („das katholische Arbeitermädchen vom Saarland") darstellten, andererseits führte man eine vielschichtige Modernisierungsdebatte darüber, mit welchen Lerninhalten man den Übergang der Gesellschaft von einer „statischen" zu einer „dynamischen Gesellschaft" (Behrendt, 1963) unterstützen könnte (zusammenfassend siehe z.b. Ratke 1996). Heute wissen wir, dass man eine sehr *verkürzte* Diskussion geführt hat – und immer noch führt, wenn man sich nur um die Sachen und nicht auch um die Personen Gedanken macht. Oder schärfer ausgedrückt, man drückt sich um eine Wirklichkeitsprüfung. Der Frage, wie die Betroffenen mit den damals vorgetragenen Ideen umgegangen sind und umgehen konnten, weicht man aus. Mit den Folgen dieser Unterlassungen haben wir es heute zu tun.

Institution ↔ Curriculum

Abb. 1: Die verkürzte Diskussion

Was hat man übersehen? Zwei nicht minder wichtige Hinsichten kamen in der Modernisierungsdebatte fast gar nicht oder viel zu wenig vor, nämlich die Lernleistungen der *Schüler* und die unterrichtlichen Leistungen der *Lehrer*. Was die wissenschaftliche Unterrichtsforschung dennoch im Einzelnen bei der Erschließung dieser beiden Variabeln vorgebracht hatte, blieb weitgehend ohne Resonanz. Erst seit den internationalen Untersuchungen TIMSS und PISA gilt die öffentliche Aufmerksamkeit gezielt wenigstens der einen weiteren Frage, wie es um die *Effekte* schulischen *Lernens* nach all den Reformanstrengungen hierzulande steht. Die Auskünfte in den genannten Untersuchungen lesen sich sehr differenziert. Sie lassen es aber auch an Deutlichkeit nicht mangeln. So ist verständlich, dass die PISA-Ergebnisse derzeit in der Öffentlichkeit das Gefühl einer *zweiten* Bildungskatastophe erzeugt haben. Jetzt (endlich!) will man es genauer wissen, will wissen, wie es zu den so enttäuschenden Befunden kommen konnte. Signalisieren sie ein Scheitern der Organisationsreformversuche, Irrwege in den Curriculumvorgaben? Wer hierin immer noch die eigentlichen Ursachen sehen will, fordert eine neue Strukturdebatte und sieht nicht, dass er es damit bei den bisherigen Blickverengungen belässt – Blickverengungen, die einen der Hauptbeteiligten am schulischen Lernen weiterhin ein unbekanntes Wesen bleiben lässt: den *Lehrer*. Nicht allein was er lehrt und in welchem institutionellen Rahmen er dies tut, sollte immer wieder neu bedacht werden. Die PISA-Ergebnisse drängen auf eine Beantwortung der Frage, *wie* er lehrt und gegebenenfalls wie er sein Lehren verbessern könnte. Viele in diesem Beruf wollen es doch auch selbst wissen, wodurch sie wirken und womit sie etwas bewirken können. Aber kann ihnen jemand empirisch begründet sagen, was sie in der Tat zu einem *Experten* in ihrem Beruf macht? Da ist Bescheidenheit am Platze. *PISA* hat nur erhoben, wie *Schüler* den Unterricht verwertet haben. Was er ihnen geboten hat, wissen wir (fast) nicht.

Das Lehrerhandeln im Unterricht zu untersuchen, steht also nicht nur für die internationale Großforschung an. Es ist nach wie vor dort ein tägliches Thema, wo sich die Beteiligten der Professionalität ihres Handelns bewusst werden müssen: in der *Lehrerbildung*, der *Lehrerweiterbildung*, der *Unterrichtsberatung* aller Arten, aber auch in der *Unterrichtsbeurteilung*, beispielsweise durch die Schulaufsicht. In allen diesen Fällen käme es da-

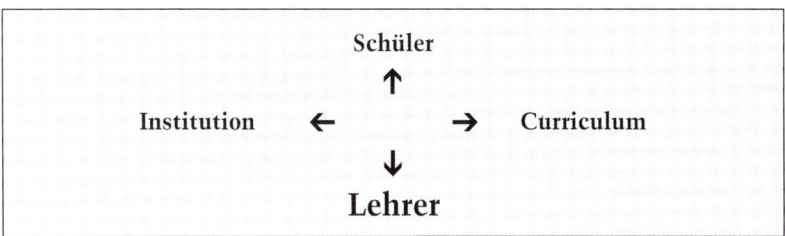

Abb. 2: Die unvollendete Analyse

rauf an, ein Instrumentarium zur Verfügung zu haben, das erlaubt, sachangemessen zu identifizieren, was *professionelles Handeln* kennzeichnet. Gerade daran mangelte es bislang.

Zwar gibt es mancherlei Beobachtungsbogen, die in Lehrerausbildungsstätten der ersten und zweiten Phase (zumeist) für den Eigengebrauch entworfen und zur Unterrichtsbeurteilung eingesetzt wurden. Sie befriedigten vielleicht ein Augenblicksbedürfnis der Verfasser oder deren Institution. Eine weite Akzeptanz fanden sie alle nicht. G.E. Becker stellte schon 1988 fest: „Es gibt fast so viele Kriterienkataloge zur Unterrichtsbeurteilung wie Lehrerausbildungs-Institutionen. Nach Schwark (1977) sollen allein im süddeutschen Raum 50 solcher Kataloge existieren ...". Zu deren Eigenschaften und Funktionen berichtet er: „Es gibt einige Kataloge, die sich auf die Durchführung des Unterrichts konzentrieren, andere, die auch den Planungsaspekt einbeziehen, und nur wenige, die auch die Auswertungsphase berücksichtigen, wobei die Gewichtung dieser drei Bereiche offen bleibt. In einigen Kriterienkatalogen taucht die Variable des Lehrenden, die Person des Lehrers oder die sog. Lehrerpersönlichkeit, gar nicht auf" (S. 86f.).

Was wir hier vorlegen, soll daher in Theorie und Praxis dem beklagten Sachstand zu Leibe rücken. Damit hatten wir uns aber nicht wenige Probleme aufgeladen. Fragen über Fragen tauchten auf. Einige davon sollen hier schon wenigstens stichwortartig benannt werden.

1.2 Unterrichtsbeobachtung: Ja – aber worauf kommt es an?

**Entscheidend für die unterschiedliche Einschätzung
der Kriterienkataloge durch die Anwender ist das
zugrundeliegende Theorieverständnis.**
(Becker, 1988, S. 88)

Trotz einer jahrzehntelangen Diskussion um eine methodisch-didakti-
sche und pädagogisch-psychologische Bestimmung von Unterricht fehlt
bis heute eine für die Praxis im Klassenzimmer taugliche psychologische
und pädagogische *Entschlüsselungskonzeption* der für das Lehren wie für
das Lernen *relevanten kommunikativen* Prozesse. So haben wir in der
Fülle der Publikationen keine gefunden, welche die gängigen Oberflächen-
merkmale für das Unterrichten nach ihren Tiefenstrukturen befragt *und*
sie zueinander in Beziehung setzt. Damit ist die tägliche Unterrichtsbeobachtung wie Unterrichtsbeurteilung dazu verurteilt, auf einer vorwis-
senschaftlichen Stufe zu verharren. Man behilft sich – wie man allerorten
sehen kann – schlicht mit Eklektik. Dabei sollte doch einer Schulfor-
schung nichts näher liegen, als das zu untersuchen, was im Unterricht
selbst geschieht. Erst jetzt, im Gefolge der PISA-Nachgedanken, kann
man das eigentlich Selbstverständliche lesen: *„Was Kinder lernen, ent-
scheidet sich im Unterricht"*, so Jürgen Baumert, Direktor am Max-
Planck-Institut für Bildungsforschung. Doch wie steht es um die Theoriebildung zum Lehren (vgl. dazu Terhart, 1983, 2000)? Entzieht sich der Gegenstand prinzipiell einer theoretischen Erschließung? Kann man über so
allgemeine Kennzeichnungen, wie sie die Untersuchungen zu effektiven
Lehrstrategien (Treiber & Weinert, 1982) oder zu Lehrstilen erbracht haben (vgl. Stapf, Herrmann, Stapf & Stäcker, 1972), nicht hinaus kommen?
Was überhaupt nützen Typisierungen, wenn es darum gehen muss zu wissen, was einen lernbegünstigenden Unterricht wirklich kennzeichnet? In-
teressanterweise fährt Baumert nach der oben zitierten Feststellung folgendermaßen fort:
*„Doch gerade der Unterricht unterscheidet sich im Schnitt *nicht* sehr
zwischen Bremen und München ... die Grundvorstellung von einem *gelungenen Unterricht* ist in ganz Deutschland ähnlich. Das zu verändern
ist die eigentliche Aufgabe. Stattdessen wird immer noch über Klassen-
größen gestritten. ... Ein besserer Unterricht muß sich aus den eigenen
Stärken heraus entwickeln, indem man das Repertoire schrittweise erweitert"* (Jürgen Baumert in einem Interview mit der Wochenzeitung
„DIE ZEIT" am 27.06.02, S. 30, Hervorhebungen W.S.).

Was jedoch ist „besserer" Unterricht?

Allein schon zur Beantwortung dieser Frage bräuchte man eine sehr differenzierte Beschreibungs- und Erfassungsmöglichkeit dessen, was Lehrer in der Tat tun, wenn sie im Unterricht sind. Ein solches Erhebungsverfahren müsste so trennscharf wie umfassend sein; es müsste erlauben, sowohl das Instruktionsgeschehen als auch das Klassenführungshandeln zu kennzeichnen – und dies nicht in Allerwelts- und Alltagsbegriffen (man denke an „autoritär", „sozial-integrativ", „Frontalunterricht", „Gruppenunterricht" oder „offener Unterricht" usw.), sondern in Unterscheidungen, die das methodisch-didaktisch wie pädagogisch-psychologisch Gemeinte als solches in seiner lebendigen Vielfalt zu identifizieren und professionell anzusprechen vermögen.

Die vielen, vielen Vorschläge aus der Didaktik zur Gestaltung von Unterrichtsabläufen seit Herbart (1802) haben der Praxis nicht wirklich aufgeholfen. Die stark strukturierenden Anweisungen wurden von Lehrern abgelehnt, weil man sie als unnötige Gängelei empfand, die Empfehlungen zu mehr Offenheit erwiesen sich als derartig allgemein, dass aus ihnen keine handlungsleitenden Hilfen mehr zu holen waren. Schließlich führte dies dazu, dass bereits 1971 die Feststellung zu lesen war: „Heute liegt die Gefahr nicht im Methodenkult, sondern in entgegengesetzter Richtung: in der Überschätzung der Improvisation, in der Planlosigkeit der Gestaltung, in der persönlichen Willkür, die keine allgemeinen Gesetze mehr anerkennen will. Der drohende Verfall der Unterrichtskunst legt die Aufgabe nahe, die innere und äußere Ordnung der Unterrichtsakte neu zu durchdenken" (Kopp 1971, S. 155). Sollte wirklich die „persönliche Willkür" Alltag in unseren Schulen sein, wie kann man da noch wissen, woran man professionelles Handeln der Lehrer erkennt? Entspringt diese Willkür einer Ideologie oder muss man in der Tat alle Lehrtheorien für nichts anderes als unverbindliche Empfehlungen halten? Optimale Lernschrittfolgen gar, kann es sie überhaupt geben?

Oder beschreiben Oser & Patry das gegenwärtige Theorie-Praxis-Missverhältnis treffender, wenn sie konstatieren: „Die didaktischen Kompendien zu Anweisungen an Lehrer und die Artikulationsschemata, stellen ein besonderes Problem, wenn sie sich – wie dies üblich ist – auf die Sichtstruktur beschränken. Die Gefahr ist groß, dass die Anweisungen die Form einer Rezeptsammlung annehmen, ohne dass Informationen auf theoretischer Ebene und unter Berücksichtigung ganzheitlicher Prinzipien vermittelt werden ..."? Und: „Auch die qualitative Unterrichtsforschung ... hat sich bisher vor allem auf die Sichtstruktur bzw. deren Interpretation bezogen ..." (1990, S. 48).

Angesichts solcher Behauptungen und Feststellungen sollte es doch zunächst einmal darum gehen, sich der Lage empirisch und so differenziert wie möglich zu versichern. Denn wenn auf der einen Seite festzustellen ist, dass professionelles Lehrerverhalten sich nicht an irgendwelchen Artikulationsschemata (d.h. an verbindlichen Lehrstrategien) identifizieren lässt und wenn auf der anderen Seite ein Vielerlei von Anweisungen und Rezepten gehandelt wird, mit denen man sich durchwursteln kann, dann wird die PISA-Frage umso dringender, wie sich das Lehrerhandeln im Unterricht tatsächlich vollzieht und – vielleicht im Kontrast dazu – wie es sich vollziehen sollte bzw. (unter professionellen Ansprüchen) müsste. Allerdings wird man auch bei diesem Ziel nicht darum herumkommen, zunächst einmal *modellhaft* eine Vorstellung von dem zu entwickeln, in welchen Faktoren das gründet, was in den Prozessen des Unterrichtens so vielgesichtig zu Tage tritt.

Wo sind dazu die schlüssigen Konzepte?
Wenn man sich zum Ziel setzt, das Unterrichten zu verbessern und das Repertoire der Lehrer zu erweitern, dann benötigt man dazu ein *transparentes, valides Beschreibungs- und Bewertungsmodell* von Unterricht, das die Vielschichtigkeit und Prozesshaftigkeit des Unterrichtsalltags berücksichtigt. Dieses Modell müsste ein Doppeltes leisten: Es sollte fachlich gesicherte Kriterien zur Erfassung des Beobachtbaren bieten (für das, was ist) *und* eine Idee von „gelungenem" Unterricht in sich bergen (über das, was sein soll; vgl. Scheltwort, 2004). Es dürfte sich selbstverständlich nicht mit Oberflächenmerkmalen begnügen, so wenig es die derzeit gegebene Praxis befördern könnte, wenn es bei allgemeinen Grundsätzen stehen bliebe. Vielmehr müsste es die gedanklichen Schritte aufzeigen können, die den *Zusammenhang* zwischen Ideal und Leben, zwischen einem Prinzip und seiner Verwirklichung oder – begrifflich strenger und damit nüchterner formuliert – zwischen einem Konstrukt und seinen Operationalisierungen erhellen. Kurzum, es sollte sowohl ermöglichen, die vorfindbare Praxis theoretisch aufzuklären als auch aus der Theorie eine ihr erkennbar zugehörige Wirklichkeit zu generieren. An brauchbaren Vorschlägen zu handlungsleitenden Maßnahmen dürfte es sich nicht vorbeimogeln. Das ist ein hohes Ziel. Gesucht wird ein dafür geeignetes „conceptual model of a teaching-learning-system", wie es Entwistle, Entwistle & Tait (1993, p.352) gefordert haben: „Only through a greater awareness of the complex ways in which student and staff interact within the whole learning environment will it be possible to design instructional contexts which will support high quality learning" (p.353).

Wie wenig man dazu – will man sich unterrichtspraktisch orientieren – auf Leistungen der Unterrichtsforschung zurückgreifen kann, wird hierzulande durchaus gesehen und beklagt. Allein aus dem Jahre 2000 stießen wir bei einer kursorischen Lektüre auf folgende, hier nur stichwortartig wiedergegebene, Feststellungen (vgl. Scheltwort, 2004):

- Empirische Forschung nimmt vermehrt außerschulische Bereiche statt Schule selbst in den Blick (Niegemann, 2000, S. 4).
- Dabei ist die Empirie für den handelnden Bereich „praktisch wirkungslos" (Beck, 2000, S. 27).
- Erkenntnisse über Lehr-Lernprozesse schwinden bzw. waren noch nie vorhanden (Hofer, 2000, S. 4).
- Die Lehrerausbildung hinterlässt Defizite im Bereich der pädagogischen Psychologie (Niegemann, 2000, S. 4)
- Zukunftsweisende Modelle des Lehrens und Lernens fehlen (Weidenmann, 2000, 21).

Auf Vorgängerarbeiten zu unserem Vorhaben aus dem Bereich der Unterrichtswissenschaft können wir nicht verweisen. Die Suche nach Arbeiten, die Forderungen und Zielsetzungen entgegen kommen, wie wir sie oben aufstellten, blieb erfolglos. Hinzuweisen wäre am ehesten auf einen Forschungsansatz, der dem sehr interessanten Bemühen von Psychoanalytikern entsprungen ist, eine operationale Diagnostik zu entwickeln (Arbeitskreis OPD, 1998, Schauenburg, Freyberger, Cierpka & Buchheim, 1998):

Psychoanalytisch arbeitende Ärzte vor allem waren es, die in ihrer Praxis „ein ausgesprochenes Desiderat für den Einsatz operationaler diagnostischer Instrumente" feststellten (Arbeitskreis OPD, 1998, S. 10). In einem eigens gegründeten, umfänglich und aufwändig besetzten Arbeitskreis schufen sie ein Diagnoseinstrument, das nutzbar sein sollte „unter Einhaltung eines ‚mittleren Abstraktionsniveaus', angesiedelt zwischen ‚reiner' Verhaltensbeobachtung und ‚reiner' metapsychologischer Begriffsbildung. Auch sie unterschieden zwischen einer „Theorieebene" und einer „Beobachtungsebene". Dabei wandten sie viel Aufmerksamkeit an die Verknüpfung zwischen den Ebenen, ohne sie allerdings so deutlich zu erschließen, wie wir dies tun. Ihre Vorstellung von den Anforderungen an die Aufgabe beschreiben sie mit den Worten, „dass psychodynamische Diagnostik ‚heute' als theoriegeleitetes Prozeßgeschehen aufgefaßt wird" (ebd., S. 89).
Als wir diese Arbeit vor zwei Jahren kennen lernten – unsere CD-ROM war bereits in einer dritten Version fertig – bemerkten wir zu unserer (verständlichen!) Genugtuung, dass diese Autoren eine Reihe von Grundsätzen vortrugen, die auch wir für unsere Arbeit festgelegt hatten. Dazu gehören Feststellungen, die wir nachstehend ausführlich zitieren, kennzeichnen sie doch in ihren zentralen Themen eine zeitgenössische Gemeinsamkeit der Nöte, der Erfahrungen und der Suchhaltung.

➤ Konzeptuelle Grundlagen

„„Operationalisierung psychodynamischer Diagnostik' ist ein *langfristiges Vorhaben*. Die zukünftig in der … Anwendung gemachten Erfahrungen werden zu *Veränderungswünschen* führen, die dann Eingang in die nächste Fassung finden müssen. Rückkoppelungsprozesse … sollen garantieren, daß das System tatsächlich in der Praxis eingesetzt und nicht nur als Forschungsinstrument benützt wird" (ebd., S. 30).

„Eine Klassifikation, die nicht dimensionale und kategoriale Dimensionen verbindet, erscheint mir vom klinischen Standpunkt aus unpraktisch und sogar unrealistisch" (Schauenburg et al., 1998, S. 61).

Das Diagnoseinstrument wird als „prinzipiell offenes Instrument" konzipiert (Arbeitskreis OPD, 1998, S. 9).

➤ Begrifflichkeit

„Auch im Bereich der psychodynamischen Orientierung wird eine Klärung der Begriffe, eine Quantifizierung und die Entwicklung einer gemeinsamen Sprache benötigt …" (Schauenburg et al., 1998, S. 11).

„Angestrebt wird die Erarbeitung einer schulenübergreifenden, möglichst einheitlichen und präzisen Sprach- und Begriffskultur, die soweit wie möglich auf eine schulenspezifische Terminologie verzichten sollte" (Arbeitskreis OPD, 1998, S. 15).

„Wir haben … wiederholt die Erfahrung gemacht, daß in Falldarstellungen in unterschiedlichen Zusammenhängen eine unnötig große Mehrdeutigkeit der Begriffe vorlag" (Schauenburg et al., 1998, S. 75).

„Hat sich doch der Eindruck aufgedrängt, daß die Vieldeutigkeit der Begriffe von der Mehrheit der Psychoanalytiker nicht nur geduldet sondern aktiv erhalten wird" (Arbeitskreis OPD, 1998, S. 19).

Es wird bestimmt, dass „ausschließlich die hier gegebenen operationalen Definitionen Basis der diagnostischen Klassifikationen sein können" (ebd., S. 9).

„Die … vorgeschlagene Operationalisierung verzichtet … soweit als möglich auf die Verwendung tradierter Begriffe, um stattdessen das Verhalten … möglichst beobachtungsnah zu erfassen. Das Beschreibungssystem ist deshalb keineswegs theoriefrei" (ebd., S. 68 f.).

➤ Theorie-Praxis-Bezug

„Eine Klassifikation muss die reale Welt widerspiegeln, sich mit ihr entwickeln und das, was tagtägliche Praxis ist, muß in ihr enthalten sein" (Schauenburg et al., 1998, S. 16).

„Wichtig ist es, die jeweilige Reichweite und Aussagekraft für den Gegenstandsbereich zu eruieren …" (Arbeitskreis OPD, 1998, S. 23).

„Operationalisierte Diagnostik fußt immer auf einer Querschnittsbetrachtung" (Arbeitskreis OPD, 1998, S. 28).

➤ Aufbau des Diagnoseinstrumentes

Die zentrale Aufgabe ist die Verknüpfung zwischen Theorieebene und Beobachtungsebene. „Dazu ist es notwendig, daß die relevanten Konstrukte expliziert und präzisiert werden, um in Forschungsoperationen übersetzt zu werden. Dies stellt die Voraussetzung für die Überprüfung des theoretischen Begriffs dar. ... Diese Ausgangslage macht ein Forschungsvorhaben notwendig, das die Vielfalt möglicher Beobachtungsdaten sowie die ihnen angemessenen Methoden der systematischen Beobachtung, Auswertung und Interpretation flexibel handhaben kann" (ebd., S. 23).

„Die ... strukturellen Dimensionen sind logisch nicht voneinander unabhängig. Sie bilden den Gegenstand der Struktur ... aus den verschiedenen Perspektiven ab und erfassen die komplexen Funktionsmuster in verschiedenen Zusammenhängen" (ebd., S. 70).

„Beim Ausfüllen der Ratingbögen ist stets eine kategoriale Entscheidung zu fällen, d. h. es geht darum, ob ein Item zutrifft oder nicht bzw. welches Item am ehesten zutrifft" (Schauenburg et al., 1998, S. 171).

„Es gibt hier wahrscheinlich eine optimale Balance zwischen der Spezifität eines Instrumentes und seiner Nützlichkeit" (ebd., S. 91).

➢ **Training**
„Grundsätzliche Voraussetzung für den diagnostizierenden Therapeuten ist die Kenntnis des zu verwendenden Manuals ... und der darin enthaltenen diagnostischen Kategorien. ... Wie die verschiedenen Anwendungs- und Reliabilitätsstudien zu ICD-10 gezeigt haben ... ist ein diagnostisches Training notwendig" (Arbeitskreis OPD, 1998, S. 102).

„Wichtig ist es für den Untersucher, grundsätzlich vom ... Beobachteten auszugehen und dies anhand des Manuals einzuordnen ... Jede Beurteilung muss jedoch unbedingt von den *Definitionen* und *diagnostischen Kriterien des Manuals* ausgehen" (Arbeitskreis OPD, 1998, S. 125).

„Die große Zahl der Einzelentscheidungen ... machen es für einen Rater schwer oder praktisch unmöglich, die verschiedenen Bereiche des Befundes im Gedächtnis zu behalten und aufeinander abzustimmen ..." (Schauenburg et al., S. 137).

„*Forschungsarbeiten* werden *selten rezipiert* und ein großer Teil der Kliniker neigt dazu, solche Arbeiten und ihre Ergebnisse zu verleugnen oder ... diese nicht zu registrieren ..." (Arbeitskreis OPD, 1998, S. 24).

Goldene Worte, die wir deshalb so ausführlich zitieren, weil sie, wie gesagt, weithin Auffassungen beschreiben, die auch wir für unser Vorgehen konzipiert hatten.

Theorie und Praxis

Selbst wenn es so wäre, dass bestimmte Lehrstrategien allgemeine Anerkennung gefunden hätten und an bestimmten Schrittfolgen unschwer erkennbar wären – was wissen wir schon über deren jeweilige Inszenierungen im Einzelnen und deren Rückwirkung auf den gesamten Verlauf? Auch hierfür bräuchten wir ein Erhebungsinstrument, das vielgliedrig und vielseitig die Phänomene erfasst und in ihrer didaktischen Bedeutung verständlich macht. Als allgemeine Direktiven (Unterrichtsprinzipien) oder gar zur Angabe bestimmter Schrittfolgen des Lehrens gibt es Untersuchungen: z.b. von Bruner, Olver & Greenfield (1966) und Ausubel (1968) in den sechziger Jahren mit ihren kontrastierenden Prinzipien des „entdeckenden Lernens" und des „sinnvoll-rezeptiven Lernens" bis zu den „Basismodellen" und „Choreographien" von Oser & Patry (1990; vgl. auch Wagner, 1999) oder den Schrittfolgen für einen effektiven Gruppenunterricht, wie sie Haag (1998) erarbeitet hat. Doch für das, wie diese gehandhabt werden oder was sie an *Folgehandlungen* auslösen, gibt es keine Untersuchungen. Dafür fehlte denn auch das Instrumentarium.

In der über Jahre fortschreitenden Entwicklung des hier vorgelegten Systemmodells zum „Lehrerhandeln im Unterricht" zeichnete sich bald ab, dass nur ein *komplexes Modell* den selbst gesetzten Ansprüchen genügen würde. Es sollte die *Mehrperspektivität* auf Unterricht gewährleisten, zwischen abstrakten Kategorien und konkret beobachtbaren unterrichtlichen Tätigkeiten *Sinnbeziehungen* erkennbar machen, und natürlich sollte es in seiner Kategorienbildung den aktuellen *Forschungsstand* bei alledem nicht übersehen.

Insofern wollten wir ein Beobachtungsinstrument entwickeln, das zwar das Vorfindbare in der ersinnbaren Vielfalt erfasst, das aber ebenso eine Konzeption zur Beantwortung der Frage enthält, aus welcher Bedeutungszuschreibung die jeweilige Handlungseinheit verstanden werden könnte. Bei der *konkreten* Erfassung des Lehrerhandelns machten wir allerdings eine – sehr wichtige – Einschränkung: Es sollten nur solche unterrichtlichen Kommunikationen registriert werden, die, in einem wirklich sehr weit gefassten Sinne, als *lernbegünstigend* gedacht werden können. In der *theoretischen* Bestimmung des Erfahrbaren dagegen strebten wir eine – zugegeben sehr ehrgeizige – Konzeption an. Sie sollte lückenlos sein und dabei so sparsam wie möglich. Und in der Tat, wir kommen mit einer Vier-Faktoren-Theorie aus.

1.3 Unvermitteltes Beobachten

> **Die subjektive Erfahrung ... ist eine immer schon gedeutete.**
> (Radtke, 1996, S. 58)

Auf das Gleiche zu blicken, bedeutet nicht, das Gleiche zu sehen.
Aus der Psychologie der Sozialwahrnehmung ist bekannt, wie unterschiedlich Menschen Sachverhalte aufnehmen. Vielerlei Einflüsse können hier am Werke sein. Sie können in den Wissensvoraussetzungen der Beobachter ebenso begründet sein wie in deren Wertvorstellungen. Zu den Wissensvoraussetzungen wären die jeweiligen Fachkenntnisse mit ihren einschlägigen Unterscheidungen und Benennungen zu rechnen (also kognitiv bestimmte Momente), zu den Wertvorstellungen zählen alle Voreinstellungen, wie sie sich beispielsweise in Vorlieben und Abneigungen finden lassen (also emotional bestimmte Momente). Das kann dann bis zum „Wahrnehmungsschutz" oder gar einer „Wahrnehmungssperre" führen, wo unangenehme Sachverhalte nach Kräften ausgeblendet werden.

Die Kategorien – wo kommen sie her?
Zur Ausbildung von Lehrerstudenten gehört, dass sie Unterricht beobachten. Was aber nehmen sie davon wahr? Anfänger im Lehrberuf kennen – wie alle Anfänger in irgendeinem Beruf – die in der Profession üblichen Unterscheidungen noch nicht, erst recht nicht den zugehörigen Jargon. Was sie mitbringen, sind Erinnerungen an ihre eigene Schulzeit, sind vielleicht modische, aktuelle Einstellungen. Zumeist erkennen sie nur das, was auch jeder Berufsfremde bemerken und benennen könnte. Daher sehen sich Anfänger in ihrer Ausbildung vor die oft nicht leichte Aufgabe gestellt, ihre Wahrnehmungen zu professionalisieren, eine Fachsprache zu erwerben und sich bei wachsender Erfahrung vielleicht zu einer Revision lieb gewordener Maßstäbe und Bewertungsmuster herausgefordert zu sehen. Beobachtenlernen ist also eine Aufgabe, die beides fordern kann: Kognitive Nähe wie emotionale Distanzierung, will sagen, die Bereitschaft, sich auf die Sachen einzulassen und sich um Differenzierungen zu mühen, ebenso wie eine Bereitschaft, Standpunkte zu verlassen und sich neue anzuverwandeln. Das ist so nötig wie schwierig.

Ein markantes Beispiel

Dieser Sachverhalt sei am nachfolgenden, wie sich immer wieder zeigte, durchaus typischen Beispiel, vorgestellt:

Einer Seminargruppe von 65 Lehramtsstudenten unterschiedlicher Semesterzahl wurde die Aufzeichnung einer Unterrichtsstunde im Fach Deutsch aus dem dritten Schuljahr gezeigt. Der Unterricht war von einer sehr erfahrenen Lehrerin erteilt worden. Im Anschluss an die Vorführung wurden die Seminarteilnehmer gebeten, den beobachteten Unterricht schriftlich zu kennzeichnen. Stichworte sollten genügen. Gesichtspunkte dazu wurden nicht vorgegeben. Die Analyse der Niederschriften erfolgte nach drei Hinsichten:

- Nach welchen Kriterien wurde beobachtet? (Frage nach den *Beobachtungskategorien*).
- Was wurde unter diesen Kriterien notiert? (Frage nach den *Inhalten*).
- Worin besteht Übereinstimmung in der Beobachtung, worin nicht? (Frage nach der *Objektivität* der Beurteilung).

In der linken Spalte der zusammengefassten Ergebnisse sind sämtliche Oberkategorien angeführt, die in den Niederschriften verwendet wurden. Man kann unschwer erkennen, wie sehr es den Studierenden noch an einer professionellen, vertieften Ansprache des Lehrerhandelns im Unterricht fehlt. Das hat wahrscheinlich niemanden im Seminar überrascht, konnten sich doch alle noch mehr oder weniger als Anfänger begreifen.

Ein anderer Befund springt jedoch ins Auge: Was in der Tabelle als Beobachtungen (bzw. Bedeutungszuschreibungen) formuliert wurde, bezieht sich auf ein und denselben Unterricht! Wer die Befunde in den Spalten A und B miteinander vergleicht, könnte daran ernsthaft zweifeln wollen.

Die Notizen der Seminarteilnehmer, das sollte noch hervorgehoben werden, waren ganz unterschiedlich ausführlich. Einige hatten nur wenige, andere etliche Kriterien angeführt und dazu Beobachtungen notiert. Das ist üblich. Dass jedoch die Gegensätzlichkeit der Wahrnehmungen sich nicht als Einzelfall erwies, den man als solchen abtun konnte, hatte dann eine lebhafte Diskussion ausgelöst. Dabei geriet der Blick der Teilnehmer bald weg von dem, was den objektivierbaren Teil der Beobachtung ausmachen konnte. Er führte vielmehr rasch zur Frage, aus welcher Einstellung heraus die Studierenden die Sachverhalte aufgenommen und bewertet hatten. Dabei wurde deutlich: Ihr (nicht weiter reflektiertes) Vorverständnis lenkte ihr Verständnis. Die Wahrnehmung war bereits gedeutete Wahrnehmung. Nicht Wenige erlebten sich unversehens in einer (Wahrnehmungs-)Falle.

Beobachtungen zur Unterrichtsaufzeichnung:
Chinesisches Sprichwort
(Ergebnisse einer Umfrage)

	A	**B**
Stimme	Ruhige, angenehme Stimme	Ruhige Sprache, die jedoch etwas streng und unnatürlich wirkt.
Sprache	L. macht durch Sprechweise, Körperhaltung, Gestik einen sehr ruhigen, ausgeglichenen Eindruck → Übertragung auf die Kinder? Klare Arbeitsanweisungen	Zu künstliche, langsame Sprache; hochdeutsch, gleichbleibend → Distanz zu den Kindern unklare Formulierung
Mimik und Blickkontakt	Viel Mimik und Gestik, wodurch die Sch. zu bestimmten Dingen aufgefordert werden. L. macht den Eindruck, dass sie sich wirklich für die Sch. interessiert. L. zeigt Interesse an allen Beiträgen.	Einfälle der Kinder werden teilweise zu wenig aufgegriffen. Sch. spielen die Rolle von Statisten. geschlossene Körperhaltung Zu wenig Rückmeldung auf Schülerantworten.
Verhalten	Offen, läuft durch die Klasse; kein Verschanzen hinter dem Pult; L. wirkt pathetisch. Freundlich, ruhige Ausstrahlung.	Nettes Verhalten erscheint künstlich. L. wirkt emotionslos. Steif.
Fragestellungen	Bewusste Vermeidung des fragend-entwickelnden Verfahrens; keine W-Fragen sondern Impulse.	Sehr eng geführt – auf bestimmte Antworten angelegt.
Schülerbeiträge	L. sammelt Schülermeinungen ohne Wertung, geht darauf ein.	Einfälle der Kinder werden teilweise zu wenig aufgegriffen. Sch. spielen die Rolle von Statisten.
Gesprächsrunde	L. gibt die „Regie" an Sch. ab.	Selbst im freien Unterrichtsgespräch, in dem die L. außerhalb steht, mischt sie sich ein.

	L. gibt nur Hilfestellung, lässt die Kinder reden, greift wenig in das Gespräch ein, setzt nur ab und zu einen gezielten Impuls. Sch. erklären das Sprichwort mit eigenen Worten.	L. muss viel vorgeben. Die Gesprächsphasen sind geprägt von den gewünschten Antworten. Zu sehr von der L. geleitet.
Sozial-formen	Wechselnde Sozialformen	Keine direkte Gruppenarbeit; hauptsächlich Frontalunterricht.
Lernziel	Sehr lange Transferphase (Kinder sollten Sprichwort in die heutige Zeit übertragen). Kinder finden aktuelle Übersetzungen für das Sprichwort. Alltagsbezug wird hergestellt.	Tieferer Sinn des Sprichworts wird nicht angesprochen.

Was aber wäre zu tun, um „die Menschen zu stärken und die Sachen zu klären" (v. Hentig, 1985)? Viele Fragen kamen nun unter den Seminarteilnehmern auf. Fragen zur Natur des Beobachtens wie zur Entstehung eines Verständnisses dessen, was wir wahrzunehmen meinen. Diese Art Fragen führten uns bald zu erkenntnistheoretischen Betrachtungen, nicht nur allgemeiner Natur, sondern auch in deren aktueller Bedeutung für unser Selbstverständnis als Beobachter von Unterricht. Aus welchen Vorannahmen und Vorstellungen von einem angemessenen Lehrerhandeln reden wir über unterrichtliches Geschehen? Beziehen wir uns auf Theorien? Von welchen Interessen werden wir gelenkt? Bei derartigen Überlegungen wurde deutlich: Eine Schulung der Beobachtung kann sich mit einer Einführung in die jeweiligen Beobachtungskriterien nicht begnügen. Dergleichen ist zwar unerlässlich und bedarf einer sehr sorgfältigen Einübung. Doch auch bei sorgfältiger Einübung vermischen sich im Alltag unvermittelt und unbemerkt immer wieder Wahrnehmung und Deutung, Befund und Bewertung. Mehr noch, selbst die in Beobachtungssystemen vermeintlich „objektiven" Kategorien können einen solchen Anspruch nie erfüllen. Denn bereits in ihrer Auswahl stecken stets schon Wertverwirklichungsabsichten, theoretische Überlegungen und erkenntnistheoretische Postulate.

Zur Schulung der Beobachtung gilt es also zu bedenken:

1. die *erkenntnistheoretischen Postulate* in einer Konzeption (siehe auch 🕮, S. 32, 36 ff.),
2. die implizierten *Wertsetzungen* (siehe auch 🕮, S. 38, 40),
3. die *theoretischen Bezüge* (siehe auch 🕮, S. 36, 38) und
4. die *Struktur* des Beobachtungsinstrumentes (siehe auch 🕮, S. 38).

2 Zielsetzungen

(⊘ Startmenü: Ziele; Leistungen. ⊘ F12: Ziele)

> **Interessant wird es erst, wenn die Unterrichtsbeobachtung …**
> **Kategorien verwendet, die verschiedene Beobachtungen integrieren.**
> (Bachmair, 1974, S. 20)

Während der 26 Jahre, in denen die Praktika-Betreuung an der PH Heidelberg zu unseren Berufsaufgaben zählte, fehlte uns zweierlei: eine schlüssige Konzeption zur Analyse von Unterricht und ein daraus bündig abgeleitetes Beobachtungssystem, womit begründet aufgezeigt werden kann, was sich methodisch-didaktisch ebenso wie pädagogisch-psychologisch ereignet hat. Oder mit den Worten Bachmairs, der schon vor fast drei Jahrzehnten beschrieben hat, was zu tun wäre: „Es fehlt das sinnvolle Beurteilungssystem und die entsprechenden empirischen Verfahren, um die Beobachtungen zu notieren" (1974, S. 30). Dieser Mangel definierte unsere Aufgabe. Hätten wir ein solches Instrument – so unsere Hoffnung – sollte es schließlich möglich werden, im jeweiligen Lehrerhandeln das didaktisch Belangvolle und das pädagogisch-psychologisch Relevante zu erkennen. Damit hatten wir uns ein theoretisches und etliche praktische Ziele gesteckt: Es galt, ein theoretisches Bezugssystem zu suchen, das diesen praktischen Anforderungen den Weg zu ihrer Verwirklichung aufzeigt. Und das gedachte Instrument sollte der Praxis mit einer Vielzahl von Anwendungsmöglichkeiten dienlich sein können. Wir wollten der Forschung ein Untersuchungsinstrument zur Bearbeitung so vieler unerledigter Fragen in der Unterrichtsforschung zur Verfügung stellen. Wir wollten aber auch der Praxis dienen. Und das hieß für uns, dass das Instrument sich auf die jeweils aktuellen Bedürfnisse seiner Benutzer einstellen lassen muss. Um diesen Zielen nahe zu kommen, brauchten wir einige Jahre. Wo wir zurückgeblieben sind, wird es noch viel Arbeit geben. So laden wir den Benutzer ein, uns beizustehen. Wir sind für jede Weiterarbeit dankbar.

2.1 Eine umfassende Entschlüsselungskonzeption

Zu suchen und zu finden war eine theoretische Position, aus der heraus sowohl die methodisch-didaktischen wie auch die pädagogisch-psychologischen Lehrerhandlungen sichtbar und verstehbar gemacht werden können. Auch dazu hatte schon Bachmair klare Vorstellungen, die offenbar zur falschen Zeit vorgetragen wurden. Denn sie blieben folgenlos. „Ohne theoretische Vorstellungen die Auswahl der Beobachtungsdaten vornehmen zu wollen, ist unzulässig. Das Ergebnis wären zufällige, unbegründete Verallgemeinerungen, falsche Stichproben und unerkannte Zusammenhänge. Den theoretischen Hintergrund zu skizzieren und zu begründen gehört daher zur Unterrichtsanalyse wie zu allen anderen Verfahren der Unterrichtsforschung" (1974, S. 30).

Wir fanden unsere Entschlüsselungskonzeption als Proposition in der Kommunikationstheorie und als empirische Erfahrung in unseren Untersuchungen zu den Wertvorstellungen von Lehrern und Schülern. Darin befragten wir beide Gruppen danach, unter welchen Umständen sie sich im Unterricht „wohl" bzw. „unwohl" gefühlt haben. So gelangten wir zu der Vier-Faktoren-Theorie, über die wir im Kapitel „Theoretisches" (⊞ siehe S. 40 ff.) und auf der CD-ROM unter „Konzeption" (✐ Startmenü: Konzeption) berichten. Sie bietet uns das „sinnvolle Beurteilungssystem", wie Bachmair es sucht. Vor allem: Sie erst hat es sinnvoll erscheinen lassen ein Manual zu konstruieren, worin die Beobachtungen theoriebezogen notiert werden können.

2.2 Ein Instrumentarium zur Beobachtung und Gestaltung von Unterricht

Die Konstruktion des Beobachtungsinstrumentariums hat sehr viel Aufmerksamkeit beansprucht, sollte es doch an jeder Stelle als Ausfaltung der Theorie in die Praxis gelten können. Darüber hinaus hatten wir eine Reihe von Ansprüchen notiert, denen wir uns verpflichtet fühlten und die wir in ihrer Auswirkung auf unsere Konstruktionsarbeit ausloten wollten. Dazu zählten wir *erkenntnistheoretische Positionen*, einen stringenten Zusammenhang von Theorie und Praxis (kategoriale Geschlossenheit) sowie die Etablierung einer *Fachsprache*.

Die erkenntnistheoretischen Positionen

➢ Die wissenschaftstheoretische Position des *Konstruktivismus* (✐ F12: ÖG1)
➢ Die Prinzipien der *Systemanalyse* (✐ F12: ÖG)
➢ Der Grundsatz der *Mehrperspektivität* als Methode der Gegenstandssicherung (✐ F12: MehrPersp)

Aus unseren erkenntnistheoretischen Positionen postulierten wir eine Reihe von Eigenschaften, die das Instrumentarium aufweisen sollte, wie zum Beispiel folgende:

- Offenheit für Neues, Offenheit für Subjektivität anbieten
  Ein wichtiges Kennzeichen des Beobachtungssystems ist seine absichtsvolle Unabgeschlossenheit und seine tatsächliche Unabschließbarkeit. Das heißt der Benutzer ist aufgefordert, das System mit Wirklichkeiten *seiner* Erfahrung und *seines* Interesses anzureichern und – so nötig – es nach der jeweiligen Forschungslage zu modifizieren, indem er einzelne Module überarbeitet, hinzufügt, austauscht oder entfernt.

- Generierung von Wirklichkeit
  Dies trägt der beobachtergebundenen Konstruktion didaktischer Wirklichkeiten Rechnung. Diese systemimmanente suchstrategische Option ermöglicht, neue didaktische Sinnbezirke zu entdecken und methodisch offen zu legen.

- Aktualisierbarkeit durch das Modulprinzip sichern
  Die Berücksichtigung des jeweils aktuellen Forschungsstandes ist im Aufbau des Modells durch das Modulprinzip gewährleistet. Die Module sollen gegenwärtige Gegenstandsdefinitionen repräsentieren. Ihre zukünftige Gültigkeit muss deshalb stets zur Disposition stehen. Mit den vorgestellten begrifflichen *Unterscheidungen* und *Bezeichnungen* versuchen wir den aktuellen Stand der Wissenschaft darzustellen. Als semantische Artikulationsform der mit ihnen aufgewiesenen didaktischen Wirklichkeiten sichern diese Begrifflichkeiten die *kommunikative Repräsentanz.*

- Perspektivenwechsel aus Grundsatz
  Unser Zugang zu Sachverhalten ist stets ein Zugang unter einer bestimmten Hinsicht. Es gilt, sich als Beobachter zu begreifen, der Wirklichkeit konstruiert, indem er „aufgrund spezifischer Beobachtungsprämissen, von einer bestimmten Beobachtungsposition aus, zu einem ganz bestimmten Beobachtungszeitpunkt, seine ganz spezifischen Beobachtungen erstellt" (Bardmann, 1997, S. 8).
  Mit jeder Kommunikation können allein schon nach der Kommunikationstheorie von Schulz von Thun (1988ff.) vier voneinander unterscheidbare Qualitäten einer Kommunikation unterschieden werden, die alle zur Erfassung ihrer Bedeutung beitragen. Wir haben daraus für den Einschluss von didaktisch-methodischen und pädagogisch-psychologischen Hinsichten sechs Perspektiven entwickelt, worin ein und dieselbe unterrichtliche Kommunikation in Erscheinung treten und auf ihre aktuelle Bedeutung befragt werden kann. Ein Beobachtungssystem zur Bestimmung des kommunikativen Handelns verfehlte daher seinen Gegenstand, wäre es nicht mehrperspektivisch ausgelegt. Das heißt für den Benutzer: Er vermag seine Anfragen an die kommunikativen Gehalte zu schärfen. Doch gleichzeitig hält er im Bewusstsein, dass er mit dem gewählten Gesichtspunkt andere außer Acht gelassen hat. Wobei natürlich immer damit zu rechnen ist, dass diese im aktuellen Fall, nicht deutlich genug aufscheinen.
  Dem Prinzip des Einstellungswechsels trägt unser Manual in folgender Weise Rechnung:

  → Jeder Begriff des Modells repräsentiert eine Beobachtungsposition. Doch nur der Beobachter selbst kann dazu den Kontext definieren.

→ Das Beobachtungssystem „weiß" nicht, wie einzelne Unterrichtshandlungen zu bewerten sind. Jeder Beobachter bleibt darauf angewiesen, seine Beobachtungen selbst zu hierarchisieren.

• Selbstreferenz des Beobachters
  Er erzeugt durch die Wahl seiner Beobachtungspositionen und seinen in der Beobachtung vollzogenen Identifikationsleistungen eine Erfahrungswirklichkeit, deren Relevanz und Validität er nicht anders sicherstellen kann als durch ihre Konsensfähigkeit, um die er sich eigens kommunikativ bemühen muss.

• Momenthaftigkeit der Wirklichkeitsbestimmung
  Quasi-Operationalisierungen, denen immerhin noch didaktische Bedeutung zugeschrieben werden kann, sollen erlauben, dem tatsächlichen Prozesscharakter des Lehrerhandelns und seiner Dynamik weitgehend Rechnung zu tragen.

Die kategoriale Geschlossenheit
Für die angestrebte Offenlegung des Theoriebezugs aller im Manual verwendeten Kategorien stellten wir zwei strenge Forderungen auf:

• Lückenloser Aufweis der begrifflichen Zusammenhänge zwischen Konstrukt und tatsächlicher Unterrichtshandlung
  Dies betrachten wir als unsere wichtigste Forderung an ein Beobachtungsinstrument, das als theoriebezogen gelten will.

• Sämtliche Kategorien verschärfen ihre Definition durch ihre Stellung in der Hierarchie der Begriffe.
  Ausnahmslos alle Kategorien in unserem Systemmodell sind in der Tat konzeptionsbezogen. Ihre begriffliche Schärfe wie ihre Relevanz wird auch durch ihre Platzierung im Modell, d.h. durch den Kontext der benachbarten Begriffe und durch die aufgewiesenen hierarchischen Zusammenhänge bestimmt.

Einführung einer Fachsprache – die Begrifflichkeit
Der Gegenstand eines Faches wird durch seine Begriffe repräsentiert. Deren Leistungsfähigkeit zeigt sich zunächst in der Systematik, die sie ermöglichen. Doch darüber hinaus sollten sich Begriffe auch auf ihre „Viabilität", also dem Nutzen für das Leben, befragen lassen. Geschieht dies in dem Sinne, dass sie immer wieder neu auf ihren Wirklichkeitsgehalt abgeklopft werden, dann sichert ihre empirische Sättigung auch ihre Notwendigkeit. Doch in der Geschichte einer Wissenschaft ist fortwährend ein Wandel in ihrer Begrifflichkeit im Gange. Mit jeder Erhöhung der Komplexität ihrer Wirklichkeitserschließung wachsen die Differenzierungen, ändern sich die Kategorien. Dem tragen wir in unserem Beobachtungssystem dadurch Rechnung, dass wir unsere Begrifflichkeit als ein System von *Modulen* verstehen. Module sind austauschbar. Man kann sie entfernen, verändern, ersetzen. Sie stehen für die Wandlungs- und Umbaufähigkeit der vorgestellten Problem-

lösung. So und nicht anders ist auch der Gebrauch der von uns verwendeten Begrifflichkeit zu verstehen. Sie soll empirisch fundierte Unterscheidungen ermöglichen, in ihren Benennungen jedoch die Anstrengung des Benutzers, sich das Unvertraute anzuverwandeln, nicht unnötig strapazieren.

Eine klare und damit präzise definierte Begrifflichkeit war leider der didaktischen und methodischen Literatur nur bedingt zu entnehmen. Es erwies sich daher als unumgänglich, die aus diesem Wissenschaftszweig überkommenen Begriffe kritisch zu sichten. Ergiebiger fielen die Rückgriffe auf die Terminologie der pädagogischen Psychologie aus. Deshalb verwenden wir nicht selten Begriffe, die dort beheimatet sind. Oberstes Ziel musste uns sein, ein Kategoriensystem zu entwickeln, das als Entfaltung der Ausgangskonstrukte gelten kann und in jedem seiner Bestimmungsstücke genau genug definiert ist. Aus diesen Gründen betrachteten wir es als vordringliche Aufgabe, ein *Begriffsinventar zur Basisdokumentation* des Lehrerhandelns im Unterricht zu entwickeln.

Dieses sollte folgenden Ansprüchen genügen:

1. Es ist eine hierarchisch schlüssige und damit in sich stimmige Fachterminologie zur professionellen Kennzeichnung und Beschreibung des Lehrerhandelns zu erarbeiten.

2. Das bedeutet auch, ein eher privates, idiosynkratisches, idcologisch belegtes uneinheitlich gebrauchtes Vokabular muss vermieden werden.

3. Dagegen sind, wo immer möglich, sprachliche Kennzeichnungen zu verwenden, die in der modernen psychologischen Unterrichtsforschung Geltung gewonnen haben. Denn das bedeutet auch, dass deren Gegenstandsbestimmungen zumeist als empirisch gut begründet angesehen werden können.

4. Die Kommunizierbarkeit dieser Terminologie ist durch beigegebene Definitionen und Erläuterungen sicher zu stellen.

5. Die Überprüfbarkeit dieser Terminologie ist zu gewährleisten. Dazu dienenvier wesentliche Prinzipien: Hierarchisierung der Begrifflichkeit (kontextueller Bezug), tätigkeitsnahe (quasi-operationalisierte) Kennzeichnungen des Lehrerhandelns, Konzeption der Systemteile als Elemente eines offenen Systems und die Möglichkeit des gezielten Aspektwechsels bei der Analyse eines Kommunikationsvorganges.

2.3 Modellgeführtes Beobachten

Das Ergebnis einer Beobachtung ist ... abhängig von den Begriffen und Themen, in denen sie sich selbst strukturiert oder [in denen] sich der Beobachter strukturiert.
(Scheunpflug, 2001, S. 34)

Zu Beginn unserer Arbeit an der Entwicklung des Beobachtungsinstrumentes stellten wir uns dazu einer Reihe von Fragen. Sie sollten Gesichtspunkte liefern, an denen wir uns bei unserem Vorhaben orientieren wollten. Unserer obigen Aufstellung entsprechend galten diese Fragen folgenden Sachverhalten:

Fragen nach dem Gegenstand der Beobachtung
Das Lehrerhandeln im Unterricht soll in einer umfassenden Weise beobachtet werden können. Das bedeutet, dass das Modell sowohl das *Instruktionshandeln* wie das *Klassenführungshandeln* in den Blick nimmt. Dabei sollte es sich jedoch auf *überfachliche* unterrichtliche Kompetenzen beschränken.

Fragen nach den erkenntnistheoretischen Postulaten
Unsere Postulate orientieren sich am *Konstruktivismus* und dem *systemanalytischen Denken*.
Dazu können hier nur hinweisartige Angaben gemacht werden. Wer sich dafür interessiert, findet auf der CD-ROM nähere Auskünfte:

Kurzinformationen:
➤ Wer sich kurz und stichwortartig über die Postulate orientieren will, der rufe auf der CD-ROM die zentralen Begriffe unter den nachstehend (in Klammern) angegebenen Bezeichnungen über F 12 auf:

- *Wissenschaftsverständnis*
  (✎ F12: WissVerst)
- *Beobachtung*
  (✎ F12: Beobachtung)
- *Didaktikverständnis*
  (✎ F12: DidVerst)

- *Wirklichkeitsverständnis*
  (✎ F12: WirklVerst)
- *Beobachter*
  (✎ F12: Beobachter)
- *Kommunikation*
  (✎ F12: Kommunik)

Hintergrundinformationen:
➤ Etwas ausführlichere Informationen enthält das Kapitel Das *ökosystemische Wissenschaftsverständnis* (✎ F12: ÖG).

Des weiteren sei auf die Erläuterungen im ⊘ F12: Glossar zu den Begriffen *Anschlussfähigkeit, Anschlusshandlungen, Konstruktivismus, Kontingenz, Systemanalyse, Systemisch, Unterscheidungen* und *Viabilität* verwiesen.

Weiterführende Literatur:
➤ Ergänzend dazu seien unter den neueren Schriften diejenigen folgender Autoren empfohlen: Kösel (1997), Bardmann (1997, 1998), Bardmann & Lamprecht (1999), vor allem Scheunpflug (1999, 2001).

Erkenntnistheoretisch stand uns die *Philosophie des Konstruktivismus* Pate. Diese „Meta-Theorie" zeichnet sich bekanntlich durch einen hohen Skeptizismus gegenüber der eigenen Erkenntnis(-fähigkeit) aus. Das, was „ist", ist eine Konstruktion. Real sind nicht etwa objektiv messbare Daten (die dennoch nicht übersehen werden dürfen), real sind vielmehr „die systemrelevanten Beobachtungen in ihrem aktuellen Vollzug" (Bardmann & Lamprecht, 1999, Stichwort „Beobachtung").

Unser *methodisches* Vorgehen folgt den Grundsätzen *systemischen* Denkens: Systemanalytisch denken heißt hier, Unterricht als System, d.h. als ein zusammenhängendes Wirkgefüge aufzufassen. Und es heißt, dass Strukturen als Ergebnisse von Prozessen gesehen werden.

Für den Aufbau eines Beobachtungssystems zogen wir aus den genannten Positionen Schlüsse, die wir nur in der Form eines „Einerseits" und eines „Andererseits" darstellen können:

Einerseits:
A1: Jede impressionistische Einschätzung bedarf einer begrifflichen Durchdringung.
A2: Mit Begriffen markiert ein Beobachter seine Beobachtungspositionen. Sie repräsentieren seine Suchhaltung.
A3: Sind die Begriffe theoriegesättigt, dann können sie auch als beobachtungsrelevant gelten.
A4: Begriffe sind zu operationalisieren, um ihre empirische Vorfindbarkeit zu sichern.

Andererseits:
B1: Jede begriffliche Durchdringung ist dadurch in Frage zu stellen, dass nicht allein die Begriffsmarken die Position der Beobachtung bestimmen, sondern deren stets veränderliche Wechselbeziehungen. Es ist die Frage zu beantworten, wie etwas geworden ist.
B2: Suchfragen sind immer auch systemunabhängig zu formulieren. Zu fragen ist, ob sie systemimmanent schon mitgedacht sind.

B3:   Beobachtungsrelevant sind alle Phänomene. Zu untersuchen ist, ob
        sie auf das System beziehbar sind.

B4:   Handlungsbeschreibungen ohne kategorialen Rückverweis sind be-
        deutungsleer. Ihnen mangelt die didaktische (pädagogische) Sinnbe-
        stimmung.

Fragen nach dem Theoriebezug (✍ F12: AG; KG; Kommunikation)
Es erscheint uns möglich, die vier empirisch ermittelten Wertverwirklichungstendenzen, die wir als *Basiswerte* verstehen, auch als Aspekte unterrichtlicher Kommunikationen aufzufassen, wie sie in der Kommunikationstheorie von Schulz von Thun (1988ff.) formuliert sind. Demnach wäre die unterrichtliche Kommunikation in ihren didaktisch-methodischen
wie pädagogisch-psychologischen Ausprägung als Spezialfall einer allgemeinen Kommunikationstheorie zu verstehen.

Fragen nach dem Umgang mit Wertsetzungen (✍ F12: AG; Güte)
Werte nennen wir das, was das Urteil über die Angemessenheit von Zielen und Handlungen bestimmt, bezogen auf Gütemaßstäbe, an denen sich
das Individuum zu orientieren sucht, ausgedrückt durch Zustimmung
oder Ablehnung. Wie wir am Beispiel einer (weitgehend ungeschulten) Unterrichtsbeobachtung zeigten, ist die Wahrnehmung von Sachverhalten
fast unvermeidlicherweise von Wertvorstellungen beeinflusst (S. 28 ff.).

> Dies führt leichthin zu einer Unterrichtsbeobachtung voll normativer Be-
> stimmtheiten. Verfährt man dagegen andersherum und registriert gleichsam ab-
> sichtslos im Strom des Verhaltens, was man meint, greifen zu können, so wird
> man sich bald als Erbsenzähler gewahr. Worauf also kommt es an? Wie können
> wir zu Strukturen finden, so hatten wir zu fragen, von denen wir mit guten
> Gründen vermuten dürfen, dass wir mit ihnen das Handeln des Lehrers im Klas-
> senzimmer erschließen und kennzeichnen können? Unsere Antwort: Wir su-
> chen sie in den impliziten und expliziten Wertvorstellungen der am Unterricht
> Beteiligten, den Lehrern wie den Schülern. Welche sind dies denn?

Dazu haben wir eine Annahme gemacht: Wir verstehen das Lehrerhandeln als fortwährenden Versuch, bestimmten, für ein erfolgreiches Unterrichten relevanten Werten Geltung zu verschaffen, im Gelingen wie im
Misslingen. Dementsprechend wandten wir uns zuerst der Frage zu, um
welche Werte es sich dabei handeln könnte. Die Antwort sollte empirisch
gesucht werden. Dazu befragten wir beide Seiten der Schulbank, Lehrer
wie Schüler, nach den Umständen, unter denen sie sich im Unterricht
„wohl" bzw. „unwohl" fühlen. Die Antworten erbrachten – zu unserer
Verwunderung – in beiden Gruppen (!) stets gleichartige Wertvorstellungen, in unterschiedlicher Akzentuierung natürlich. Sie ließen sich auf die

Begriffe bringen „Kompetenz", „Klarheit", „Vertrauen", „Lebendigkeit".
Die auch nach vielen Wiederholungen dieser Befragung unveränderten Ergebnisse führten uns zu dem Postulat, in diesen Kategorien *Basiswerte*
des methodisch-didaktischen wie pädagogisch-psychologischen Geschehens im Unterricht zu sehen.

Fragen nach der Struktur des Beobachtungsinstrumentes
(✐ F12: Systemmodell)
Prüfkriterium bei der Konstruktion des Systemmodells war die Frage:
„Welche Struktur kann den theoretisch erhobenen Ansprüchen überhaupt
genügen?" Oder: „Wie muss das Modell beschaffen sein, um das zu leisten, was es leisten soll?" Zwei wichtige Eigenschaften des Modells sind
hier zu nennen:

a) Das Systemmodell weist eine *hierarchische* Struktur auf. Das bedeutet,
dass es zu Beobachtungen unterschiedlicher Abstraktion bzw. Konkretion
anleiten kann. Je allgemeiner der Beobachtungsgesichtspunkt gewählt
wird, desto mehr bleibt es dem Beobachter überlassen, selbst die Kategorien mit unterrichtlicher Wirklichkeit zu füllen. Umgekehrt sieht er sich
in den *Tätigkeitsbeschreibungen* vor einer Vielzahl von vorgegebenen
Handlungsbeschreibungen, die er nach Art einer Checkliste behandeln
kann. Dabei ist im Beobachtungsmanual („Protokollformular zur Feinanalyse", siehe 📖, S. 142 ff. und ✐ F12: PPapier) derzeit nicht vorgesehen,
Wiederholungen zu registrieren. Wer daran interessiert ist, kann dies jedoch unschwer durch eine Strichliste erreichen (siehe auch S. 77).

b) Die einzelnen Teile des Systemmodells werden als *Module* aufgefasst.
Das bedeutet, dass die durch sie vorgenommenen Unterscheidungen und
Benennungen unschwer dem jeweiligen Erkenntnisstand angepasst wer-
den können.

3 Theoretisches: Lehrerhandeln beobachten

3.1 Die Konzeption des Systemmodells
(⊘ Startmenü: Theoretische Grundlegung; Aufbau)

> **Alle unterrichtlichen Handlungen lassen sich als Konkretionen von vier Werten verstehen. Diese wiederum können kommunikationspsychologisch als die vier Aspekte einer Kommunikation aufgefasst werden. Unterrichten wird daher als eine spezielle Weise kommunikativen Handelns betrachtet.**

Diese Konzeption unseres Ansatzes stützt sich auf zwei Voraussetzungen:

- auf eine *pädagogische Grundannahme* und deren empirischen Bestätigungen,
- auf eine *Theorie der Kommunikation.*

Die pädagogische Grundannahme
(⊘ F12: AG)
Sie besagt, dass Lehrer wie Schüler ihre Erwartungen an einen befriedigenden Unterrichtsverlauf durch im Wesentlichen gleichsinnige Wertvorstellungen kennzeichnen.
Kennen Sie Ihre eigenen Wertverwirklichungstendenzen? Versuchen Sie sich an der nachstehenden Aufgabe!

> **Aufgabe:**
> ➤ Notieren Sie, welche Lehrerverhaltensweisen Ihnen besonders wichtig sind! Worauf kommt es Ihnen besonders an?
> ➤ Können Sie dazu Kontextangaben machen?
> ➤ Stellen Sie diese Wertorientierungen zur Diskussion!

Wir behaupten, dass vier Werteklassen genügen, die Wertvorstellungen von Schüler wie Lehrern darzustellen. Dies bestätigte sich in vielerlei Erhebungen bei Schülern, Lehramtsstudenten, Lehrern und Schulaufsichtsbeamten immer wieder neu. Diese Werte nennen wir Kompetenz, Klarheit, Vertrauen und Lebendigkeit. Es sind dies unsere so genannten Basiswerte. Sie sind die tragenden Säulen in unserer Modellbildung.
Wenn man will, kann man sich an die vier transzendentalen Kategorien der klassischen Philosophie erinnern und folgende Zuordnungen vorneh-

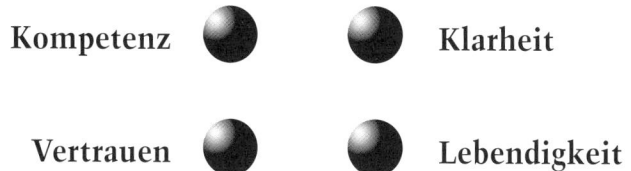

Kompetenz   **Klarheit**

Vertrauen   **Lebendigkeit**

men: Die *intellektuelle* Dimension strebt nach Wahrheit (Kompetenz), die *spirituelle* Dimension strebt nach dem Gefühl der Einheit (Vertrauen), die *ästhetische* Dimension strebt nach Schönheit (Appell) und die *moralische* Dimension orientiert sich am Guten (Lebendigkeit).

Gegenwärtig tauchen in der didaktischen Literatur Kompetenzbegriffe in einer Viererkonstellation auf, so z.B. bei Wiater (2001, S.19): *Sachkompetenz* (vgl. Kompetenz), *Sozialkompetenz* (vgl. Vertrauen), *Methodenkompetenz* (vgl. Klarheit) und Selbstkompetenz (vgl. Lebendigkeit); in der Delphi-Studie (Stock, Wolf, Mohr & Thietke, 1998, S.151) spricht man von *„inhaltlichem Basiswissen"* (vgl. Kompetenz), *„sozialer Kompetenz"* (vgl. Vertrauen), *„methodischer Kompetenz"* (vgl. Klarheit) und *„personaler Kompetenz"* (vgl. Lebendigkeit); bei Weinert finden wir *„ausgeprägte Instruktionsintensität"* (vgl. Kompetenz), *„positive affektive Lehrer-Schüler-Beziehung"* (vgl. Vertrauen), *„Strukturierung"* (vgl. Klarheit) und *„hohe Adaptivität"* (vgl. Lebendigkeit). Sie alle entstammen wohl eher theoretischen Überlegungen als empirischen Erkundungen. Wir selbst führen auf der CD-ROM und den Beobachtungsmanualen hilfsweise noch folgende Begriffe ein: *Themaorientierung* (vgl. Kompetenz), *Personorientierung* (vgl. Vertrauen), *Wirkungsorientierung* (vgl. Klarheit) und *Selbstorientierung* (vgl. Lebendigkeit). (✒ F12: Vier)

Optisch umgesetzt entspricht unserem Modell am ehesten eine Kugel mit eingeschlossenem Tetraeder, an dessen Eckpunkten sich je ein *Basiswert* befindet. In der unterrichtlichen Kommunikation werden nach dieser unserer Auffassung je nach Intensität und Ausprägung der verwirklichten *Basiswerte* unterschiedliche Bereiche innerhalb dieser Kugel aktiviert. Sie ließen sich mittels Vektoren in Bezug auf die *Basiswerte* darstellen.

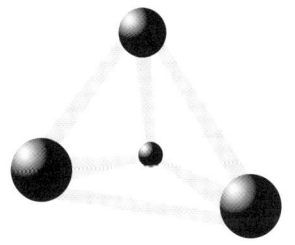

Die Theorie der Kommunikation
(✐ F12: KG, Kommunikation)
Unterricht, so unsere zweite Annahme, ereignet sich als kommunikatives Geschehen. In der Theorie der Kommunikation nach Schulz von Thun (1988) werden vier Aspekte kommunikativen Handelns als unterscheidbare Qualitäten ein und derselben Nachricht herausgestellt. Sie werden dort *Inhalt*, *Appell*, *Beziehung* und *Selbstkundgabe* genannt. Wir meinen nun, dass sich unsere vier *Basiswerte* mit diesen vier Aspekten einer Kommunikation in folgender Weise parallelisieren lassen: *Kompetenz* – Inhalt, *Klarheit* – Appell, *Vertrauen* – Beziehung, *Lebendigkeit* – Selbstkundgabe. Diese Entdeckung hat unser Verständnis dessen, worauf es im Unterricht ankommt, entscheidend gefördert.

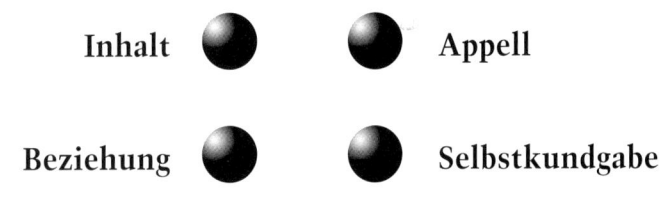

Doch sehen wir genauer hin (vgl. Scheltwort, 2004):

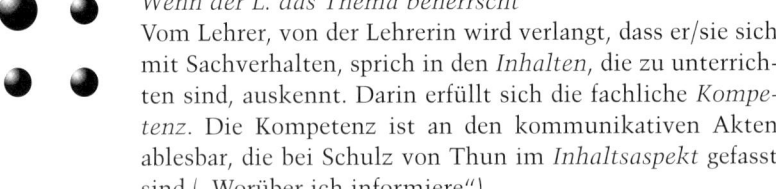

Wenn der L. das Thema beherrscht
Vom Lehrer, von der Lehrerin wird verlangt, dass er/sie sich mit Sachverhalten, sprich in den *Inhalten*, die zu unterrichten sind, auskennt. Darin erfüllt sich die fachliche *Kompetenz*. Die Kompetenz ist an den kommunikativen Akten ablesbar, die bei Schulz von Thun im *Inhaltsaspekt* gefasst sind („Worüber ich informiere").

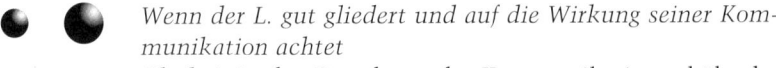

Wenn der L. gut gliedert und auf die Wirkung seiner Kommunikation achtet
Klarheit in der Gestaltung der Kommunikation erhöht deren Lesbarkeit, erhöht die Möglichkeit zu verstehen. Somit schafft Klarheit die Voraussetzung für eine gezielte Einflussnahme auf das Geschehen. Diese Intention, mit dem kommunikativen Handeln etwas bewirken zu wollen, erfasst Schulz von Thun in der Unterscheidung eines *Appell-aspektes*.

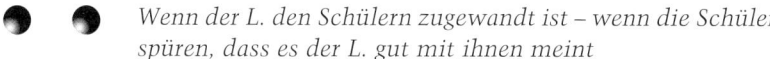

Wenn der L. den Schülern zugewandt ist – wenn die Schüler spüren, dass es der L. gut mit ihnen meint
Mit *Vertrauen* bezeichnen wir das Erlebnis der Verlässlichkeit und Zuverlässigkeit, die eine Person im Umgang mit ihr auslöst. Hier geht es also um die Kategorie der sozialen Beziehungsgestaltung. Beziehungsfragen drücken sich in Fragen nach der Gestaltung des sozialen Umgangs aus („Was ich von dir halte und wie wir zueinander stehen"). *Beziehungen* stehen auf dem Spiel, werden geklärt, abgebrochen, aufgenommen, gestaltet. Dabei handelt es sich stets auch um Konstanz und Veränderung. Damit ein Miteinander in Konstanz und Veränderung gelingen kann, ist eine soziale Verbindung zwischen Menschen nötig, die im Vertrauen gründet.

Wenn der L. es versteht, die Sachen durch seinen Umgang mit ihnen zu befördern
Im *Selbstkundgabeaspekt* drücken sich – oft genug ohne bewusste Steuerung („Selbstenthüllung") – Fähigkeiten und Befindlichkeiten aus („Was ich von mir selbst kundgebe"). Was Schüler in den Selbstkundgaben der Lehrer lesen können, ist deren Temperament, Laune, Stimmung, kurz deren *Lebendigkeit.*

Diese knappen Erläuterungen mögen zeigen, dass mit den angeführten vier Aspekten einer Kommunikation in der Tat vier verschiedene Qualitäten des kommunikativen Lehrerhandelns im Unterricht gefasst werden können. Diese werden in unserer Modellsprache jedoch aufgabenspezifisch benannt. Beide miteinander in Beziehung zu setzen, liegt nahe. Doch sie verhalten sich zueinander nicht wie Wörter mit identischen Bedeutungen. Sie stehen vielmehr in einem Verhältnis zueinander wie das „Allgemeine" zum „Speziellen". Dabei wäre dann die unterrichtliche Kommunikation ein Spezialfall des Kommunizierens – ein Sonderfall, dem sein Gegenstandsbereich in seinen fachgebundenen Benennungen der Sachverhalte die eigene Sprache gibt.

Schlussfolgerungen
Die Beziehungssetzung der Hauptunterscheidungen unserer Modellsprache (mit ihrem ganzen Repertoire an methodisch-didaktischen und psychologisch-pädagogischen Unterscheidungen) zu den entsprechenden Hauptunterscheidungen in der Analyse kommunikativer Akte erlaubt etwas Dreifaches, so weit in der Unterrichtstheorie wohl noch nicht Beachtetes aufzuzeigen:

➤ Eine *Systematik* erscheint möglich. Wir bieten sie mit unserem Systemmodell. Bislang eher isolierte, jedenfalls konzeptionell unverbundene methodisch-didaktisch und psychologisch-pädagogisch beschriebene Handlungsmuster des Lehrens können konzeptionell zusammengeführt und aus einem einzigen Grundverständnis heraus miteinander in Verbindung gebracht werden.

➤ Das *Gegenstandsverständnis* wird neu bestimmt. Analysiert man das Lehrerhandeln im Unterricht unter einem kommunikativen Vorverständnis, so kann von vornherein jeder aufscheinende Sachverhalt nicht dem Missverständnis unterliegen, eine Wirkgröße eigener Art zu sein. Immer muss nach dem „Zusammenklang" der kommunikativen Ereignisse gefragt werden. Diese können zwar in ihren einzelnen Qualitäten voneinander abgehoben und dementsprechend untersucht werden. Doch es wird nie der gesuchte Gegenstand selbst sein, den wir finden. Es ist der gewählte Aspekt, unter dem er sichtbar werden kann. So erschließen wir uns ein vertieftes und konzeptionell bisher nicht erreichtes Verständnis unterrichtlicher Vorgänge, wenn wir ein und dieselbe kommunikative Handlungseinheit nach allen vier Kommunikationsaspekten befragen – natürlich in den begrifflichen Unterscheidungsmöglichkeiten, die wir für unser Modell entwickelt haben.

Das wirft auch ein Licht auf die Eigenart der mit unserem Modell erzielten Systematik. Sie kann stets nur eine Geltung als „*Beziehungssystematik*" beanspruchen. Unter diesem Begriff sei eine begriffliche Ordnung verstanden, die darauf verweist, dass die postulierten begrifflichen Positionen nie ohne, wenn auch manchmal nur latent gegebene, Verweisungszusammenhänge aufgefasst werden können.

➤ Das *Denkmuster* ändert sich. Wir vollziehen einen Paradigmawechsel. Probleme des Lehrens, die als Kommunikationsprobleme aufgefasst werden, führen nicht nur zu anderen Lösungsvorschlägen als jene, die bislang beispielsweise die Methodenlehren beherrschten. Diese waren nur zu oft vom Typ „Wenn – dann", also kausal gedacht. In einer kommunikativen Bestimmung des Lehrerhandelns im Unterricht wird dagegen von vornherein von einem Wechselwirkungsprinzip ausgegangen.

3.2 Entfaltung des Modells
(⊘ Startmenü: Die Struktur des Systemmodells)

Begriffsentfaltungen im Wertequadrat
(⊘ F12: Einf7; Gwerteq; Pwerteq)
Um die von uns entwickelten vier *Basiswerte* in ihrem Sinnhorizont genauer zu bestimmen, haben wir uns in einem ersten Schritt der Methode des *Wertequadrates* (Helwig 2/1951, Schulz von Thun, 1988ff.) bedient. Dabei wird jeder Begriff durch zwei einander gegensinnige Verwirklichungstendenzen gefasst und deren Bedeutungsverlust durch die Angabe ihrer jeweiligen Übersteigerung und Vereinseitigung angezeigt. Damit stellt sich jeder *Basiswert* aus seiner Definition heraus als ein höchst gefährdeter Zustand des Gleichgewichts zwischen zwei Wertverwirklichungstendenzen und deren Vereinseitigungen oder Übersteigerungen dar.

Das *Wertequadrat* als ein sehr nützliches Instrument der Begriffsentfaltung mag Ihnen unvertraut sein. Wenden Sie sich dann auf der CD-ROM unseren Einführungen zu: als Sprechtext in der Einführung (⊘ F12: Einf7), als lexikalische Auskunft im *Glossar* (⊘ F12: Gwerteq), als Überblick über die Begriffsentfaltung in unseren vier *Basiswerten* (⊘ F12: Wertequadrat) und schließlich als Demo zum praktischen Vorgehen (⊘ F12: Pwerteq). Wollen Sie sich an selbst erstellten Begriffspaaren versuchen?

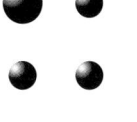

Kompetenz: Verfügt ein(e) Lehrer(in) über das nötige **Wissen** *und* **Können**? Gelingt es ihr/ihm mit diesem Wissen und Können, die Schüler zu befähigen, ihrerseits Kompetenzen zu erwerben? Oder wäre es zutreffender, das beobachtete Verhalten mit den Begriffen der Vereinseitigung, also mit **Theoretisieren** und **Machen** zu kennzeichnen?

+	Wissen	Können
−	Theoretisieren	Machen

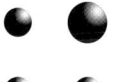

Klarheit: Kann der Lehrer/die Lehrerin eine kommunikative Klarheit schaffen, indem er/sie jeweils in geeigneter Weise **elementarisiert** *und* **differenziert**? Können die Schülerinnen und Schüler diese Klarheit erfassen und für sich übernehmen? Oder ist eher eine Tendenz zum **Simplifizieren** oder **Fragmentieren** zu beobachten?

+	Elementarisieren	Differenzieren
−	Simplifizieren	Fragmentieren

Vertrauen: Ist ein(e) Lehrer(in) in der Lage, **offen** *und* **fest** zu sein und damit eine Atmosphäre hervorzubringen, in der Schülerinnen und Schüler Vertrauen erfahren und Vertrauen schenken? Oder misslingt dies und die Situation endet entweder im Grenzenlosen oder in einer starren Unzugänglichkeit?

+	Offenheit	Festigkeit
–	Grenzenlosigkeit	Unzugänglichkeit

Lebendigkeit: Tritt ein(e) Lehrer(in) mit einer Präsenz auf, die eigene **Spontaneität** *und* **Steuerung** auf Seiten der Schüler und Schülerinnen zulässt, ohne zum Kontrollverlust zu führen? Oder wäre das Lehrerhandeln zutreffender mit den Bezeichnungen für die diesbezüglichen Vereinseitungen zu kennzeichnen, also mit **Reizbarkeit** oder **Starrheit?**

+	Spontaneität	Steuerung
–	Reizbarkeit	Starrheit

Unterricht ist demnach ein Prozess, worin die vier *Basiswerte* in sich ständig verändernden Zustandsformen mehr oder weniger verwirklicht werden. Sie schweben gleichsam im Raum und treten von Augenblick zu Augenblick unterschiedlich stark, unterschiedlich deutlich und in wechselnden Akzentuierungen hervor. Sie lassen sich als Aspekte ein und desselben Geschehens voneinander abheben. Entsprechend unterschiedlich können sie von den Schülern im Klassenzimmer wahrgenommen werden. Geht es um Aspekte des Unterrichts*verlaufs,* so eignen sich die vorgestellten Begriffsspannungen im Wertequadrat zur Darstellung der jeweiligen Entwicklungen.

Wertkoppelungen (Die Handlungszüge)
(✐ F12: Handlungszüge; Einf9)
Wie kann man nun einen sachlich wie logisch stimmigen Zusammenhang zwischen einem *Basiswert* (in seiner hohen Abstraktion) und einer Lehrerhandlung (in ihrer Tatsächlichkeit) herstellen? Die *Basiswerte* selbst sind einer sinnvollen, nicht-beliebigen Operationalisierung nicht unmittelbar zugänglich. Deshalb haben wir in einem nächsten Schritt je zwei *Basiswerte* gedanklich miteinander verkoppelt.

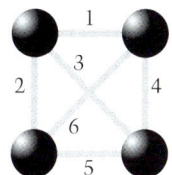

Kommunikationspsychologisch gesehen, werden durch diese neuen Unterscheidungen Fenster geöffnet, die folgende Sichtweisen bieten: (1) Ordnung/ Abfolge, (2) Anschlusssicherung, (3) Sachbezug, (4) Dynamik, (5) Personbezug und (6) Situationsbezug.

Für das Lehrerhandeln übersetzen wir diese Hinsichten folgendermaßen:

Handlungszüge zur sachstrukturellen Entfaltung in der Wissensvermittlung
(✐ F12: stufe31A)
Der Lehrer/die Lehrerin sollte sich darum bemühen, das zu vermittelnde Wissen sachstrukturell so aufzubereiten, dass die Schülerinnen und Schüler es sachlogisch erfassen, anwenden und später auch verfügbar halten können.

Handlungszüge zur Unterstützung der Aneignungsprozesse
(✐ F12: stufe31D)
Der Lehrer/die Lehrerin sollte den Unterricht methodisch-didaktisch so gestalten, dass der Prozess der Aneignung fremden Wissens optimal unterstützt (an die Schülerbedingungen „angepasst") wird.

Handlungszüge zur Stimulation des Sachverhältnisses
(✐ F12: stufe31F)
Der Lehrer/die Lehrerin sollte den Schülerinnen und Schülern Brücken zu den Sachen bauen, so dass jene eigene Sachbezüge im Sinne eines lebendigen Wissens entwickeln können.

Handlungszüge zur lebendigen Gestaltung
(✐ F12: stufe31B)
Der Lehrer/die Lehrerin sollte den Unterricht so gestalten, dass er/sie ein optimales Maß an Aufmerksamkeit erzeugt – d.h. unter der Berücksichtigung der Zeit und eigener Ressourcen dafür zu sorgen weiß, wie konzentratives Verharren ebenso ermöglicht werden kann wie schwungvolles Voranschreiten.

Handlungszüge zur Moderierung der individuellen Begegnung
(✐ F12: stufe31C)
Der Lehrer/die Lehrerin sollte in der Lage sein, sich den sozialen Prozessen innerhalb der Schulklasse, also den Begegnungen zwischen allen am Unterricht Beteiligten, zu widmen und diese lerngünstig zu gestalten.

 **Handlungszüge zur Systemsteuerung**
(✑ F12: stufe31E)
Der Lehrer/die Lehrerin sollte in der Lage sein, auf unterschiedliche Ereignisse unterrichtsförderlich zu reagieren, spontane Prozesse aufzufangen und konflikthafte Situationen aufzubrechen.

Die durch diese *Wertkoppelungen* ermöglichten erweiterten Sichtweisen auf Unterricht sind wiederum nicht-beliebig. Denn sie beziehen sich unmittelbar auf die *Basiswerte* und deren normativen Gehalt. Nicht-beliebig bedeutet somit, dass die auf diese Weise konstruierten Kategorien auch Ansprüche an die Qualität des Unterrichtens offen legen. Konkret kann das bedeuten: Diese sechs allgemeinen Erschließungsmöglichkeiten des Lehrerhandelns im Unterricht enthalten – in unserer Darstellung – unverkennbare wertende Vorstellungen von „gutem" Unterricht, vergleichbar vielleicht dem Anspruch, der seit Comenius von den sogenannten *„Didaktischen Prinzipien"* ausgeht. Es sind gerade die beiden Hauptmängel der didaktischen Prinzipien, die durch unser Modell überwunden werden sollen: ihre Zusammenhangslosigkeit untereinander und ihre jeweiligen begrifflichen Unaufgeklärtheiten, die jeden Konkretisierungsversuch zu einem Spiel von Versuch und Irrtum machen.

Vom Konstrukt zu seinen Operationalisierungen – von den Phänomenen zum Konstrukt
(✑ F12: Systemmodell)
Die Entfaltung der Konstrukte geschieht in unserem Modell über verschiedene Stufen der Ableitung. Diese bei ihrer Konstruktion zumeist deduktiv bestimmten Zwischenstationen wurden von uns zunächst versuchsweise, später als bewährte Klassifikationen zur Beschreibung der Haltepunkte auch bei den induktiv gerichteten Vorgängen im Prozess des reduktiven Erkennens aufgefasst. Für diese Haltepunkte des Unterscheidens und Bezeichnens führten wir folgende Hierarchie ein (✑ F12: Einführung):

➤ Die Ebene der *Konstrukte*
   mit der Unterscheidung zwischen Basiswerten und Wertkoppelungen
   („Handlungszüge")

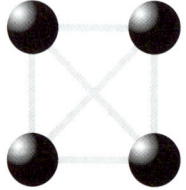

➤ Die Ebene der *Zwischenbegriffe*
mit der Unterscheidung zwischen der *Stufe der Leitbegriffe* und der
Stufe der kategorialen Untergliederung

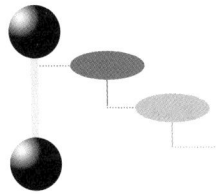

➤ Die Ebene der *Performanz*
mit der Unterscheidung zwischen der *Stufe der Handlungsbegriffe* und
der *Stufe der Handlungsglieder* („Tätigkeitsbeschreibungen")

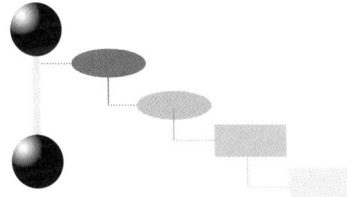

Aufgabe:
➤ Wählen Sie aus dem *Protokollformular* zur Feinanalyse (siehe 📖,
S. 142 ff. und ⊘ F12: PPapier) einige Seiten Ihres Interesses aus, auf
denen die begrifflichen Ableitungen vom Abstrakten zum Konkreten
aufgezeichnet sind. Prüfen Sie, ob Sie die vorgestellten Stufungen inhaltlich nachvollziehen können.
➤ Wenn Sie Schwierigkeiten haben, einzelne Begriffe zu verstehen, holen
Sie sich auf der CD-ROM im *Stichwortverzeichnis* (⊘ F12: Glossar) die
nötigen Erläuterungen.
➤ Versuchen Sie schließlich, ob es Ihnen gelingt, die Liste der *Tätigkeitsbeschreibungen* im vorgegebenen Begriffshorizont da und dort
noch zu erweitern.

3.3 Worin liegt nun das Besondere der Konzeption?

Im theoretischen Bezug: *Sprung von einer pragmatischen zu einer theoretisch begründeten Unterrichtsbeobachtung*
Dem Missstand, sich zu einer theoretisch unaufgeklärten Praxis genötigt zu sehen, wurde schon lange Ausdruck gegeben: „Obwohl die Beobachtung seit jeher einen festen Platz in der Lehrerausbildung beanspruchte, erfuhr die Unterrichtsanalyse keine wesentlichen Impulse von Seiten der Hochschuldidaktik. Es fehlt das sinnvolle Beurteilungssystem und die entsprechenden empirischen Verfahren, um die Beobachtungsdaten zu notieren... Ohne theoretische Vorstellungen die Auswahl der Beobachtungsdaten vornehmen zu wollen, ist unzulässig ..." (Bachmair, 1974, S. 19). Einen Impuls zu einer theoretisch aufgeklärten Praxis wollen wir mit unserer Konzeption setzen. In unserer Ausarbeitung stellt sie ein *theoriegeleitetes* Beobachtungsinstrument zur Verfügung, das in Unterrichtssituationen von der Grundschule bis zur Hochschule, in der beruflichen Ausbildung wie der Fortbildung unterschiedlichster Zielstellung sowohl zur Evaluation wie zur Innovation eingesetzt werden kann.

Im Inhalt: *Die Beobachtungshinsichten sind umfassend.*
Die Beobachtungshinsichten sind weder an spezielle didaktisch-methodische Auffassungen noch an bestimmte Fächer gebunden. Und sie berücksichtigen die verschiedenen Lern- und Arbeitsformen im Unterricht. Kurzum: Es geht uns um ein Instrument zur Beobachtung und Analyse des *alltäglichen* Lehrerverhaltens. Darum muss es auch umfassend sein. Anders können weder theoretisch zielsichere Vorschläge zur Erweiterung des Handlungsrepertoires entwickelt werden, noch könnte man solche Anregungen so passgenau fassen, dass daraus ein neues Wissen erwächst. Was soll hier „umfassend" heißen? Umfassend soll nicht bedeuten, dass auch spezielle fachdidaktische Denkweisen aufgenommen worden sind. Eine solche Tiefenschärfe der Beobachtung wurde nicht beabsichtigt. Im Gegenteil, das Modell sollte nur soweit entfaltet werden, als es der Identifikation von *überfachlichen* Kompetenzen dienlich ist. Das wird natürlich nicht ausschließen, dass bestimmte fachdidaktische Spezifitäten sich durchaus mit unserem System gut beschreiben lassen. Vermutlich bieten sich entsprechende Erweiterungen im Kategoriensystem und den *Tätigkeitsbeschreibungen* sogar da und dort leichthin an. Wir erwarten mithin, dass der hohe Differenzierungsgrad der Betrachtung, der mit unserem Instrument erreichbar ist, auch einzelnen Fachdidaktiken griffige Analysemöglichkeiten bietet. Doch wir haben bislang nicht versucht, weder empirisch noch theoretisch, uns der Frage zuzuwenden, ob und inwieweit

spezielle fachdidaktische Strategien mit der vorliegenden Ausbaustufe unseres Systems zu identifizieren wären. Mit dem Wort „umfassend" haben wir ein anderes Ziel vor Augen. Als Konsequenz aus den PISA-Ergebnissen forderte die Bertelsmann-Stiftung kürzlich in einem Positionspapier: „Die fachliche Ausbildung muss entscheidend ergänzt werden um eine systematische didaktisch-methodische Ausbildung". Dazu gehöre „der umfangreiche Erwerb eines umfassenden Methodenrepertoires", der befähige, eine „gleichermaßen abwechslungsreiche wie anspruchsvolle Gestaltung von Lernprozessen" zu inszenieren (2002, S. 11).

Dies allein jedoch, so meinen wir, genügt keineswegs, um die Lernchancen der Schüler im Unterricht zu erfassen. Sicher, ein umfassendes Methodenrepertoire gehört so selbstverständlich zur Professionalität des Lehrerhandelns im Unterricht wie – sagen wir – zur ärztlichen Kompetenz gründliche pharmazeutische Kenntnisse unerlässlich sind. Was aber, wenn beide jeweils nur dieses können? Der berufliche Erfolg des Lehrers hängt jedenfalls nicht minder davon ab, wie er die an ihn gestellten *pädagogisch-psychologischen* Anforderungen bewältigt. Eine Analyse des Lehrerhandelns, die – wie bisher zumeist üblich – allein die methodischen Arrangements in den Blick nimmt, sieht zu wenig von dem, was von den Schülern für wichtig gehalten wird. Für sie zählt nicht nur, wie der Lehrer den Stoff traktiert, für sie ist nicht minder wichtig, wie er dabei mit ihnen umgeht.

„Umfassend" heißt also zunächst einmal, dass beides, das *Instruktionshandeln* wie die *Klassenführung* (in dem weiten Sinne des angelsächsischen Begriffs *classroom management*) zu bedenken sind, wenn Unterricht beobachtet oder geplant werden soll.

Sie haben als Aspekte derselben Sache zu gelten, im Ausdruck zwar unterscheidbar, aber eben nur als Bestandteil ein und derselben Handlungsweise. Für diese Gegenstandsbestimmung galt es, eine theoretische Position zu finden. Ohne sie wären wir über die Leistungen der bisher bekannt gewordenen Beobachtungsmanuale prinzipiell nicht hinaus gekommen. Und es hätte gelten müssen, was B. Wagner in der Zusammenfassung diesbezüglicher Forschungsergebnisse formuliert: „Keine Theorie kann alle verschiedenen Komponenten in sich vereinigen, so dass einer didaktischen Theorie immer der Vorwurf gemacht werden kann, sie sei einschränkend" (1999, S. 91). Erst die Erkenntnis – wie wir sie im Kapitel „Systemmodell" und auf der CD-ROM (✐ Startmenü: Konzeption) vorstellen – dass die unterrichtlichen Kommunikationsweisen des Lehrers als Wertverwirklichungstendenzen von vier Werten aufgefasst werden können und dass diese den vier Aspekten entsprechen, nach denen kommunikatives Handeln analysiert werden kann, ließ es uns als sinnvoll und nützlich erscheinen, an die Ausarbeitung eines solchermaßen theoretisch aufgeklärten Beobachtungsinstrumentes zu gehen.

Im Aufweis der Ableitungsschritte: **Deduktion und Induktion**
Ein weiterer Mangel der uns bekannt gewordenen Beobachtungsmanuale sollte dabei ebenfalls behoben werden: Die Kategorien dieser Manuale wurden zumeist auf einer Abstraktionsstufe angeboten, die theoretisch zu wenig abstrakt sind, um Erklärungswert zu besitzen. Sie sind aber auch nicht so konkret, dass daraus die Handlungen begriffsgenau identifiziert werden könnten. Sicherlich haben solche Beobachtungsregister der Praxis zu gewissen Richtlinien des Erkundens verholfen und insoweit den Blick auf bestimmte Konstellationen und Ablaufmuster in der Unterrichtswirklichkeit geschärft. Doch sie können weder befriedigen, wenn es darum geht, die Praxis theoretisch aufzuklären, noch helfen sie wirklich, wenn die Begriffe unterrichtliche Wirklichkeiten passgenau auffinden sollen. Aus diesem Grunde haben wir uns große Mühe gegeben, die gedanklichen Schritte zwischen einem Konstrukt und seinen Operationalisierungen (die deduktive Entfaltung von Wirklichkeit) einerseits und zwischen den Phänomenen und ihrer Bedeutung (die Reduktion im induktiven Erkennen) andererseits zu bestimmen und über mehrere Ableitungsstufen hinweg offen zu legen. Zur Frage, wie weit uns das gelungen ist, nehmen wir im Kapitel „Evaluation" Stellung (⌂, S. 56 ff.). Ein Ziel ist damit in jedem Fall erreicht: Der Benutzer wird in die Lage versetzt, bei seinem Umgang mit dem Instrument an jeder Stelle prüfen zu können, wie wir zu unseren Gegenstandsbestimmungen gelangt sind. Das gibt ihm die Möglichkeit zu begründbaren Eingriffen in das Systemmodell. Davon kann natürlich bei einem rein eklektischen Beobachten und Datensammeln nie die Rede sein. Denn wie könnte man je wissen, ob man didaktisch belangvolle Sachverhalte und Zusammenhänge in den Blick bekommen hat?

In der Nutzung: **Instrument zur Beobachtung ebenso wie zur Planung und Gestaltung von Unterricht**
Ist jedoch die Konstruktion eines gedanklichen Zusammenhanges zwischen Abstraktion und Konkretion gelungen, dann gewinnen beide, die Theoriebildung wie deren Umsetzung in Praxis. Das bedeutet im vorliegenden Falle: Die Beobachtungen werden theoretisch aufklärbar und die Tauglichkeit der Theorie erweist sich in der Angemessenheit ihrer Vorschläge zur Konstruktion unterrichtlichen Handelns.
Konkret heißt dies: Die im Manual angeführten (Quasi-)Operationalisierungen sind nicht ortlose Beschreibungen einzelner Handlungen des Lehrers im Unterricht. Das Gegenteil ist gemeint. Sie repräsentieren dank des

Zusammenhanges mit den Konstrukten des Systemmodells einen genau benennbaren theoretischen Gehalt. Daher sind sie doppelt einsetzbar: zum einen zur kategorialen Identifizierung dessen, was als Lehrerhandeln im Unterricht verstanden werden kann (in dieser Verwendung dient unser Modell als *Instrument der Unterrichtsbeobachtung*), zum anderen zur *didaktischen* Bestimmung *und* konkreten unterrichtlichen Inszenierung von Anfangssituationen und deren Abfolge. Damit eröffnet unser Ansatz eine handfeste Anleitung zur Umsetzung von Theorie in Praxis. In diesem Sinne liefert er auch ein Instrument zur *Planung und Gestaltung von Unterricht*. Geht es im ersten Fall (dem induktiven) darum, gelebte Wirklichkeiten in ihrem didaktischen Sinn zu erfassen, so macht der zweite (der deduktive) das gerade für jeden Anfänger im Lehrbetrieb so wichtige Angebot: aufzuzeigen, wie man Theorien zum Leben bringt.

Im Verhältnis von Sachstruktur zur medialen Struktur: **Es besteht eine strukturelle Analogie zwischen Sachstruktur und medialer Struktur.** Für die strukturellen Eigentümlichkeiten der Theorie des Lehrerhandelns im Unterricht und dem daraus entwickelten Beobachtungsmanual (nämlich systemische Beschaffenheit, Vernetzung, Mehrperspektivität) wurde ein Medium gewählt, das durch seine Eigenstruktur diese erkenntnistheoretische Position selbst repräsentiert. Das gleiche gilt für die *Wissensorganisation*: Der Organisation des Beobachtungssystems in Modulen entspricht die Partizipationsmöglichkeit des Benutzers. Er kann sich die Systemteile für seine Zwecke auswählen und organisieren.

Ein Buch ist linear aufgebaut. Damit hätte es sich schon in dieser Haupteigenschaft unserem Grundgedanken widersetzt. Zudem: Schon mit den umfänglichen Grafiken, in denen wir unser Modell darstellen, wäre in einem Buch nur sehr umständlich zu hantieren. So wurde uns bald klar, dass das Medium CD-ROM sich am besten dazu eignet, unser Modell in seiner Komplexität und Verwobenheit darzustellen. Und schließlich: Ein Rechner kann nahezu unbegrenzte Möglichkeiten der Datenerhebung und -verarbeitung bieten. Sollte man nicht an Arbeitserleichterungen denken, wenn es um eine Ermunterung zur Empirie geht?

Die nun vorliegende CD-ROM bietet vielfältig vernetzte Wege innerhalb des Systemmodells, aber auch in den erläuternden Begleittexten. Zahlreiche Links sorgen für die Verknüpfung der Systemmodellebenen und -stufen, für Bezüge von einem Text zum anderen, von einem Begriff zu seiner Erläuterung bzw. Definition, von Fachausdrücken und Fremdwörtern zu einem ausgearbeiteten Glossar. Dementsprechend laden wir die Benutzer ein, nach Bedarf zu navigieren und den Vernetzungen zu folgen, wo immer es ihnen nötig und sinnvoll erscheint.

3.4 Modellfunktionen

Unterrichtsmodelle können mehreren Zwecken dienen. Pfistner (1993) hat
darauf aufmerksam gemacht, dass ihnen drei Funktionen zukommen: eine
evaluative, eine *innovative* und eine *legitimierende* Funktion. Wir übernehmen diese Gesichtspunkte, um uns nun diesen Kriterien zu stellen.

Unsere erste Absicht und unser Hauptziel bei der Entwicklung des Systemmodells war es, etwas zu schaffen, was der Evaluation von Unterricht
dienlich sein kann. Der Zustand der Praxis, wie wir ihn beobachten konnten (und erlitten haben), veranlasste uns dazu. An der PH Heidelberg war
es üblich, dass die Dozenten der erziehungswissenschaftlichen Fakultät
erst am Ende der Ausbildungszeit zur Betreuung der studentischen Praktika eingesetzt wurden. Das bedeutete, dass man ihnen die Aufgabe zu-
schob, aus *überfachlichen* Gesichtspunkten darüber zu urteilen, ob die
Studierenden die zu stellenden Anforderungen erfüllten. Um welche
jedoch sollte es sich dabei handeln? Dazu wäre zunächst einmal ein Erhebungsinstrument vonnöten gewesen, das aus einer allseits akzeptierten
Konzeption die didaktischen Strukturen sichtbar gemacht hätte, deren
Einhaltung dann zu überprüfen gewesen wäre.

Da wir davon keine Kunde hatten, sich vielmehr jeder auf seine Weise zu
bemühen schien, war es zur Behebung dieses Missstandes unerlässlich,
sich *zuerst* um eine Konzeption zu kümmern und *dann* über deren Umsetzung in ein diagnostisches Instrument nachzudenken. Dabei sollte eine traditionelle Beschränkung fallen:

Evaluiert werden sollte nicht nur die kognitive Inszenierung einer Unterrichtsstunde. Die gleiche Aufmerksamkeit sollte den emotionalen Anteilen am Geschehen gelten. Denn wovon berichten die Schüler zuhause?
Wohl kaum von dem, wie der Lehrer seine Unterrichtsstunde aufgebaut
hat. Viel eher erzählen sie in Ablehnung oder Zustimmung darüber, wie
er das Zusammenleben bestimmte.

Wird die Evaluation somit auf soziale, motivationale und somit emotionale Gesichtspunkte ausgedehnt, gerät man da nicht ins Uferlose oder
schlimmer noch ins Willkürliche? Wir hoffen, dass wir mit unserer Vier-
Faktoren-Theorie eine Konzeption gewonnen haben, die solche Zweifel
auflöst. Und dass deren Ausfaltung im Erhebungsinstrument es ermöglicht, die unterrichtlichen Handlungsweisen einem Geflecht von standar-
disierten Bezugsgrößen gegenüber stellen zu können – nachdem die üblichen statistischen Prozeduren der Normierung erfolgt sind. Dies wäre
die eine, die messende Grundlage zur Erarbeitung eines Urteils, bei dem
es darum geht, das individuelle Profil des Lehrerhandelns theorie- und da-
tengestützt erkennbar und beschreibbar zu machen. Dass sich mit einer

solchen Datengrundlage auch kriterienorientierte Veränderungsmessungen vornehmen lassen, versteht sich von selbst – besonders willkommen bei Trainingsveranstaltungen! *Evaluation* soll hier jedoch nicht allein als statistische Deutungssicherung eines individuellen Befundes verstanden werden. Ein begrifflich so ausgebautes und konzeptionell so umfassendes Modell wie das hier vorgelegte, enthält noch andere Aufforderungen: Es beansprucht, unverzichtbare Sichtweisen auf unterrichtliches Lehrerhandeln darzulegen. Es kann dazu provozieren, seine eigenen didaktischen Muster des Erkennens zu überprüfen. Es mag dazu anregen, dem Aussagegehalt alter und neuer Begriffe zu Leibe zu rücken. Es könnte auch als griffige Vorlage dienen, dem Bildungswert bestimmter Kriterien nachzugehen. Wie dem im Einzelnen auch sei, es widerspräche unseren Absichten, in den Beobachtungsmanualen lediglich ein Instrumentarium zu sehen, mit dem man mit Hilfe bestimmter Kennwerte Diagnostik betreiben kann. Evaluation soll hier auch heißen, Bewertungen vorzunehmen, die nicht nur systeminternen sondern auch systemexternen Fragen gelten. Was leisten die Kategorien zu Fragen einer Bildungsphilosophie oder Kulturpolitik, wenn es um Wertfragen geht, wenn Bildungs- und Erziehungsziele auf den Prüfstein kommen? Die *innovative Funktion* des Systemmodells hängt eng mit diesem erweiterten Evaluationsverständnis zusammen. Denn hier geht es um den Anregungswert der Kategorien für die Unterrichtsgestaltung. Wir meinen, dass das Prinzip der Mehrperspektivität allein schon dazu führen kann, bekannte Sachverhalte anders erscheinen lassen, weil sie aus unvertrauten Zusammenhängen kommen – und so unsere Neugierde anstacheln. Dann könnte der Aufbau des Modells aus Modulen dazu geeignet sein, Lücken und Ungereimtheiten auf die Spur zu kommen und so weitere Strukturen der Unterrichtswirklichkeit zu erschließen. Nicht zuletzt können dazu auch die unabgeschlossenen Listen der *Tätigkeitsbeschreibungen* stimulieren. Hier wird der Benutzer unablässig aufgefordert, die theoretische Bestimmung einer didaktischen Handlung nachzuschärfen, indem er selbst die dafür geeignetste Umsetzung „erfindet".

Zwei Eigenschaften des Modells eröffnen die Möglichkeit, unterrichtliche „Wirklichkeiten" zu „erfinden": *erstens* eine sichere kategoriale wie dimensionale Zielansprache durch die angeführte Begrifflichkeit und deren von Stufe zu Stufe unterscheidungsschärfer werdende Sucheinstellung und *zweitens* der Fundus von handlungsnahen *Tätigkeitsbeschreibungen*. Die Begriffsableitungen sind am Ende der Verzweigungen mit konkreten Vorschlägen zu deren Verwirklichung ausgestattet. Dem Benutzer werden so Antworten auf Fragen nach einer handfesten Umsetzung einzelner Kategorien angeboten. Jeder Systembegriff kann dadurch auf seine Realisierungsmöglichkeiten befragt werden.

Des weiteren bietet sich an, die Begrifflichkeit selbst als Suchinstrument einzusetzen. Wer sich die jeweiligen Verzweigungen in den einzelnen Ebenen bzw. Stufen genauer ansieht, der mag manchen weißen Flecken in seiner eigenen Landkarte unterrichtlicher Konstellationen auf die Spur kommen. Außerdem sei darauf hingewiesen, dass man bei ca. 550 *Tätigkeitsbeschreibungen* erwarten kann, im Wege des reduktiven Erkennens Handlungsmuster theoretisch bestimmen zu können, die sich wegen ihrer Effekte als interessant und nützlich erweisen und deduktiv wieder zu Empfehlungen führen. Mit deren Artikulation wird in der Tat absichtsvoll eine gewisse unterrichtliche Wirklichkeit konstruiert! So hat es sich erwiesen, dass die Empfehlungen zur Gestaltung des Gruppenunterrichts, die L. Haag (1998) aus seinen speziellen Erhebungen im Zusammenhang der Nürnberger Arbeitsgruppe um H.-D. Dann, Diegritz & Rosenbusch (1999) gewonnen hat, gerade auch mit unserem allgemeinen Beobachtungsinstrument erzielbar gewesen wären (📖 Kap. „Präskriptive Didaktik", S. 96 f.).

Schließlich sei noch betont, dass das gesamte Modell auch als eine wohlsortierte Fundgrube für den Markt der Möglichkeiten genutzt werden kann, wenn man auf der Suche nach Handlungsalternativen zu bestimmten Tiefenstrukturen ist – sei es für den Ernstfall oder auch nur zur gedanklichen Erweiterung seines *Handlungsrepertoires* (📖 vgl. Kap. „Nachreflexion" S. 85, 105, 107 f., 208 f.).

Die *legitimierende Funktion* kann erst greifen, wenn die Konzeption als Bezugsgröße und das Erhebungsinstrument als taugliches Verfahren allgemeine Anerkennung gefunden haben. Dann ist es in diesem Sinne legitim, das Modell und seine Begrifflichkeit als Verfahren zu verwenden, mit dem Urteile nicht nur expliziert, sondern auch begründet werden können.

3.5 Evaluation des Modells

Neben begleitenden Validierungen durch Studierende der Pädagogischen Hochschule Heidelberg, die bereits in der Entwicklungsphase der Konzeption und seiner Ausfaltungen erste Unterrichtsanalysen mit Hilfe des Modells durchführten, liegen zur Zeit zwei Evaluationsstudien vor (vgl. Scheltwort, 2003).

Reliabilität (Erste Studie)
Für eine Test-Retest-Untersuchung analysierten 44 Studierende der Pädagogischen Hochschule Heidelberg im Abstand von mehreren Wochen zweimal denselben vorgegebenen Unterrichtsausschnitt nach den beobachtbaren *Tätigkeitsbeschreibungen*. Die Studie ergab für die Bereichswerte, d.h. für die prozentualen Anteile der *Tätigkeitsbeschreibungen*, die *je Wertkoppelung* beobachtet wurden, durchgehend hohe Test-Retest-Koeffizienten (siehe **Abb. 3**). In Anbetracht der Tatsache, dass die Studierenden für diese Aufgabe nicht eigens trainiert worden waren, ist dies ein ausgesprochen bemerkenswertes Ergebnis.

Wertkoppe- lungen[1]	Durchgang		Korrelationskoeffizient r =
	t_1 Mittelwert	t_2 Mittelwert	
SSEW	38,87	36,90	.91
UA	35,94	34,85	.91
LEBG	28,48	28,56	.95
MIB	29,51	28,23	.94
STS	17,51	16,74	.91
SYS	16,63	16,30	.88

Abb. 3: Test-Retest-Koeffizienten für Bereichswerte n (t_1) = 44; n (t_2) = 44

Erwartungsgemäß fallen die Test-Retest-Koeffizienten geringer aus, wenn die Schärfe der Betrachtung erhöht wird. Im vorliegenden Fall geschieht dies, indem die prozentualen Anteile der beobachteten *Tätigkeitsbeschreibungen je Handlungsbegriff* im ersten und zweiten Durchgang miteinander verglichen werden (siehe **Abb. 4** – An dieser Stelle beschränkt sich die Darstellung der Ergebnisse exemplarisch auf eine der sechs *Wertkoppelungen*; die Daten zu den anderen fünf *Wertkoppelungen* finden sich bei Scheltwort, 2004). Insgesamt ergeben sich lediglich für 7 der 59 *Handlungsbegriffe* des Systemmodells kritische Werte (r = .59 und kleiner). Die Gründe für diese schlechteren Test-Retest-Reliabilitätskoeffizienten könnten u.a. im mangelnden Training der Beobachter in dieser Studie liegen.

 Handlungszüge zur sachstrukturellen Entfaltung in der Wissensvermittlung

Wertkoppe- lungen[2]	Durchgang		Korrelationskoeffizient r =
	t_1 Mittelwert	t_2 Mittelwert	
SSEW1	77,43	74,32	.61
SSEW2	74,09	69,55	.63
SSEW3	39,48	37,27	.65
SSEW4	23,18	20,45	.80
SSEW5	32,27	32,05	.84
SSEW6	20,52	21,25	.86
SSEW7	12,59	12,61	.93
SSEW8	31,36	27,73	.78

Abb. 4: Test-Retest-Koeffizienten für die prozentualen Anteile der beobachteten Tätigkeitsbeschreibungen je Handlungsbegriff n (t_1) = 44; n (t_2) = 44

1) Erklärungen der Abkürzungen S. 61
2) Erklärungen der Abkürzungen S. 64

Validierung mittels Faktorenanalyse (Erste Studie)
Über die Daten dieser ersten Studie wurde eine Faktorenanalyse gerechnet. Das Ergebnis spiegelt *nicht* die von uns vorgegebene theoretische Struktur der sechs *Wertkoppelungen* – was aus mehreren theoretischen wie empirischen Gründen auch nicht anders zu erwarten gewesen war (vgl. Scheltwort, 2004). Wohl aber bietet das Ergebnis Anknüpfungspunkte an zwei Betrachtungsweisen der jüngeren Zeit: an die *Kriterien der Evolutionären Didaktik* (Scheunpflug, 2001: Variation, Selektion und Stabilisierung) sowie an die *Beobachtungshinsichten*, die im Gefolge der TIMS-Studie auf videografierte Unterrichtsaufzeichnungen angewendet wurden (Clausen, 2002; Clausen, Reusser & Klieme, 2002: Unterrichts- und Klassenführung, Schülerorientierung, kognitive Aktivierung – siehe **Abb. 5**; vgl. auch Scheltwort, 2004).
Die Faktorenanalyse ergab drei große Faktoren, die insgesamt zu 60% die Matrix der Korrelationen erklären. Insofern ist das Bündel der 59 *Handlungsbegriffe* durch diese drei Faktoren zu einem hohen Anteil bestimmt; alle weiteren Faktoren sind demgegenüber von geringer Bedeutung.

Faktor 1: Dieser Faktor klärt 43% der Varianz auf und umfasst 30 der 59 *Handlungsbegriffe* unseres Modells. Entsprechend weit muss dieser Faktor verstanden werden. So könnte dieser Globalfaktor die ganzheitliche studentische Vorstellung eines „gelungenen" Unterrichts repräsentieren. Im einzelnen umfasst der Faktor 1:

• das Handwerkszeug des *Instruktionshandelns* im klaren, strukturierten Unterricht (aus den Handlungszügen zur sachstrukturellen Entfaltung in der Wissensvermittlung: Durcharbeiten, Bedeutungseinheiten sichern, Formen der Anwendung, Vorstrukturierung und Anknüpfung; aus den Handlungszügen zu Unterstützung der Aneignungsprozesse: Expositions- und Etablierungsstrategien; die Handlungszüge zur Stimulation des Sachverhältnisses sind mit der Anregungszentrierung der Arbeitsmittel und der Reduktion von kognitiver Komplexität vertreten).

• Kennzeichen des *Steuerns von Abläufen* (verschiedene Items aus den Handlungszügen zur lebendigen Gestaltung; aus den Handlungszügen zur Moderierung der individuellen Begegnung: Normverpflichtungen und Räume der freien Entscheidung; die Handlungszüge zur Systemsteuerung mit Stabilisierungs- und Rückführungshilfen).

• Aspekte der *Schülerorientierung* (Einfühlung und Wertschätzung, Selbstregulation und Selbstorientierung).

Die Tatsache, dass Faktor 1 über alle sechs Perspektiven des Systemmodells streut, bestärkt uns in der Annahme, dass alle sechs *Wertkoppelun-*

gen bedeutsame Aspekte des Lehrerhandelns im Unterricht beschreiben. Faktor 1 kann insofern als Umkehrung der Befragung „Wann gelingt Unterricht(en)?", aus deren Ergebnissen heraus zunächst die vier *Basiswerte* und dann die sechs *Wertkoppelungen* extrapoliert wurden (📖 S. 40), betrachtet werden.

Faktor 2 fokussiert auf

- *Beziehungsfragen* (Beziehungen klären; Kommunikationsfunktionen: Soziale Kontrolle, Aufgabenorientierung und Affiliation; Umgang mit sozialer Komplexität; Umstimmungshilfen; Haltungen) sowie auf
- *Sachfragen* (Komplexität des Reizmusters, Tätigkeit, Induktion von Dimensionalität, Kompetenzorientierung).

Wenn man die genannten Items einer näheren Betrachtung unterzieht, fällt ins Auge, dass sowohl die Beziehungsfragen als auch die Sachfragen hier in einer potenziell *systemerhaltenden* bzw. *systemgestaltenden* Weise angesprochen werden (vgl. Scheunpflug, 2001: *Stabilisierung* als Kriterium der Evolutionären Didaktik, siehe auch 📖 S. 80 ff., 230 ff.).

Faktor 3 stellt sich im Vergleich zu den anderen Faktoren am klarsten dar. Er umfasst die *Handlungsbegriffe*: Differenzieren, Neuartigkeit und Veränderung, Aktivitätsumverteilungen, Commitment, Abwechslungsmotiv, Wechselnde Zentrierungen und Steuerung der verbalen und nonverbalen Wissensrepräsentation nach Prozessgestaltungsmerkmalen (monoton vs. bewegt) und Modi der Teilhabe (monologisch vs. dialogisch).

Der vereinigende Gedanke, der als Grundlage von Faktor 3 ausgemacht werden kann, zielt auf *Kreativität und Wandel*. Alle Items beschreiben ein Durchbrechen von eingefahrenen Mustern und Veränderung. In der Evolutionären Didaktik (Scheunpflug, 2001) kommt dieser Faktor unter dem Stichwort *Variation* zum Tragen.

Ähnlichkeiten zu den Kriterien der TIMS-Videostudien (Clausen, 2002; Clausen et al., 2002) sind nicht von der Hand zu weisen. Allerdings werden die Bedeutungsspektren verschieden weit ausgelegt und unterschiedlich organisiert (siehe **Abb. 5**, ausführlicher bei Scheltwort, 2004).

Dieses Buch ist Eigentum von Ralf Brecher

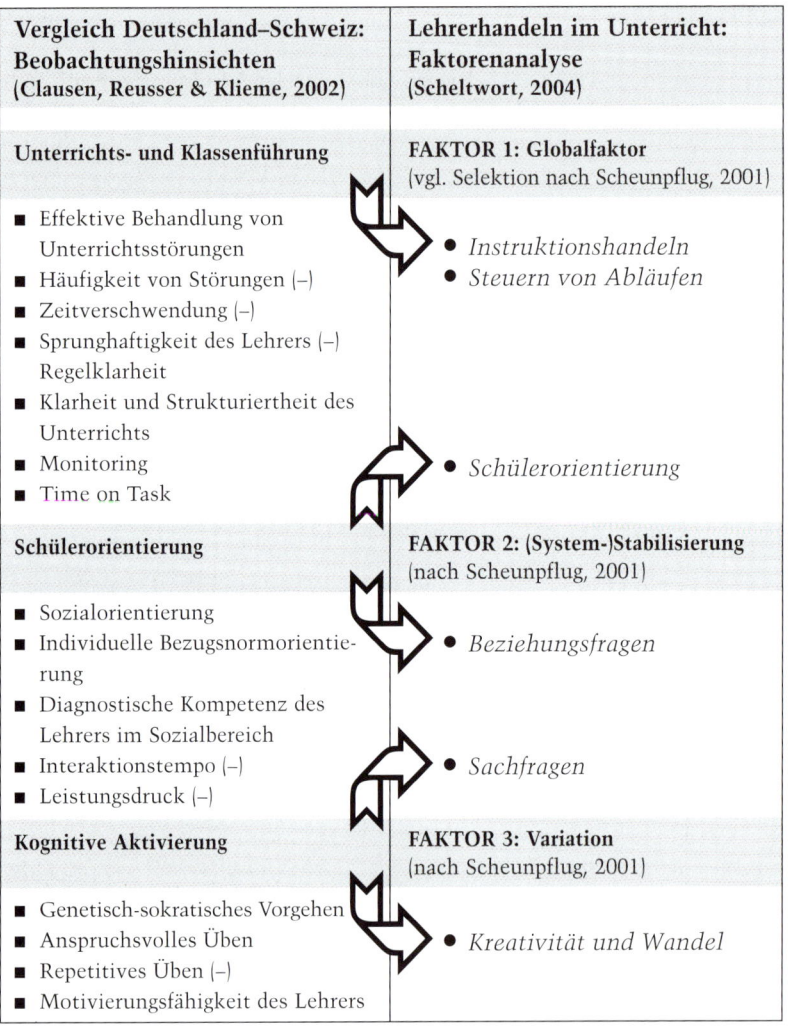

Vergleich Deutschland–Schweiz: Beobachtungshinsichten (Clausen, Reusser & Klieme, 2002)	Lehrerhandeln im Unterricht: Faktorenanalyse (Scheltwort, 2004)
Unterrichts- und Klassenführung	**FAKTOR 1: Globalfaktor** (vgl. Selektion nach Scheunpflug, 2001)
■ Effektive Behandlung von Unterrichtsstörungen ■ Häufigkeit von Störungen (–) ■ Zeitverschwendung (–) ■ Sprunghaftigkeit des Lehrers (–) Regelklarheit ■ Klarheit und Strukturiertheit des Unterrichts ■ Monitoring ■ Time on Task	• *Instruktionshandeln* • *Steuern von Abläufen* • *Schülerorientierung*
Schülerorientierung	**FAKTOR 2: (System-)Stabilisierung** (nach Scheunpflug, 2001)
■ Sozialorientierung ■ Individuelle Bezugsnormorientierung ■ Diagnostische Kompetenz des Lehrers im Sozialbereich ■ Interaktionstempo (–) ■ Leistungsdruck (–)	• *Beziehungsfragen* • *Sachfragen*
Kognitive Aktivierung	**FAKTOR 3: Variation** (nach Scheunpflug, 2001)
■ Genetisch-sokratisches Vorgehen ■ Anspruchsvolles Üben ■ Repetitives Üben (–) ■ Motivierungsfähigkeit des Lehrers	• *Kreativität und Wandel*

Abb. 5: Gegenüberstellung der Beobachtungshinsichten von Clausen et al. (2002) und den drei bedeutendsten Faktoren im Modell „Lehrerhandeln im Unterricht"

Das Ergebnis der Faktorenanalyse mit ihren Ähnlichkeiten einerseits zu der theoretisch gelagerten (Scheunpflug, 2001) und andererseits zu der empirisch basierten (Clausen, 2002; Clausen et al., 2002) Betrachtungsweise bestärkt uns in der Annahme, mit dem Systemmodell treffende Gesichtspunkte der Unterrichtsbeobachtung angesprochen zu haben, und dies offenbar sowohl in theoretischer wie in empirischer Hinsicht.

Validierung von Zusammenhängen innerhalb des Systemmodells (Zweite Studie)

In einer zweiten Studie (Scheltwort, 2004) wurden 32 Unterrichtsaufzeichnungen nach den sechs *Wertkoppelungen* (achtstufige Skala), den 59 *Handlungsbegriffen* (vierstufige Skala) und den *Tätigkeitsbeschreibungen* (bipolar nach „vorhanden – nicht vorhanden") analysiert. Dieser Datenpool erlaubte zunächst die Auswertung nach systembezogenen Fragen der Ableitungen und Zuordnungen. Die Auswertungen führen zu einer Reihe von speziell auf das Systemmodell zugeschnittenen Aussagen, die hier nicht im einzelnen diskutiert sondern nur exemplarisch angesprochen werden können (für Einzelheiten siehe Scheltwort, 2004).

Pearson Correlation Coefficients   N = 32

Wert-koppe-lungen	M_SSEW	M_UA	M_LEBG	M_MIB	M_STS	M_SYS
SSEW	0.84 0.0001***	0.74 0.0001***	0.66 0.0001***	0.70 0.0001***	0.78 0.0001***	0.69 0.0001***
UA	0.78 0.0001***	0.88 0.0001***	0.80 0.0001***	0.84 0.0001***	0.83 0.0001***	0.75 0.0001***
LEBG	0.71 0.0001***	0.83 0.0001***	0.94 0.0001***	0.94 0.0001***	0.82 0.0001***	0.84 0.0001***
MIB	0.69 0.0001***	0.81 0.0001***	0.91 0.0001***	0.93 0.0001***	0.79 0.0001***	0.84 0.0001***
STS	0.82 0.0001***	0.78 0.0001***	0.75 0.0001***	0.76 0.0001***	0.86 0.0001***	0.67 0.0001***
SYS	0.65 0.0001***	0.76 0.0001***	0.88 0.0001***	0.86 0.0001***	0.76 0.0001***	0.91 0.0001***

SSEW: Handlungszüge zur sachstrukturellen Entfaltung in der Wissensvermittlung
UA: Handlungszüge zur Unterstützung der Aneignungsprozesse
LEBG: Handlungszüge zur lebendigen Gestaltung
MIB: Handlungszüge zur Moderierung der individuellen Begegnung
STS: Handlungszüge zur Stimulation des Sachverhältnisses
SYS: Handlungszüge zur Systemsteuerung
M_...   kennzeichnet, dass der Mittelwert für diese Wertkoppelung aus den Daten der zugehörigen Handlungsbegriffe berechnet wurde.

Abb. 6: Korrelationen zwischen den Mittelwerten der achtstufigen Skala (*Wertkoppelung*) und den vierstufig über die *Handlungsbegriffe* errechneten Mittelwerten über n = 32

So weist die Tabelle **Abb.6** die Beziehungen zwischen den Urteilen auf der Stufe der *Wertkoppelungen* (SSEW, UA, LEBG, MIB, STS, SYS) und der Stufe der *Handlungsbegriffe* (M_SSEW, M_UA, M_LEBG, M_MIB, M_STS, M_SYS) aus. Sie zeigt, dass alle Korrelationen auf höchstem Signifikanzniveau (.0001) bestehen. Sie bewegen sich zwischen .65 (M_SSEW und SYS) und .94 (LEBG und M_LEBG). Das heißt, dass insgesamt sehr hohe Zusammenhänge zwischen den Urteilen bestehen.

Die höchsten Übereinstimmungen bestehen zwischen Urteilen, die auf der Ebene der Wertkoppelungen (achtstufig) gefällt wurden, und denjenigen, die zur entsprechenden Wertkoppelung auf der Ebene der Performanz: *Handlungsbegriffe* (vierstufig) begründet sind (Diagonale in **Abb.6**). Jede *Wertkoppelung* ist somit als Konstrukt durch die zugehörigen *Handlungsbegriffe* explizierbar.

Die durchgehend hohen Korrelationswerte weisen darauf hin, dass unübersehbar Zusammenhänge zwischen den Urteilen im gesamten Systemmodell vorhanden sind – eine Tatsache, die die Auslegung des Beobachtungsmodells als ein *geschlossenes System* stützt. Hohe Werte in einer der sechs Perspektiven korrespondieren demnach mit hohen Werten in den anderen, geringe entsprechend mit geringen. Da die *sechs Wertkoppelungen* aus jeweils zwei der vier *Basiswerte* gespeist werden, sind hohe Zusammenhänge nicht als Kontraindikationen aufzufassen.

Aus den Einschätzungen der *Handlungsbegriffe*, die für jede Unterrichtsaufzeichnung jeweils auf einer vierstufigen Skala erhoben wurden, lassen sich mit dem Verfahren der Regressionsanalyse statistisch begründete Vorhersagen über den zu erwartenden Skalenwert der sechs *Wertkoppelungen* (achtstufige Skala) errechnen. Die Tabelle **Abb.7** stellt für alle 32 Untersuchungseinheiten dem tatsächlich vergebenen Skalenwert für jede der sechs *Wertkoppelungen* (SSEW, UA, LEBG, MIB, STS, SYS – Abkürzungen wie in **Abb.6**) den statistisch zu erwartenden Skalenwert (R_...) gegenüber. Mit der Tabelle wird die Frage beantwortet, ob und inwieweit die Einschätzungen auf einer Stufe geringerer Abstraktion mit den Urteilen auf einer Stufe höherer Abstraktion parallel gehen.

Für 97 von 192 Datenpaaren, also rund der Hälfte der Fälle, treffen die Vorhersagen genau das tatsächlich vergebene Urteil. In nur 7 Fällen weicht das vorhergesagte Urteil um zwei oder drei Skalenwerte – und damit kritisch – vom tatsächlichen Wert ab. In den übrigen 88 Fällen beträgt die Abweichung einen der acht Skalenpunkte und ist damit zu vernachlässigen.

Insgesamt lässt sich festhalten, dass die Urteile auf diesen beiden Abstraktionsebenen des Modells (*Wertkoppelungen* und zugehörige *Hand-*

lungsbegriffe) hohe Zusammenhänge aufweisen. Die Vorhersage der Bereichswerte für die sechs *Wertkoppelungen* aufgrund der Daten der zugehörigen *Handlungsbegriffe* gelingt in bemerkenswertem Ausmaß.

OBS	SSEW	R_SSEW	UA	R_UA	LEBG	R_LEBG	MIB	R_MIB	STS	R_STS	SYS	R_SYS
1	2	2	2	3	2	2	2	3	3	3	2	3
2	2	3	2	3	1	2	3	2	3	3	2	1
3	3	3	3	4	2	2	2	3	2	3	2	2
4	2	2	3	2	2	3	3	3	4	3	1	1
5	7	7	7	6	7	7	7	7	7	8	8	8
6	7	7	7	8	5	5	5	5	7	7	5	7
7	7	6	7	6	7	7	8	7	6	7	7	7
8	8	8	8	8	6	7	7	6	8	6	7	7
9	3	3	3	3	2	1	2	2	3	3	2	2
10	7	6	5	4	2	2	3	3	5	5	5	3
11	3	4	5	5	2	2	2	3	3	3	1	1
12	2	3	3	4	2	2	3	2	3	4	2	3
13	8	8	7	8	8	8	7	7	8	8	8	7
14	7	7	8	7	8	8	8	7	7	7	7	7
15	8	8	8	9	8	8	8	7	8	8	8	7
16	7	8	6	5	6	6	6	7	7	8	6	6
17	5	6	6	6	6	6	6	7	5	6	6	7
18	5	5	7	8	8	7	8	8	7	6	6	6
19	7	7	8	7	7	7	7	7	8	7	7	7
20	6	6	7	7	7	7	8	8	6	6	5	5
21	7	8	8	8	7	7	8	8	7	7	8	7
22	8	8	7	7	7	7	8	7	7	8	7	7
23	6	6	7	6	7	7	7	6	8	8	5	6
24	7	7	5	4	6	5	5	5	7	6	4	3
25	5	4	5	6	5	5	5	4	5	5	6	6
26	5	5	6	5	3	3	2	3	6	5	2	4
27	6	6	6	6	6	6	5	6	7	6	5	4
28	7	7	5	5	2	3	4	4	3	5	3	4
29	5	4	4	4	6	6	5	6	3	6	8	7
30	6	6	6	6	8	7	8	8	5	4	8	6
31	5	6	7	6	8	8	7	8	8	7	8	7
32	4	4	5	5	7	8	8	8	5	6	8	7

Abb. 7: Regressionsanalyse von *Handlungsbegriffen* auf die entsprechende *Wertkoppelung*: Vorhersage von erwarteten Urteilen in der Gegenüberstellung zu den tatsächlich vergebenen Urteilen

Die Beziehungen zwischen der Stufe der *Handlungsbegriffe* und der Stufe der zugehörigen *Tätigkeitsbeschreibungen* sind vielfältiger und können hier nur exemplarisch angesprochen werden (eine ausführliche Darstellung und Interpretation bei Scheltwort, 2004).

Pearson Correlation Coefficients / Prob > |R| under Ho: Rho = 0 / N = 32

	SSEW1	SSEW2	SSEW3	SSEW4	SSEW5	SSEW6	SSEW7	SSEW8
PSSEW1	0.68	0.39	0.33	0.35	0.29	0.30	0.25	0.53
	0.0001***	0.03*	0.06	0.05*	0.10	0.09	0.17	0.002**
PSSEW2	0.51	0.37	0.43	0.18	0.39	0.09	-0.01	0.49
	0.002**	0.04*	0.01**	0.32	0.03*	0.63	0.94	0.005**
PSSEW3	0.53	0.58	0.70	0.21	0.64	0.30	0.27	0.62
	0.002**	0.0005***	0.0001***	0.25	0.0001***	0.09	0.14	0.0001***
PSSEW4	0.25	0.43	0.34	0.71	0.31	0.19	0.003	0.54
	0.17	0.01**	0.06	0.0001***	0.09	0.29	0.99	0.001***
PSSEW5	0.17	-0.02	0.02	0.40	0.57	0.07	0.27	0.24
	0.34	0.90	0.90	0.02*	0.0007***	0.70	0.13	0.18
PSSEW6	0.69	0.46	0.36	0.38	0.54	0.54	0.38	0.38
	0.0001***	0.009**	0.04*	0.03*	0.002**	0.001***	0.03*	0.03*
PSSEW7	0.30	0.34	0.15	0.07	0.34	0.32	0.52	0.42
	0.09	0.06	0.42	0.69	0.06	0.07	0.002**	0.02*
PSSEW8	0.35	0.46	0.49	0.60	0.42	0.28	0.07	0.76
	0.05*	0.009**	0.005**	0.0003***	0.02*	0.12	0.71	0.0001***

* signifikant auf dem 5%-Niveau
** signifikant auf dem 1%-Niveau
*** signifikant auf dem 0,1%-Niveau

SSEW1:   Aktivieren eines Bezugsrahmens
SSEW2:   Evozieren eines spezifischen semantischen Netzes
SSEW3:   Durcharbeiten
SSEW4:   Bedeutungseinheiten sichern: Üben
SSEW5:   Erkennende Anwendung
SSEW6:   Herstellende Anwendung
SSEW7:   Ausübende Anwendung
SSEW8:   Vorstrukturierung und Anknüpfung
P...:   kennzeichnet den prozentualen Anteil der beobachteten Tätigkeitsbeschreibungen zu dem jeweiligen Handlungsbegriff

Abb. 8: Korrelationen zwischen den vierstufig über die Handlungsbegriffe errechneten Mittelwerten und den prozentualen Anteilen der beobachteten Tätigkeitsbeschreibungen

Abb. 8 stellt die Korrelationen vor, die zwischen den vierstufig getroffenen Urteilen zu den *Handlungsbegriffen* und den Beobachtungen der *Tätigkeitsbeschreibungen* bestehen. Dass die Zusammenhänge weniger deutlich ausfallen würden als beim Vergleich der Urteile auf der Stufe der *Wertkoppelungen* und der Stufe der *Handlungsbegriffe*, war zu erwarten gewesen, denn hier werden mit den *Handlungsbegriffen* vierstufig erfasste *Qualitäten* mit Quantitäten (Anteile der beobachtbaren *Tätigkeitsbeschreibungen* zu den *Handlungsbegriffen*) verglichen. An der einen oder anderen Stelle lassen sich aus der Tabelle Hinweise auf Nachbesserungsmöglichkeiten der Quasi-Operationalisierungen ablesen; insgesamt aber bietet sich ein Gesamtbild, das das Modell in seiner vorliegender Fassung nicht in Frage stellt (für eine detaillierte Diskussion der Ergebnisse siehe Scheltwort, 2004).

Befunde zu individuellen Lehrprofilen (Zweite Studie)
Die zweite Studie umfasst je vier Unterrichtsaufzeichnungen von vier Lehrerinnen und vier Lehrern und erlaubt damit die Darstellung von individuellen sowie geschlechtsspezifischen Lehrprofilen.
Die Berechnungen für die Unterscheidung nach Lehrpersonen ergeben eine hochsignifikante ($p = 0.0001***$) Diskriminanzfunktion, die aus allen sechs Wertkoppelungsbereichen zusammengesetzt ist. Die sechs Wertkoppelungsbereiche sind als Prädiktorvariablen alle in positivem, eher hohem Ausmaß am Zustandekommen des Gesamtzusammenhangs beteiligt (siehe **Abb. 9**). Der Lehrstil einer Person bildet sich also durchgängig in allen sechs *Wertkoppelungen* in „positiver" Weise ab, d.h. ein breites Repertoire in einem der sechs Bereiche korrespondiert mit einem breiten Repertoire in den anderen Bereichen (analog für ein schmales Repertoire).
Dieses Ergebnis unterstützt unsere theoretische Annahme, dass die Betrachtung aller sechs *Wertkoppelungen* miteinander ein ganzheitliches Ur-

Total Canonical Structure

PM_SSEW	0.72
PM_UA	0.72
PM_LEBG	0.95
PM_MIB	0.99
PM_STS	0.75
PM_SYS	0.88

$p = 0.0001***$
NOTE: The F statistic is exact.

Abb. 9: Diskriminanzanalyse für Lehrpersonen über Mittelwerte der anteilig beobachteten Tätigkeitsbeschreibungen

teil erlaubt (die Lehrpersonen sind hier als Ganzheiten zu verstehen). Alle sechs Perspektiven beschreiben also demnach Bereiche einer ganzheitlichen Betrachtung, keine der sechs *Wertkoppelungen* erscheint redundant. In der Anwendung soll die ermittelte Diskriminanzfunktion jede beobachtete Einheit (d.h. jeden Datensatz einer Unterrichtsstunde) einer bestimmten Lehrperson zuordnen können. Das Ergebnis des Reklassifikationsversuchs ist in **Abb. 10** abzulesen: Von den 32 Datensätzen werden 28 der richtigen Lehrperson zugeschrieben. Dies entspricht einer Trefferquote von 87,5%. Zwei Unterrichtsstunden der Lehrerin 03KN sowie zwei des Lehrers 14BL werden falsch zugeordnet.

from LEHRER	Number of Observations and Percent Classified into LEHRER:								
	02ST	03KN	05GM	06SK	07MR	08BR	12BR	14BL	Total
02ST	4	0	0	0	0	0	0	0	4
03KN	0	2	0	0	2	0	0	0	4
05GM	0	0	4	0	0	0	0	0	4
06SK	0	0	0	4	0	0	0	0	4
07MR	0	0	0	0	4	0	0	0	4
08BR	0	0	0	0	0	4	0	0	4
12BR	0	0	0	0	0	0	4	0	4
14BL	0	1	0	1	0	0	0	2	4
Total	4	3	4	5	6	4	4	2	32

Abb. 10: Reklassifikation der Datensätze nach Lehrern über Mittelwerte der beobachteten Tätigkeitsbeschreibungen

Je differenzierter (d.h. individualisierter) die Grundlage der Berechnungen ist, desto wahrscheinlicher gelingt eine Reklassifikation (Identifizierung). Da die Reklassifikation im vorliegenden Fall allein über sechs Mittelwerte erfolgte, ist die hohe Reklassifikationsrate ein ausgesprochen positiv zu bewertendes Ergebnis.

Die Lehrpersonen unterscheiden sich also offenbar recht deutlich in der Breite ihres Handlungsrepertoires. Wird die hier ermittelte signifikante Diskriminanzfunktion auf die Lehrpersonen angewendet, so ergeben sich deutlich unterschiedliche Mittelwerte für die acht Lehrerinnen und Lehrer (siehe **Abb. 11**).

Class Means on Canonical Variables:

LEHRER	CAN
02ST	3.31
03KN	0.74
05GM	3.45
06SK	3.45
07MR	1.07
08BR	1.15
12BR	1.80
14BL	2.15

Abb. 11: Mittelwerte für die acht Lehrerinnen und Lehrer, errechnet aus der kanonischen Diskriminanzfunktion

Die grafische Umsetzung dieser Daten in **Abb. 12** führt Nähe und Distanz zwischen den einzelnen Lehrpersonen vor Augen: Der größte Abstand besteht zwischen den Unterrichtsstunden der Lehrerin 06SK zu denjenigen der beiden Lehrer 05GM und 02ST. Die Unterrichtsstunden der drei Lehrerinnen 03KN, 07MR und 08BR zeigen in der summativen Betrachtung offenbar große Ähnlichkeit zueinander.

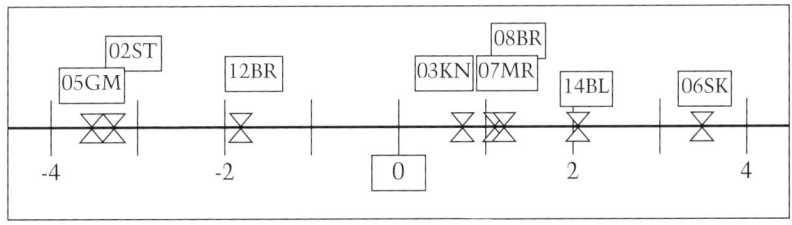

Abb. 12: Nähe und Distanz der Lehrpersonen, ermittelt aus den Mittelwerten der anteilig beobachteten Tätigkeitsbeschreibungen

Gemäß der kanonischen Funktion, die nach Lehrpersonen unterscheidet, ergibt sich eine „Leistungsverteilung" unter den Lehrern, an deren einem Extrem die Lehrerin 06SK und an deren anderem Extrem 05GM und 02ST stehen. Von „Leistungsverteilung" kann hier insofern gesprochen werden als die Mittelwerte auf der Grundlage der beobachtbaren *Tätigkeitsbeschreibungen* errechnet wurden und die *Tätigkeitsbeschreibungen* Aussagen über die Breite eines Repertoires erlauben.

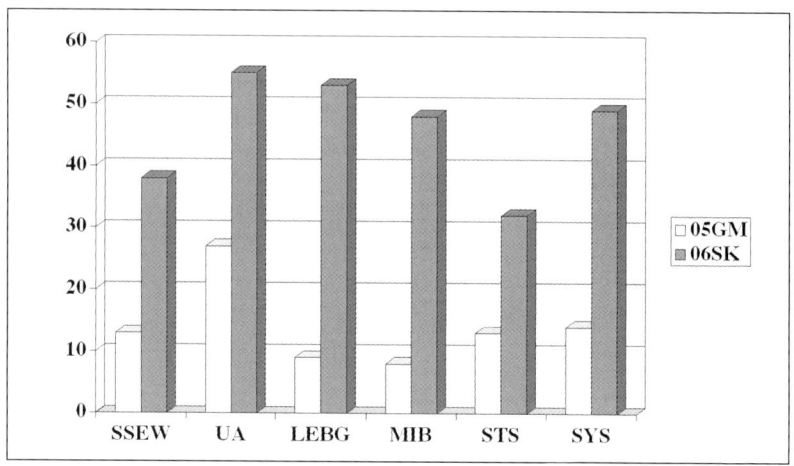

Abb. 13: Gegenüberstellung der Handlungsrepertoires eines Lehrers (05GM) und einer Lehrerin (06SK): Über die Wertkoppelungen gemittelte prozentuale Anteile der beobachteten Tätigkeitsbeschreibungen (Abkürzungen wie in Tab. Abb. 6)

Hohe Werte gemäß **Abb. 11** weisen daher auf eine Vielzahl von beobachtbaren *Tätigkeitsbeschreibungen* (d.h. breites Repertoire) hin, geringe Werte auf eine entsprechend geringe Anzahl beobachtbarer *Tätigkeitsbeschreibungen* (d.h. schmales Repertoire). In der Einzelfallbetrachtung ist die Gegenüberstellung der Lehrerin 06SK und des Lehrers 05GM besonders aufschlussreich. **Abb. 13** veranschaulicht den deutlich verschiedenen Umfang der Handlungsrepertoires dieser beiden Lehrer.

Befunde zu geschlechtsabhängigen Lehrprofilen (Zweite Studie)
Ein ähnliches Bild ergibt sich für die Untersuchung der geschlechtsspezifischen Kennzeichnungen (siehe **Abb. 14**): Die statistische Analyse erlaubt eine klare Zweiteilung der Stichprobe, wobei sich in der einen Gruppe die

	Number of Observations and Percent Classified into SEX:		
From Sex	m	f	Total
m	14	2	16
f	2	14	16
Total	16	16	32

Abb. 14: Reklassifikation der Datensätze nach *Geschlecht* über Mittelwerte der anteilig beobachteten Tätigkeitsbeschreibungen

männlichen, in der anderen die weiblichen Probanden wiederfinden (Reklassifikationswert von 87,5%).

Die Unterschiede zwischen den Geschlechtern sind – anders als man vermuten könnte – weniger qualitativer als vor allem quantitativer Art, wie die Gegenüberstellung des männlichen und des weiblichen Profils zeigt (**Abb. 15**). Die männlichen Probanden der vorliegenden Untersuchungen zeigen demnach ein deutlich schmaleres Handlungsrepertoire in allen sechs Wertkoppelungsbereichen als die weiblichen. Die statistische Zuordnung der Datensätze zum männlichen oder weiblichen Geschlecht erfolgt hier aufgrund der *Quantität* der beobachtbaren *Tätigkeitsbeschreibungen* und nicht etwa aufgrund *qualitativ* unterschiedlicher geschlechtstypischer Lehrprofile.

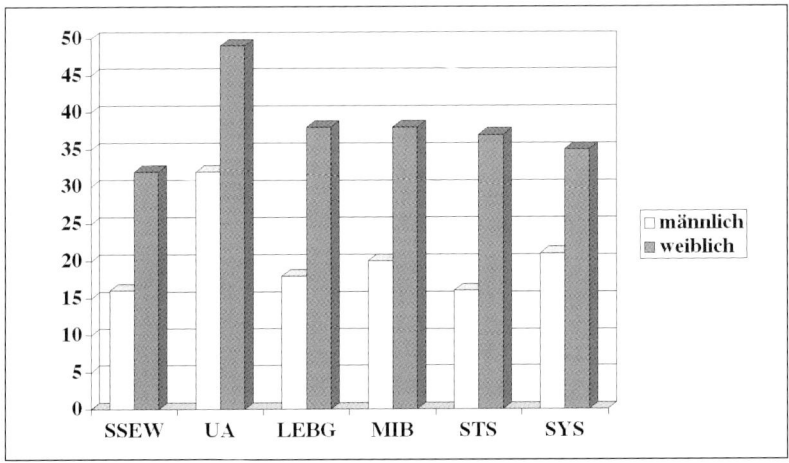

Abb. 15: Gegenüberstellung des männlichen und des weiblichen Handlungsrepertoires aufgrund beobachteter Tätigkeitsbeschreibungen (prozentuale Anteile)

Das Praktische:
Die Anwendungen
in Lehre, Praxis, Training und Forschung

3   Einsatzorte

1 Einsatzbereiche
(⊘ F12: Einsatzbereich)

Das auf der CD-ROM vorgelegte Instrument zur Erhebung des Instrukti-
ons- und Klassenführungsverhaltens von Lehrern wurde mit Blick auf
Klassenzimmerunterricht in allen Schularten und Schulstufen entwickelt. Es soll dabei zwei gegenläufigen Zwecken dienen: Zum einen der
Beobachtung, zum anderen der *Gestaltung* von Unterricht.
Für den ersten Anspruch liefert es genügend relevante und trennscharfe
Unterscheidungen und Benennungen, die zu differenzierten Beobachtungen und damit zur Vergleichbarkeit jedweder Untersuchungsergebnisse
unerlässlich sind (vgl. ☐ „Evaluation", S. 56 ff.). Ohne eine angemessene
und allseits akzeptierte Taxonomie bleiben Beschreibungen des Lehrerhandelns im Unterricht Stückwerk. Der zweite Anspruch, nämlich passgenaue Hilfen zur Gestaltung von Unterrichtssituationen anbieten zu
können, gründet in dem Sachverhalt, dass in dem vorgelegten Modell die
jeweiligen logischen Beziehungen zwischen Konstrukt und Quasi-Operationalisierungen aufgeklärt und offen gelegt wurden. Da in Didaktik wie
Psychologie nicht selten die Wege und Stufen der Deduktion und Induktion im Ungefähren oder ganz im Dunklen verbleiben, galt hier unsere an-
gestrengte Aufmerksamkeit der uneingeschränkten Nachprüfbarkeit der
gedanklichen Vollzüge. Ist dies gelungen, dann können die angeführten
theoretischen Bezüge im Hin wie Her auch zur Deutung der aufgegriffe-
nen Sachverhalte herangezogen werden.

2 Anwendungen

2.1 Lehrerhandlungen wahrnehmen und bestimmen

> **Ein realistischer Erkenntnisanspruch zielt zuerst auf die Beschreibung von Vielfalt und erst dann auf mögliche Erklärungsversuche.**
> (Haag, 1998, S. 214)

2.1.1 Was braucht der Anfänger?

„In Verbindung mit der Hospitation gehört die Beobachtung seit jeher zur Lehrerausbildung als Ergänzung des theoretischen Studiums und der eigenen Unterrichtsversuche. Von der Unterrichtsbeobachtung wird erwartet, dass sie pädagogische Theorie und Praxis verbindet und kritisch reflektierende Berufstätigkeit ermöglicht. Die Vielzahl der Eindrücke vom Unterrichtsgeschehen soll systematisch geordnet und mit Hilfe theoretischer Modelle interpretiert und bewertet werden. Will die Erklärung der pädagogischen Realität nicht bei unspezifischen und oberflächlichen Aussagen stehen bleiben, bedarf es erheblicher Anstrengungen, um das pädagogisch relevante Unterrichtsgeschehen zu erfassen, sinnvoll auszuwerten, zu interpretieren und zu beurteilen. Die Unzufriedenheit mit der Hospitation ist nicht zuletzt in der Unzulänglichkeit der Beobachtung und Beurteilung der Lehrtätigkeit zu suchen. Die theoretischen Kenntnisse bedürfen erst einer Umformulierung, bis sie sich als Unterstützung der Unterrichtsbeobachtung eignen. Dabei wird vom Beobachter ein großes Maß an Sensibilität erwartet, um das Unterrichtsgeschehen unter verschiedenen theoretischen Gesichtspunkten zu erfassen" (Bachmair 1974, S. 9).

Ist dem noch etwas hinzuzufügen? Vielleicht doch! Zumindest in einigen Details. Der Neuling in einem Arbeitsfeld versteht anfänglich (bestenfalls) nur, was er schon weiß. Das widerfährt jedem in einer fremden Situation. Weiter gelangt er erst, wenn er sich auf den verschlungenen Prozess einlässt, sein Tun zu bedenken und seine Gedanken gestaltend auszuprobieren. Bachmair formuliert, was auf den Anfänger in der Unterrichtsanalyse zukommt: Die Eindrücke sind zu ordnen und mit Hilfe theoretischer Modelle zu interpretieren und zu bewerten. Doch wie kann das gelingen, wenn man nur wahrnimmt, was man schon weiß? Einen dieser Sachlage angemessenen Lehr- und Lernweg in einer solchen Situation hat der Konstruktivismus gewiesen, indem er zwei Leistungen hervorhob, die zu erbringen sind, um dem Zirkel entrinnen zu können: Sich auf *Unterschiede* einzulassen und für diese eine *Sprache* zu finden. In angeleiteten Unterrichtsbeobachtungen sollte es daher vorwiegend um das Unvertraute gehen. Und dies eben nicht nur als Wahrnehmung sondern als Erkenntnisvorgang. Dazu gehört, dass benannt werden kann, was erkannt werden soll. So müssen unvermeidbarerweise auf den Anfänger neue Wörter zuhauf einstürmen. Wörter, die vielleicht als so befremdlich empfunden werden, wie die noch fremden Sachverhalte, die sie meinen. Doch mit den Wörtern nähern wir uns den Sachen. Darum hilft man dem Anfänger besonders, wenn man ihm beisteht, sich aus seiner Sprachlosigkeit herauszuarbeiten. Erreicht hat er dieses Ziel, wenn es ihm weithin gelingt, seine Erfahrungen auf den gerade aktuellen Begriff zu bringen. Der Lernwert dieser Leistung kann nicht hoch genug veranschlagt werden. Es ist die Anstrengung um den Begriff, die den Anfänger sehen lehrt und darum zuallererst in den Sachen kundig macht.

Allerdings, Wörter sind nicht die Sachen; sie repräsentieren diese nur. Sie helfen zur gedanklichen Ordnung der erfahrenen Vielfalt der Erscheinungen. Das ist schon viel. Doch zum Verständnis dessen, „was die Welt im Innersten zusammenhält", um mit Goethe zu reden, tragen sie nichts bei. Dazu müssen wir uns Modelle und Theorien erschaffen. Allein über sie können wir versuchen, über „unspezifische und oberflächliche Aussagen hinaus zu kommen", wie Bachmair oben fordert. Und ihm ist auch zuzustimmen, wenn er dazu feststellt, dass „es erheblicher Anstrengungen bedarf, um das pädagogisch relevante Unterrichtsgeschehen zu erfassen, sinnvoll auszuwerten, zu interpretieren und zu beurteilen". Wie also beginnen?

Wie kann man zu einem „erkennenden Sehen" gelangen?
Wir schlagen dem Anfänger vor, als erstes sich der Unterscheidungen der vier *Basiswerte* zu versichern, die auch die Grundbegriffe in unserer Unterrichtstheorie darstellen: *Kompetenz, Klarheit, Lebendigkeit* und *Vertrauen*. Sie sollen die Kategorien erster Beobachtungen darstellen. Gelingen ihm damit schon erste Qualifizierungen seiner Beobachtungen? Der Anfänger wird bald spüren, dass diese Kategorien weite Begriffsräume bezeichnen, in denen es wie in einer Rumpelkammer noch sehr unaufgeräumt aussieht. Was meint was, was gehört wohin? Solche Fragen scheinen kein Ende zu nehmen. Will man mehr Ordnung schaffen, muss man für mehr Unterscheidungsmöglichkeiten sorgen. Diese bieten wir beispielsweise mit einem Differenzierungsangebot, worin aus den genannten vier Unterscheidungen sechs weitere erarbeitet werden. Wir nennen sie die *Stufe der Wertkoppelungen* bzw. *Stufe der Handlungszüge*.

Auch diese gruppieren die Phänomene noch nach einem recht groben Raster. Doch können ihre Benennungen den erstrebten fachkundlichen Blick schon ein wenig schärfer richten, sind sie doch schon unterrichtsspezifischer formuliert. Was unter den kommunikativen Handlungen des Lehrers ließe sich als *Handlungszüge zur sachstrukturellen Entfaltung in der Wissensvermittlung* verstehen? Was als *Handlungszüge zur Unterstützung der Aneignungsprozesse*, als *Handlungszüge zur Moderierung der individuellen Begegnung*, als *Handlungszüge zur lebendigen Gestaltung*, als *Handlungszüge zur Systemsteuerung* und was als *Handlungszüge zur Stimulation des Sachverhältnisses?*

Hier schon begegnen dem Anfänger die ersten „fremden" Wörter. Je mehr er es nun unternimmt, seine Ordnungsabsichten durch weitere Unterteilungen zu steigern, desto mehr braucht er Namen für das, wofür er einen eigenen Ordnungsgesichtspunkt bilden will. Solche findet er in unserem System dann in Hülle und Fülle. Doch sie alle hätten wenig Ordnungswert, würden sie nicht als weitere Ausdifferenzierungen der bereits getroffenen Unterscheidungen zu gelten haben. Dies erleichtert zwar den gedanklichen Zugang zu ihnen, doch in ihrer Fülle bleiben sie ein widerständiges Vokabular. Der Anfänger sollte sich deshalb erst dann mit den weiteren Unterkategorien befassen, wenn es ihn reizt, sich auf die theoretischen Aussagen einzulassen, die das Modell macht. Leichter wird ihm der nächste Schritt fallen, den wir nun vorschlagen.

Nach einer solchen Vororientierung durch die Basiswerte und deren Koppelungen halten wir es für nützlich, sich der allerletzten Differenzierungsstufe zuzuwenden, die wir bieten. Hier ist die Aufgabe, Lehrerhandlungen systemgebunden zu identifizieren, am leichtesten zu erfüllen. Denn hier findet der Benutzer (fast) keine Klassifikationen mehr vor, die – wie dies bei allen anderen Differenzierungsstufen der Fall ist – deutlich von den tatsächlichen Handlungen abstrahieren. Auf dieser Stufe wollen wir nämlich einer konkreten Beschreibung dessen, was der Lehrer vollzieht, so nahe wie irgend möglich kommen. Darum sollte es hier die wenigsten offenen Fragen nach einer treffenden Zuordnung geben. Zudem wird sich der Anfänger (fast) nur in seiner Alltagssprache angesprochen finden. Doch was der Benutzer auf diese Weise an Erfahrungsbestimmtheit und Phänomennähe gewinnt, geht ihm an theoretischem Bezug verloren, würde er sich auf das schlichte Ankreuzen zutreffender Beschreibungen beschränken. Den theoretischen Bezug gewinnt er nur zurück, wenn er sich schließlich der Mühe unterzieht, seine in den Listen der *Tätigkeitsbeschreibungen* registrierten Beobachtungen auf die in dem Manual angebotenen höheren Klassifikationsklassen hin zu bedenken.

So könnte sich der Anfänger dem Modell wechselweise von zwei Seiten her nähern: *deduktiv*, indem er mit den allgemeinsten Unterscheidungen beginnt und sich einen groben Überblick über die Organisation des Modells verschafft, und *induktiv*, indem er versucht, das Allgemeine im Besonderen zu finden.

In diesem Stadium einer ersten Einführung in die Profession haben Unterrichtsaufzeichnungen ihren unbestrittenen Platz. Ihr Vorzug liegt in der Wiederholbarkeit des Geschehens. So können sie besser als Hospitationen gewährleisten, Wahrnehmungen zu lenken und Phänomene punktgenau zu identifizieren. Doch sie sollten nicht nur ersten Analyseversuchen an *fremden* Vorlagen dienen. Nicht minder nützlich ist es, immer wieder *eigene* Unterrichtsversuche aufzunehmen und – vor allem nach ausgewählten Kriterien – zu befragen. Nur so kann man sich seiner eigenen Fortschritte wie seiner Probleme illusionslos versichern.

2.1.2 Daten erheben – vorgängig Entscheidungen treffen
Beantworten Sie sich selbst drei Fragen:

1. Was wollen Sie wissen? – Die Aufschließungsfragen
Es ist eines, Lehrerhandlungen wahrzunehmen, ein anderes ist es, sie zu bestimmen. Im ersten Fall folgt man zunächst seinen privaten, vielleicht auch noch unformulierten Erwartungen, im zweiten lässt man sich von explizierten Konzeptionen leiten (siehe auch 📖 „Unvermitteltes Beobachten", S. 27 ff.). Während unvorbereitete Wahrnehmungen in ihrer Unmittelbarkeit eher gefühlshaltige Urteile provozieren, so sollen konzeptionell geführte Wahrnehmungen sich ganz und gar auf die Theorie beziehen, aus der sie sich herleiten. Theorien aber präsentieren sich in ihren Begriffen. Lehrerhandlungen zu bestimmen, heißt daher, sich der Begriffe zu versichern, mit denen die Theorie ihr Gegenstandsfeld kennzeichnet. Aus ihnen gewinnt der Beobachter sein eigentliches Beobachtungsinstrument, nämlich seine Aufschließungsfragen. (Für Beispiele siehe ✐ F12: P6b1; P5a1; P5b1; P5c1)

Aufgabe:
Formulieren Sie Aufschließungsfragen! Welche Systembegriffe repräsentieren Ihr Interesse? Benötigen Sie dazu eine Totalerhebung? Genügt eine Bereichserhebung?
Ihr *Suchinteresse* bestimmt den *Umfang* Ihrer Erhebung: Geht es um eine Erhebung nach allen Gesichtspunkten, die das Modell bietet, oder zielen Sie auf eine Beantwortung von vorbedachten Einzelfragen? Wählen Sie dementsprechend die Protokollformulare aus!

Das *Protokollformular zur Kennzeichnung nach Basiswerten und Tätigkeitsbeschreibungen* (✐ F12: PPapier) ist nach den sechs *Wertkoppelungen* geordnet. In dieser Bündelung lassen sie sich auch ausdrucken. Eine Totalerhebung auf der

Ebene der Performanz in der Stufe der *Tätigkeitsbeschreibungen* erfordert 59 Druckseiten. Selbstverständlich können sämtliche Protokollseiten einzeln auf dem Bildschirm aufgerufen, angesehen und zur Protokollierung genutzt werden. Sie erreichen sie über die zugehörige *Wertkoppelung* im Protokollmodus (siehe auch 📖, S. 103–105; 106–113; 114–179).

Anmerkung:
Die Einheit „Lehrerhandlung" wird in unserem Beobachtungsmodell grundsätzlich durch die Reichweite der Begriffe bzw. – auf der Stufe der Performanz – durch den Sinnhorizont der Handlungen in den *Tätigkeitsbeschreibungen* definiert. Zur Verdeutlichung des Sinnbezirks der Begriffe, wie wir sie verstehen, haben wir jedem Begriff eine Umschreibung, bei den *Handlungsbegriffen* eine Definition und zusätzlich noch Erläuterungen mitgegeben. Diese sind bei jedem Vorkommen eines Systembegriffs durch dessen Anklicken, aber auch über das Stichwortverzeichnis (✎ F12: Glossar) erreichbar. Wo Unsicherheit und Zweifel bestehen, können diese dadurch eingegrenzt werden, dass die jeweilige Position des Begriffs in der Hierarchie zu einer weiteren Bestimmungsmöglichkeit herangezogen wird (Übersicht von den *Wertkoppelungen* aus unter ✎ F12: stufe31A; stufe31B; stufe31C; stufe31D; stufe31E; stufe31F).

2. Wie differenziert soll die Antwort sein?

Ihr *Verwendungszweck* bestimmt die Wahl der *Differenzierungsstufe*: Je höher der Grad der Abstraktion, desto mehr müssen Sie auf Ihre eigenen Unterscheidungsfähigkeiten zurückgreifen, um die Lehrerhandlungen zu kennzeichnen. Die begrifflichen Vorgaben des Systems bestimmen dann immer weniger, worauf Sie Ihre Aufmerksamkeit richten; Sie selbst wählen weithin die Themen und Begriffe und füllen Sie mit Ihren Wahrnehmungen. Sind Sie dagegen an einer *handlungsnahen* Kennzeichnung des Lehrerhandelns im Unterricht interessiert, so stehen Ihnen mit der Stufe der *Tätigkeitsbeschreibungen* entsprechend differenzierte Listen mit Handlungsbeschreibungen zur Verfügung, die wir als „funktionale Äquivalente" der zugehörigen Begriffe betrachten. Diese Listen sind nie abschließbar. Sie laden den Benutzer vielmehr ein, sie entlang eigener Erfahrungen fortzuführen. Ihr *Verwendungszweck* bestimmt auch, wie Sie die *Tätigkeitsbeschreibungen* handhaben:

a) *Positiv* als Feststellung des Gegebenen: Mit (+) kennzeichnen, was Sie beobachten konnten. In dieser Weise sind die Listen der *Tätigkeitsbeschreibungen* formuliert.

b) *Negativ* als Feststellung eines von Ihnen postulierten Mangels: Mit (–) kennzeichnen und ggf. die vorgegebene Formulierung sprachlich genauer fassen (z.B. „L. benutzt *keine* Medien als Strukturierungshilfe." „L. entwickelt *nur unzureichend* Vorstellungsbilder in einer Weise, die Aufmerksamkeit und Beteiligung der Sch. auslöst." „L.beitrag führt

nicht zu lebhaften Diskussionsbeiträgen." „L. *versäumt* es, Übungsaufgaben machen zu lassen." „L. *verzichtet* auf sprachlich eindeutige
Beiträge der Sch.")

c) Nach *Intensität:* Von Ihrer Fragestellung hängt es ab, ob Sie bei einer
quantitativen Erhebung zwischen dem Vorkommen einer bestimmten
Lehrerhandlung und deren Häufigkeit noch unterscheiden wollen.
Wenn es Ihnen nicht genügt, lediglich das Auftreten einer bestimmten
Tätigkeit festzustellen, notieren Sie darüber hinaus Wiederholungen
derselben Handlungen, indem Sie eine Strichliste an den jeweiligen
Tätigkeitsbeschreibungen anlegen (||||| ||).

d) In der *Abgrenzung* von erwartbaren und nicht erwartbaren Handlungen:
Die Items unserer Listen besitzen nicht für jede Unterrichtsstunde bzw. jede Unterrichtssituation dieselbe Relevanz. Wenn etwa keine Störungen zu
beobachten sind, erübrigt es sich, den „Umgang mit Störungen" zu untersuchen. Wir schlagen vor, irrelevante Kennzeichnungen im Protokoll dieser
speziellen Unterrichtsstunde bzw. Unterrichtssituation wegzustreichen.

e) Durch *Zusätze* in den *vorgegebenen Formulierungen*, die den Sachverhalt näher bestimmen, sei es nach Intensität, Dauer, Art und Weise,
Angemessenheit (z.b. „L. arbeitet *durchgängig* mit Fragen zur Erschließung der Sachverhalte." „L. unterbindet *sehr konsequent* alle
Nebentätigkeiten." „L. setzt disziplinierende Maßnahmen *[laute Stim-
me]* ein." „L. gibt *erst in der zweiten Hälfte der Stunde* Gelegenheit,
den Zielhorizont antizipieren zu können." „L. erläutert *nur ungenau,*
was und wie die Sch. etwas tun sollen, sowohl hinsichtlich Qualität
wie Quantität." „L. setzt Orientierungsreaktionen auslösende Reize
direkt zur Wiederherstellung von Disziplin ein, *indem L. seinen Arm
hebt.*")

f) Durch *neue*, frei formulierte *Tätigkeitsbeschreibungen*, die den gemeinten Sachverhalt wirklich treffen. Diese sollen dann dort eingefügt
werden, wo sie als eine weitere Operationalisierung eines Oberbegriffes
aufgefasst werden können.

Anmerkung: Beim Protokollieren der *Tätigkeitsbeschreibungen* mit Papier und Bleistift stehen Ihnen alle o.g. Möglichkeiten (auch in Kombina-
tion miteinander) offen. Das Programm der CD-ROM erlaubt die Varian-
ten a) und f).

3. Welches Medium der Beobachtung wählen Sie?
(⌘ F12: P1a2)
Ihr Verwendungszweck bestimmt Ihr *Beobachtungsmedium:* Wir unter-
scheiden zwischen einer *teilnehmenden Beobachtung im Klassenzimmer*

und einer *Protokollierung* nach einer *Videoaufzeichnung.* Beide bringen Vorteile wie Nachteile.

Bei einer *teilnehmenden Beobachtung* verlieren Sie viele Details, doch können Sie ggf. Sachverhalte bemerken, die eine Videoaufzeichnung nicht erhoben hat. Daher empfiehlt sich für eine teilnehmende Beobachtung eine Doppelstrategie: Schreiben Sie in freier Weise Ihre Beobachtungen nieder. Sodann entscheiden Sie, auf welche Stufe des Modells Sie Ihre Niederschriften transponieren wollen.

Eine *Videoaufzeichnung* lädt zunächst zum Training im genauen Hinsehen und damit zur Einübung in die Erschließung unterrichtlicher Wirklichkeiten ein. Die dafür im Modell angebotenen Unterscheidungen und deren Benennungen ermöglichen, sie in ihrer Vielfalt zu identifizieren und darüber zu kommunizieren. Gestützt auf diese differenzierte Begrifflichkeit bietet eine videobasierte Unterrichtsanalyse die besondere Chance, die Komplexität der Lehrerhandlungen im Einzelnen wie in ihrer Abfolge genau zu analysieren und in ihren Konsequenzen zu studieren. Sie liefert dadurch eine vorzügliche Reflexionsgrundlage, wenn es darum geht, Handlungsalternativen zu entwerfen, das Repertoire zu erweitern oder die Entstehung und Handhabung von belastenden Situationen nachzuvollziehen.

Selbstverständlich ist die Videoaufzeichnung das Mittel der Wahl, wenn es um statistische Weiterverarbeitungen der Befunde geht. Die *Tätigkeitsbeschreibungen* können dafür die geeignete Materialbasis bieten. Zu den Nachteilen einer Videoanalyse gehört alles, was eine solche Mittelbarkeit der Erfahrung nach sich zieht: mangelnde Kontext-Kenntnis, hoher Aufwand, Begrenzung der Wahrnehmung durch die Vorgaben der apparativen Einstellungen. Der Zweck sollte auch hier die Wahl des Mediums bestimmen, um zu entscheiden, ob man mit eigenen oder fremden Augen sehen will.

2.1.3 Lehrerhandlungen protokollieren

(⊘ Startmenü „Protokollieren", genauer ⊘ F12: POrient)
Nachdem Sie die oben angefragten Entscheidungen getroffen haben, wenden Sie sich dementsprechend entweder der CD-ROM zu, um mit ihr weiter zu arbeiten, oder Sie bedienen sich des für Ihre Zwecke am besten geeigneten Beobachtungsmanuals in der Papier-und-Bleistiftform. Alle Formulare können Sie zu diesem *Zweck einzeln* ausdrucken (⊘ F12: PPapier, siehe auch 📖, S. 103–105; 106–113; 114–179). Konsultieren Sie in jedem Falle ausführlich die Ratschläge, die Sie auf der CD-ROM vorfinden (⊘ F12: POrient und Pmögl)!

2.2 Lehrerhandlungen analysieren

> Die Lehrerausbildung praxisnah zu gestalten, bedeutet im Kern, dass
> neben den Fachinhalten die Analyse vielfältiger Lern- und
> Unterrichtssituationen im Zentrum der Ausbildung stehen muss.
> (Bertelsmann Stiftung 2002, S. 11)

2.2.1 Daten verarbeiten

Die Daten Ihres Beobachtungsprotokolls stellen die Grundlage der weiteren Analyse dar. Wir folgen Scheunpflug (1999, 2000, 2001) wenn wir vorschlagen, die quantifizierbaren Daten nach den Kategorien der „Evolutionären Didaktik" zu ordnen und zu benennen. Diese lauten: *Variation*, *Selektion* und *Stabilisierung*. Die dadurch hergestellte Ordnung selbst ist statistisch gesehen trivial und entspricht längst bekannten Datenverarbeitungsweisen. Die Benennungen dagegen könnten geeignet sein, das Verständnis der Verrechnungsergebnisse zu weiten und unter neue Gesichtspunkte zu stellen. Wir übernehmen dazu aus ihrem Werk „Evolutionäre Didaktik" (Scheunpflug, 2001, S. 86) das in der nachfolgenden Tabelle von ihr dargestellte Begriffsverständnis:

	Didaktische Theorie als Beobachten *von Unterricht*	Didaktische Theorie als Planung *von Unterricht*
Variation	Vielfalt der Phänomene von Unterricht erkennen	Unterschiedliche Unterrichtsmöglichkeiten denken
Selektion	Begrenzungen von Unterricht erkennen	Aus den Möglichkeiten auswählen
Stabilisierung	Aufrechterhalten von Unterricht – Ökonomie des Denkens	Möglichkeitenvielfalt und Realisationsmöglichkeiten konsistent aufeinander beziehen

Abb. 16: Planung und Beobachtung von Unterricht nach den Kategorien der Evolutionären Didaktik (vgl. 📖 S. 88 und 230 f.).

Variation stellt sich in unserem Beobachtungsinstrument als Summe der protokollierten Unterscheidungen (Kategorien) dar. Darin erkennen wir die Vielfalt in den Phänomenen des Lehrerhandelns im Unterricht. Geschieht dies z.b. auf der Stufe der *Handlungsbegriffe*, so könnte – rein theoretisch natürlich – die maximale Variation 59 Unterschiede aufweisen. Werden die registrierten *Tätigkeitsbeschreibungen* gezählt, so erfasst unser Beobachtungssystem die Handlungsweisen der Lehrkraft aus einer Vielfalt von ca. 550 vorgegebenen und gegebenenfalls noch weiter ergänzten Liste von Handlungsweisen.

Dies heißt, dass die Lehrkraft in ihrer unterrichtlichen Kommunikation die protokollierte Anzahl von Differenzangeboten machte, um den Schülerinnen und Schülern durch diese *Variation* ganz individuelle Anschlussmöglichkeiten und damit Lernchancen zu sichern. Dies zu leisten, setzt hohe Professionalität voraus. „An der Oberflächenstruktur ist jeder Lehrer aufgerufen, Lernen so variationsreich und echt als möglich zu gestalten" (Oser & Patry, 1990, S. 43f.).
Nach unseren Erfahrungen besteht ein sehr prägnanter Unterschied zwischen Lehranfängern und Lehrkräften mit langer Erfahrung u.a. darin, dass die Anfänger eine weit geringere Anzahl unserer *Tätigkeitsbeschreibungen* aufweisen als „gestandene" Lehrkräfte. Nicht gezählt sind dabei Wiederholungen, die natürlich – je nach dem Zeitpunkt ihres Auftretens – ebenso zur Steigerung der Unterschiedlichkeit der Anschlussmöglichkeiten beitragen können. Denn Lehren, so sieht es die Theorie der evolutionären Didaktik, heißt vor allem, *Differenzerfahrungen* bereitzustellen. Bei der Unterrichtsberatung (siehe S. 88 ff.) wird es daher immer wieder auch darum gehen, das gegebene Handlungsrepertoire zu erweitern, also der *Variation* der Handlungsmöglichkeiten eigens Aufmerksamkeit zu schenken. Unser Konzept eröffnet dazu theoretisch ableitbare Anregungen. Ist nämlich erkannt, welchem didaktischen Bereich ein erkanntes Defizit zuzuordnen wäre (z.b. eine der sechs *Wertkoppelungen*), kann das Beobachtungssystem zielgenau helfen, das Problem zu identifizieren und in den zugehörigen *Tätigkeitsbeschreibungen* eine Reihe von Durchführungsmöglichkeiten zu benennen, die die angesprochene Funktion erfüllen könnten.

Eine *statistische Bearbeitung* der protokollierten Beobachtungen empfiehlt sich besonders für die Stufe der *Tätigkeitsbeschreibungen*. Hier lassen sich problemlos alle zur Normierung nötigen statistischen Verrechnungen durchführen und die Werte für Gruppen ermitteln, die dann als Bezugsgröße für einen gegebenen Befund gelten können. Als sehr nützlich hat sich dabei erwiesen, die Daten nach den *Wertkoppelungen* („Handlungszüge") aufzugliedern und zu bündeln. Dadurch kann man unschwer dem so geordneten Befund entnehmen, in welchem didaktischen Bereich die Variationsfähigkeit der Lehrkraft noch der Reflexion und Unterstützung bedarf. Anzumerken bleibt, dass wir mit den Autoren der OPD darin übereinstimmen, dass „die einzelnen Items bezüglich ihrer ... Bedeutsamkeit nicht völlig gleichwertig sind." Dabei schließen wir uns – notgedrungenermaßen – auch ihrer Schlussfolgerung an: „Da jedoch die empirische Grundlage zur Beurteilung dieser Frage erst noch geschaffen werden muss, emp-

fehlen wir vorläufig, die Items als gleichwertig zu behandeln und aufzusummie-
ren ..." (Schauenburg et al., 1998, S. 173).

Selektion meint die jeweilige individuelle *Konfiguration* aus der Fülle der
Möglichkeiten des Handelns. Mit Bezug auf die *Tätigkeitsbeschreibungen*
bedeutet dies, dass nach dem jeweiligen Handlungssinn zu fragen ist, der
sich in den registrierten *Tätigkeitsbeschreibungen* ausdrückt. Hier beginnt die Untersuchung der *Qualität* der eingesetzten didaktischen
Maßnahmen. Ohne Bündelung nach Oberbegriffen wird man auch hier
nicht schnell zu Einsichten kommen. Zu diskutieren ist hier stets die Frage, ob und inwieweit die protokollierte Begrenzung der Handlungsmöglichkeiten den Unterrichtsgang auf sein Ziel hin unterstützte oder beein-
trächtigte. Denn selbstverständlich muss gelten, was Oser & Patry für
ihren Ansatz formulierten: „Die Häufigkeit des Vorkommens einer bestimmten Kategorie sagt nichts über deren Handlungsgüte aus, sofern
nicht ein Maßstab vorgegeben wird" (1992, S. 2).

Stabilisierung lässt sich nur beobachten, wenn man über eine längere Zeit-
strecke die Kommunikationsweisen der Lehrkraft verfolgt und beispielsweise wiederkehrende Problembehandlungen miteinander vergleicht. Dabei kann es nützlich sein, die beobachteten Strategien nach Kriterien des
Problemlöseverhaltens zu untersuchen, wie sie z.B. von Watzlawick,
Weakland & Fisch (1974) entwickelt und von Molnar & Lindquist (1990)
als praktikables Handwerkszeug für Konfliktbearbeitungen in der Schule
umgesetzt und vorgestellt worden sind. Denn dort wird genau zwischen
Stabilisierungen unterschieden, in denen die (erfolglose) Lösung des Problems das eigentliche Problem geworden ist, und solchen Stabilisierungen,
die als Ergebnis einer wirklichen Problembewältigung gelten können.
Stabilisierung, so Scheunpflug (2001), dient dem Kräftehaushalt der Lehrkraft. Insofern wäre dem möglichen Irrtum zu wehren, Beratung müsse
vordringlich die Erweiterung des Handlungsrepertoires im Auge haben.
Ebenso wichtig sind Überlegungen zur Frage, welche Handlungsweisen
überdauern und damit zur Entlastung von Lehrern und Schülern beitragen
können. – V. Hentig (1976) formulierte dazu die drei sogenannten „Rs":
Regeln, Reviere und *Rituale* und wie sie sich in Routinen, Gewohnheiten
und auf Dauer gestellte Absprachen darstellen können.
Überdauernde Handlungsweisen können als Strukturen für individuelle Be-
reitschaften verstanden werden. Struktur, so formulieren die Autoren des
OPD „begründet den zeitüberdauernden, persönlichen Stil ..., in dem der
einzelne immer wieder seine intrapsychischen und interpersonellen Gleich-
gewichte herstellt" (1998, S. 65). Wir behandeln den Sachverhalt in unserem
Modell explizit unter dem Begriff *Selbststabilisierungen* (✆ F12: stufe31B).

Grundsätzlich muss natürlich gelten, dass spätestens hier die Diskussion darüber einsetzen muss, was als *wertvoll* gelten soll. Man kann nicht bewerten, wenn man nicht festgelegt hat, welche Ansprüche gesetzt werden. Ein Beispiel für solche Wertsetzungen findet der Leser auf der CD-ROM (✐ F12: Güte).

2.2.2 Daten interpretieren

(✐ Startmenü: „Interpretieren")
Interpretieren soll hier heißen, die Befunde, seien sie quantitativer oder qualitativer Art, auf einen Kontext zu beziehen und ihnen aus diesem Zusammenhang heraus einen Sinn zu geben und damit zu bewerten. Dieser Kontext kann aus vielerlei Gesichtspunkten entwickelt werden. Wichtig ist, dass diese offen gelegt werden, damit darüber diskutiert werden kann, wie angemessen oder ungemessen deren Verwendung erscheint. Das mag nicht immer leicht sein. Denn jeder Urteiler bringt aus seiner Berufserfahrung eine Reihe von Kriterien mit, die im Laufe der Jahre den Charakter des Selbstverständlichen angenommen haben. Man sollte daher unterscheiden zwischen solchen, die absichtsvoll herangetragen werden, und solchen, die eher unreflektiert erscheinen und damit als persönliche Einstellungen zur Sache gelten müssen (vgl. dazu ✐ F12: Strukturen). Doch das sind nicht die einzigen Überlegungen, die den Vorgang des Interpretierens begleiten sollten. Wir haben auf der CD-ROM dazu einiges zusammengestellt (✐ F12: Interpretation).
Hier soll nur noch eine der unmittelbaren Praxis dienende Unterscheidung angeführt werden, nämlich die zwischen *systemmodellexternen* und *systemmodellinternen* Beziehungssetzungen.

Systemmodellexterne Beziehungssetzungen

Zu den Gesichtspunkten, mit denen die erhobenen Daten natürlich stets in Beziehung gebracht werden sollten, zählen selbstverständlich – wie bisher auch – solche wie Lehrplan, Lehrinhalte, Lernziele, Alter der Schüler, deren Leistungsniveau, Integriertheit und Leistungswilligkeit, die räumlichen Voraussetzungen, Gerätschaften, Vertrautheit der Lehrkraft mit der Klasse und dem Unterrichtsfach, besondere situative Umstände usw. Wobei hier zumeist die Frage aufgeworfen wird, wie die Lehrkraft den Einflüssen solcher Kontextbedingungen begegnet bzw. deren Ansprüchen gerecht wird.

Systemmodellinterne Beziehungssetzungen (Scheltwort, 2004)

Wir stellen zwei Aufschließungsmöglichkeiten der Befunde vor, die uns geeignet erscheinen, die eigentlich didaktischen Fragen an die Bedeutung der Beobachtungen zu stellen. In beiden Fällen erläutern wir ihren Gebrauch für die Abstraktionsstufe der *Wertkoppelungen* (siehe ▦ „Service: Auswertungshilfen", S. 208). Dort sind sie noch durchaus überschaubar. Vielleicht ist der Leser diesen Hinsichten zur Bewertung des Lehrerhandelns noch nirgends begegnet. Uns erscheinen sie sehr diskussionswürdig. Zum einen handelt es sich um die bereits vorgestellten Kriterien der evolutionären Didaktik (vgl. ▦ S. 80 ff.), zum anderen um Gütekriterien, die wir einem Aufsatz von Kramis (1989) entnehmen (siehe unten).

Gütekriterien nach den Prinzipien der evolutionären Didaktik
Wir formulieren für jede *Wertkoppelung* einzeln die diesbezüglichen Aufschließungsfragen nach den drei Kategorien der evolutionären Didaktik: *Variation, Selektion* und *Stabilisierung*. Die in den Fragen verwendeten Unterbegriffe aus dem Systemmodell sollen dabei den Sinnhorizont des Gemeinten verdeutlichen. Sie finden die entsprechenden Merkblätter im Serviceteil dieses Buches unter den *Auswertungshilfen* (▦, S. 230 ff.).

Gütekriterien nach Kramis (1989)
Die von Kramis aufgestellten Anfragen an die Qualität von Unterricht lauten: *Bedeutsamkeit, Effizienz* und *Lernklima*. Anders als im obigen Versuch, Aufschließungsfragen für *jede* Hauptkategorie der evolutionären Didaktik zu formulieren, hat sich hier eine *spezifische* Zuordnung zu den *Wertkoppelungen* als nützlich erwiesen, nämlich:

Bedeutsamkeit	Handlungszüge zur sachstrukturellen Entfaltung in der Wissensvermittlung Handlungszüge zur Unterstützung der Aneignungsprozesse Handlungszüge zur Stimulation des Sachverhältnisses Handlungszüge zur Moderierung der individuellen Begegnung
Effizienz	Handlungszüge zur sachstrukturellen Entfaltung in der Wissensvermittlung Handlungszüge zur Unterstützung der Aneignungsprozesse Handlungszüge zur lebendigen Gestaltung Handlungszüge zur Systemsteuerung
Lernklima	Handlungszüge zur Stimulation des Sachverhältnisses Handlungszüge zur lebendigen Gestaltung Handlungszüge zur Moderierung der individuellen Begegnung Handlungszüge zur Systemsteuerung

Die sich daraus ergebenden Aufschließungsfragen finden Sie im Serviceteil dieses Buches unter den *Auswertungshilfen* (▦, S. 232).

2.2.3 Nachreflexion strukturieren

> **Das Lernen von Theorie spart gegenüber anderen Lernformen Zeit.**
> (Scheunpflug, 2001, S. 81)

In der *Nachreflexion* erweist sich die Chance, mit Hilfe der Systematik des Modells seine Erfahrungen ebenso differenziert wie strukturiert auf den Begriff bringen zu können, als besonders hilfreich. Das erleichtert, Stärken und Schwächen so zu beschreiben, dass daraus handlungsleitende Vorschläge entwickelt werden können. Denn es muss doch für jeden Lernenden darum gehen, sich theoretisch aufgeklärter und damit diagnostisch präziser mit den Sachverhalten auseinander zu setzen, als dies ohne theoretisches Bezugssystem möglich wäre.

Allerdings, Theorie kommt wohl auch bei Lehrern – und nicht allein bei den zitierten psychoanalytisch arbeitenden Ärzten (siehe ⌑, S. 25) – nicht gut an. Die jüngste Klage darüber lasen wir bei Wagner, die einigem Widerstand begegnete, als sie in der Schweiz Lehrer für Unterrichtsversuche nach den Theorien von Oser & Patry trainierte (1999, S. 112). Diese Ablehnung, so schreibt sie, erfuhr sie mehr von Expertenlehrern/innen als von Berufsanfängern. Zur Begründung führt sie aus: „Diese Abwehr könnte u.a. darauf zurückzuführen sein, dass die Theorie einerseits die Implikation enthalten könnte, die Lehrer seien unwissend oder zumindest nicht hinreichend informiert (dies vor allem im Hinblick auf weniger geläufige Modelle ...). Hinzu kommt, dass auf dem Hintergrund der Basismodell-Theorie eine Reflexion des Unterrichts hinsichtlich der Auslösung von konkreten Lernprozessen möglich ist. Dadurch könnte die Theorie Verunsicherung bei den Lehrpersonen auslösen, weil die Lehrer/innen durch dieses Reflexionsmedium eventuell auf eine andere Art als gewöhnlich mit ihrem Unterricht konfrontiert werden. Anderseits könnten Lehrpersonen, die seit vielen Jahren unterrichten, eine gewisse Routine erreicht haben, die ihnen den Alltag sehr erleichtert und nur ungern durch die Implementation neuer Theorien wieder aufgegeben werden könnte." Dabei könnten doch gerade die Expertenlehrer den Theoretikern am ehesten zu kritischer Rückmeldung wie praktischer Verbreitung verhelfen.

Die Betrachtungsgesichtspunkte ergeben sich aus der Modellsystematik. Welche der angebotenen Abstraktionsstufen man zur Ordnung der Nachgedanken heranzieht, hängt natürlich auch vom Verwendungszweck ab. Praktisch werden vor allem zwei Ebenen der Begriffsentfaltung in Frage kommen, die der *Basiswerte* und die der *Wertkoppelungen* („Handlungszüge"). Im Service-Teil dieses Buches finden Sie für jede der genannten Ebenen eine diesbezügliche Vorlage die als Ordnungshilfe und Stichwortgeber verwendet werden kann (siehe ⌑, S. 132 ff., 135 ff., 210 f.).

Auch hier sei wieder darauf hingewiesen, dass weder die Protokollformulare noch die Merkblätter dem Benutzer nahe legen wollen, es sei am besten, sich durch sämtliche Bereiche hindurch zu arbeiten. Das Gegenteil ist der Fall. Die Vielfalt der Möglichkeiten soll gerade zur Selektion nötigen und zur Frage provozieren: „Was will ich wissen?" (vgl. 📖, S. 76f. „Was wollen Sie wissen?")

Zur Erläuterung seien nachstehend die Reflexionen einer Studentin angeführt, die ihre Überlegungen (am Ende eines Tagespraktikums im Fach Evangelische Religionslehre in den Klassen 5, 7 und 9 unter der Betreuung von Frau Anna Suhai) von den Basiswerten her ordnete (Systembegriffe sind *kursiv* gesetzt).

Solche Ordnungen der Reflexion lassen sich prinzipiell von jeder Stufe der Betrachtung aus einrichten, sei es für das ganze Modell oder auch nur für einzelne Aspekte.

„1. Wie erfuhr ich meine Kompetenzen?
Während des Praktikums musste ich wenig Zeit aufwenden für die Aneignung fachlicher Kenntnisse auf dem Wissensgebiet. Mehr Zeit nahm stattdessen die Planung der konkreten Unterrichtsstunden in Anspruch. Jedoch denke ich, dass ich auch dort *kompetent* bin, einen Prozess sinnvoll aufzubauen (*prozedurale Kompetenz*) und der einzelnen Unterrichtsstunde einen sinnvollen Rahmen geben kann. Ich hatte eigentlich keine Schwierigkeiten, *Maßnahmen zur Unterstützung der Aneignungsprozesse* zu planen, *Wiederholung, Übung* und *Transfer* kamen meiner Meinung nach in den Stunden nicht zu kurz. Bei der Organisation handlungsorientierter Schülerbeiträge (*Handlungszüge zur Stimulation des Sachverhältnisses*) fehlt mir sicherlich noch ‚handwerkliches Geschick', jedoch waren mir da Tipps aus der Nachbesprechung sehr hilfreich. Meine Fähigkeiten im Erzählen konnte ich gut einbringen. Dabei erlebte ich es selbst als befriedigend, wenn die Schüler durch Geschichten gefesselt waren (*Expositionsstrategie [Lehrstrategie]: Passung in der gedanklichen Führung, Zentrieren*).

2. Wie ich das Prinzip Klarheit verwirklichen konnte
Im Unterricht gelang es mir gegen Ende des Praktikums zunehmend besser, verständliche Arbeitsaufträge zu geben (*Problembehandlungen*). Zu Anfang war es auch problematisch, dass es in meinem Unterricht kaum Zeitstrukturierung durch *Haltepunkte* gab, was sich jedoch dann besserte. Auch die *Raumchoreographie* bekam ich im Laufe des Praktikums in den Griff. Es fiel mir nicht schwer, die altersgemäß geeigneten *Repräsentationsstufen* zu wählen, den Unterrichtsstoff *vorzustrukturieren* und *Anknüpfungsmöglichkeiten* zu finden. Schwierigkeiten gab es eher bei der *Problembehandlung* im Unterricht. Es fiel mir schwer, Probleme für die Schüler herauszuarbeiten.

3. Wie ich das Prinzip Lebendigkeit verwirklichen konnte
Eine lebendige Gestaltung des Unterrichts bereitete mir weniger Schwierigkeiten. Ich konnte spontan reagieren, jedoch auch *kontrolliert* den Unterricht

durchziehen. Ich hatte *Arbeitsschwung*, den ich den Schülern vor allem durch meine eigene *Begeisterung* für das Thema zu vermitteln suchte. Mit der *Rhythmisierung* in der Zeitgestaltung hatte ich ebenfalls kaum Schwierigkeiten, wobei ich auch auf *wechselnde Sozialformen* und Schüleraktivität achtete. Ich verwandte Gestik und Mimik (*Commitment*), vor allem beim Erzählen und bewegte mich sicher im Raum (*Raumchoreographie*). Außerdem war meine Sprechweise lebendig (Rhythmisierungen). Ich erlebte mich in der 5. Klasse flexibler und risikobereiter als dies in der 7. Klasse der Fall war, wo ich die Klassengespräche als recht zäh erlebte, was vielleicht auch an meiner mangelnden Fähigkeit zur *Moderierung der Beharrungstendenzen* (speziell der *problembezogenen Aufmerksamkeitslenkung*) lag. Ich kann mich einigermaßen *selbst stabilisieren.*

4. Umgang mit und im Vertrauen
In der Kommunikation mit Schülern war es mir möglich, mich auch auf einzelne Schüler zu konzentrieren und sie während des Klassengespräches anzusprechen und mit hinein zu nehmen (*Handlungszüge zur individuellen Begegnung, wechselnde Zentrierungen: Individuum vs. Gruppe*). Ich konnte meinen *Kommunikationsstil* der Funktion entsprechend wählen und Aufgaben sachlich stellen (*Kommunikationsfunktionen: Aufgabenorientierung*). Bei der Themabehandlung und beim Erzählen meine ich durchaus *Empathie* gezeigt zu haben. Ich gab mir Mühe, auf das *Selbstwertgefühl* der Kommunikationsteilnehmer zu achten. Gute Beiträge verstärkte ich lobend und versuchte den Schülern *Wertschätzung* ihrer Person zu vermitteln. Ich kann nicht einschätzen, ob ich für die Schüler authentisch wirkte (*Echtheit*). Jedenfalls zeigte ich bewusst meine Begeisterung aber auch meinen Unwillen über Störungen. Manchmal ließ ich den Schülern vielleicht zu wenig *Handlungsspielräume* und hatte das Heft zu fest in der Hand.
Insgesamt schätze ich meine Fähigkeiten im Umgang mit der Gruppe nicht ganz so hoch ein wie andere. Hauptsächlich mit der Teenagergruppe konnte ich nicht so locker umgehen wie beim Unterrichten in der 5. Klasse, da ich mir meiner Autorität und des Akzeptiertwerdens durch die Klasse nicht sicher war. Jedoch hat sich das im Laufe des Praktikums gebessert, nicht zuletzt dadurch, dass ich auch in der 9. Klasse Erfahrungen sammeln konnte, und so mein Selbstvertrauen, was den Umgang mit Schulklassen betrifft, wuchs. Mit der Unsicherheit vor der Klasse 7 hingen auch die Schwierigkeiten im *Umgang mit Störungen* zusammen. Diese erfuhr ich als Bedrohung meiner Lehrerposition. Deshalb konnte ich sie nicht so leicht durch *Umstimmung* der Situation beseitigen ...“

2.3 Unterricht gestalten: Unterrichtshandlungen generieren, Handlungsrepertoire erweitern

2.3.1 Gestaltungsmöglichkeiten erkunden

Im Kapitel Daten verarbeiten (□, S. 80 ff.) haben wir die Tabelle von Scheunpflug zur Beobachtung und Planung von Unterricht wiedergegeben. Die Kriterien, nach denen eine Wirklichkeit zu erfinden wäre, ergeben sich aus den Hauptunterscheidungen der Theorie: *Variation, Selektion und Stabilisierung* (Siehe auch □ S. 230).

Was fordert das Kriterium *Variation*? „Unterschiedliche Unterrichtsmöglichkeiten denken", liest man in der Tabelle. Geht es doch in dieser Theorie darum, die „Anschlussmöglichkeiten" der Schüler so umfänglich wie möglich zu sichern. Dabei kann es sich natürlich nicht darum handeln, beliebige Einfälle anzuhäufen.

Dieses Sammelgebot steht unter zwei besonderen Sortierbedingungen: einer *Selektion* auf Eignung und einer Prüfung auf Wiederkehr des Ähnlichen (*Stabilisierung*). Bei der *Selektion* handelt es sich darum, „aus den Möglichkeiten wählen". Bei der *Stabilisierung* besteht die Aufgabe darin, „die Möglichkeitenvielfalt und die Reaktionsmöglichkeiten konsistent aufeinander zu beziehen".

Die Auswahl selbst wird natürlich gesteuert von all den Anforderungen des Kontextes: besondere didaktische Absichten, Curriculum, Schüler, Räumlichkeiten usw. (nicht zu vergessen, dass sie auch gesteuert sein soll von dem, was die Lehrkraft zur Selbststabilisierung für angebracht hält), kurzum von allem, was nötig und verwirklichbar erscheint. Doch immer steht das Geschäft der *Selektion* unter dem Gebot, auf die Vielfalt der Anschlussmöglichkeiten zu achten.

Nicht weniger Aufmerksamkeit wird dem Aspekt der *Stabilisierung* zu widmen sein. Handelt es sich bei ihm doch vor allem darum, Erwartungssicherheiten zu vermitteln. Dies gilt in erster Linie für alle Fragen der Klassenführung, also für die Gestaltung der Beziehungen untereinander. Hier geht es um Überlebensstrategien. Welche Art Kommunikation empfiehlt sich zur beiderseitigen Entlastung? Welche sollte man zu Routinen machen und pflegen?

Unser Systemmodell hilft zur Nachbetrachtung wie zur planenden Vorausschau. Es liefert die didaktischen Suchraster ebenso wie praktische Handlungsvorschläge. Dies gilt sowohl für einzelne Problemstellen in der Unterrichtsplanung als auch für die „großen" Neueinsätze in der Ablaufplanung einer Unterrichtsstunde. Zur theoretischen Bestimmung einzelner Probleme und ihrer praktischen Bewältigungsmöglichkeiten haben wir auf der CD-ROM viele Beispiele eingebracht. Sie finden sie unter den Überschriften *Eigene didaktische Fragestellungen systemmodellori-entiert analysieren* (✏ F12: P6b1), *Anregungen zur Gestaltung eines be-stimmten didaktischen Prinzips* (✏ F12: P6a1), *Problematische Unter-richtssituationen ressourcenorientiert behandeln* (✏ F12: P6c1) und *An-sätze zur Verhaltensformung mittels Prozessmusterunterbrechungen* (✏ F12: P6d1).

Geht es um die Hauptzäsuren bei der Gestaltung einer Unterrichtseinheit, so wird man sich zunächst an den *Wertkoppelungen* ("Handlungszüge...") orientieren, um daran seine Planungsabsichten zu klären und zu ent-wickeln. Dabei wird schnell die von uns postulierte *Mehrperspektivität* hervortreten und offen legen, wie eindimensional das übliche Planen oft erfolgt (soweit man gewohnt ist, sich einfach nur eine Schrittfolge zurecht zu legen): Die *Variation* der Gesichtspunkte steigt bei der Erfindung der Angebotssituationen durch die verschiedenen didaktischen Suchraster *(Wertkoppelungen)* sowie dadurch, dass man sich in den "Handlungszü-gen" und ihren Unterkategorien tummelt. Für beides, für die Planung des Umgangs mit einzelnen Fragestellungen, wie für die Planung des Aufbaus einer Unterrichtseinheit seien nun Beispiele vorgestellt.

2.3.2 Planung einzelner Problemstellen mit Hilfe des Systemmodells
Eigene didaktische Fragestellungen systemmodellorientiert planen
(✏ F12: P6b1; 📖 S. 211 ff.)

An der hier angegebenen Stelle der CD-ROM findet der Benutzer nach ei-nigen einführenden Erläuterungen eine Liste mit Fragen, die nach *Fragen zur Klassenführung* und *Fragen zum Instruktionsverhalten* gegliedert sind. Dort werden ihm weitere Unterteilungen angeboten. Hat er sich schließlich für einen Problemkreis entschieden und diesen angeklickt, wird er zu einer Seite geführt, die ihm in der linken Spalte die Symbole für diejenigen *Wertkoppelungen* zeigt, deren Perspektive zur Behandlung des angesprochenen Sachverhaltes von Belang werden könnte. Im Mittelfeld des Bildschirms wird dazu die *Wertkoppelung* mit ihrer ein-geführten Bezeichnung benannt. Danach – und dies sei nun der Aufmerk-samkeit des Benutzers empfohlen – folgen diejenigen Unterkategorien, die zur Spezifizierung des Problems in Frage kommen könnten. Anschaulich wird dies, wenn der Benutzer mit der Maus links auf das Symbol der je-weiligen *Wertkoppelung* geht und diese anklickt. Dann erscheint die voll entfaltete Modellsystematik. Folgt der Benutzer nun von links nach rechts den hell belassenen Kategorien, dann erfährt er unsere Suchrich-tungen zur Erschließung des Problems. Dabei kann es durchaus sein, dass diese Wegweisung nicht bis zu den *Handlungsbegriffen* zu Ende geführt wird. Dies soll anzeigen, dass von der Stelle der Abdunkelung an alle nachfolgenden Unterbegriffe mitgedacht und auf ihre Geltung hin geprüft werden sollen.

Der Benutzer wird weiterhin feststellen, dass stets mehrere *Wertkoppelungen* angegeben werden. Dies soll ihn auffordern, das angesprochene Problem von allen diesen Seiten zu bedenken. Eine solche gesteigerte Reflexionsgelegenheit sehen wir als eine gute Schulung zur Repertoireerweiterung an. Dies ist umso mehr der Fall, wenn eigene Erfahrungen dazu motivieren und zum Ausprobieren der ersonnenen Handlungsalternativen einladen.

Beispiel 1: Wir wählen aus den Fragen zur Klassenführung aus: (Vgl. 📖 S. 216 f.).

„Wie geht L. mit Beiträgen der Sch. um?"

Auf der CD-ROM (✎ F12: P6b32a6) werden dazu drei Perspektiven (*Wertkoppelungen*) genannt, unter denen wir den gefragten Sachverhalt (mit Hilfe der unten aufgeführten Unterkategorien des Systemmodells) aufschließen:

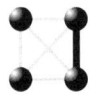

Handlungszüge zur lebendigen Gestaltung
➤ Handlungsdynamik > Steuerung > Variation der Verarbeitungsaktivitäten: Soziale Routine

Handlungszüge zur Moderierung der individuellen Begegnung
➤ Nähe und Distanz > Rücksicht auf das Selbstwertgefühl
➤ Nähe und Distanz > Kommunikationsstil
➤ Konformität und Autonomie > Handlungsspielräume

Handlungszüge zur Systemsteuerung
➤ Verhaltensvarianz

Diese Wegweiser zur Analyse des Umgangs der Lehrkraft mit den Diskussionsbeiträgen der Schüler erhält man, wenn man dazu die Perspektiven wählt, die die drei *Wertkoppelungen* eröffnen. Betrachtet man die angeführten Hinsichten auch nur flüchtig, so wird dennoch schnell deutlich, dass es hier vor allem um die Variationsbreite der Lehrerbeiträge sowie um die spezielle Auswahl (*Selektion*) der Kommunikationsweisen geht, die der Lehrer zur Kennzeichnung seiner Schülerbeziehungen bevorzugt.

Aus der Perspektive der *lebendigen Gestaltung* wäre zu fragen, ob sich die Anschlussangebote in wenigen immer wiederkehrenden Floskeln erschöpfen. Besteht die soziale Routine aus monoton eingesetzten, unpersönlich gebrauchten Wendungen?

Bezieht man dazu die Gesichtspunkte der *individuellen Begegnung* ein, dann geht die Anfrage noch gezielter an die von der Lehrkraft geschaffene Qualität der Lehrer-Schüler-Beziehung. Hält sie auf Distanz? Wie geht sie mit dem Selbstwertgefühl der Schüler um? Betont sie Konformität? Oder gilt von alledem eher das Gegenteil? Welche Kommunikationsmuster kehren immer wieder, tragen also zur Pathologie oder Flexibilität und Vielfalt bei?

Dieser Gesichtspunkt erweist sich als besonders wichtig, wenn zur Vertiefung der Problemstellung eigens Fragen nach der Gruppenführung aufgeworfen werden, d.h. wenn man die Perspektive wiederum wechselt und nach der Verhaltensvarianz (*Systemsteuerung*) fragt. Wie geht die Lehrkraft mit Beiträgen der Schüler bei Störungen um?

Beispiel 2: Wir wählen aus den Beispielen zum Instruktionsverhalten aus: (Vgl. 📖 S. 221).

„Wie setzt L. den Wechsel der Sozialform ein?"

Auf der CD-ROM (⊘ F12: P6b32c2) werden dazu drei Perspektiven (*Wertkoppelungen*) genannt, unter denen wir den gefragten Sachverhalt (mit Hilfe der unten aufgeführten Unterkategorien des Systemmodells) aufschließen:

Handlungszüge zur Moderierung der individuellen Begegnung
➤ Nähe und Distanz > Erzieherische Bezüglichkeit > Wechselnde Zentrierungen

Handlungszüge zur Systemsteuerung
➤ Kontextualisierung > Lesbarkeit > Umgang mit sozialer Komplexität
➤ Verhaltensvarianz > Umgang mit Störungen

Handlungszüge zur Stimulation des Sachverhältnisses
➤ Aktivierungsmuster zur Mannigfaltigkeitserhöhung
➤ Vermittelnde soziale Arrangements

Sieht man genau hin, so demonstriert diese Zusammenstellung, dass es sehr unterschiedliche Gründe geben kann, die Arbeitsform zu wechseln. Unter dem Gesichtspunkt der *Variation* in dem Zusammenwirken der Klasse (der Gruppe) sind wechselnde Zentrierungen in den Beziehungssetzungen eine praktikable Wahl. Wer hier ein breites Register der Beteiligung von Einzelnen, Teilgruppen und Gesamtgruppe bereithält, trägt auch zur Dynamik im Umgang mit Nähe und

Distanz bei. Wettbewerb und Kooperation können gezielt unter dem Gesichtspunkt einer erzieherischen Absicht eingesetzt werden.

Geht es dagegen um die Bewältigung einer kritisch gewordenen Unterrichtssituation, dann kommt es darauf an, zu bedenken, welche Auswahl an system-
steuernden Maßnahmen angebracht erscheinen. Dazu kann sich sehr wohl ein
Wechsel der Sozialform anbieten. Dabei wäre zu bedenken, ob die vorausgehen-
de Sozialform funktionslos geworden ist und zu einer Erhöhung der Komplexität
führte. Dann empfiehlt es sich, die nicht mehr sachdienliche Vielfalt zu-
rückzunehmen und auf stabilisierende Handlungsmuster einzuschränken. Solche haben wir in den *Handlungsbegriffen* und den zugehörigen *Tätigkeitsbeschreibungen* zur Kategorie „Umgang mit Störungen" angegeben.
Schließlich sollte man auch erwägen, ob ein Wechsel der Sozialform dem gerade
erreichten Stand der Sachauseinandersetzung dienlich ist (*Aktivierungsmuster
zur Mannigfaltigkeitserhöhung*) und ob eine neue Sozialform als eine nützliche
Vermittlungshilfe angesehen werden könnte.
Was für Schlüsse wären aus diesen Aufschließungen zu ziehen? Man kann in der
Tat drei sehr unterschiedliche didaktische Gründe erkennen, die einen Wechsel
der Sozialform als Mittel der Wahl angezeigt erscheinen lassen: Es soll mit ihr
einfach Abwechslung zur Steigerung der Motivation geschaffen werden (*Handlungszüge zur Moderierung der individuellen Begegnung*); sie dient der Bewältigung einer Konfliktsituation (*Handlungszüge zur Systemsteuerung*); oder es handelt sich darum, ein besseres Arrangement zur Bewältigung der Aufgaben einzu-
führen (*Handlungszüge zur Stimulation des Sachverhältnisses*).

In den beiden Beispielen haben wir gezeigt, dass ein und die selbe unterrichtliche Maßnahme aus unterschiedlichen didaktischen Begründungen
erfolgen kann. Doch nicht nur das. Die verschiedenen Zusammenhänge,
aus denen z.B. ein Wechsel der Sozialform angezeigt erscheinen mag, sagen auch, welche unterschiedlichen Hantierungsweisen sie fordern. Zur
Erhöhung der Motivation ist u.U. eine hohe und schnelle Variation der
Wechsel wichtig. Wenn es dagegen darum geht, durch den Wechsel eine
kritische Situation umzustrukturieren, dann kommt es darauf an, dieser
einen Maßnahme eine besondere Prägnanz zu verschaffen. Handelt es sich
dagegen lediglich darum, Sachanspruch und Sozialform besser aufeinander abzustimmen, so wird man einen solchen Schritt eher unauffällig vollziehen, eben als Anpassung an die erkannten sachlichen Gegebenheiten.
Noch einmal: Zu erfahren, dass ein und derselbe Sachverhalt sich unterschiedlich darstellt, je nachdem, aus welcher Perspektive man ihn betrachtet, stellt in sich schon eine Repertoireerweiterung dar. Hat man sich
doch theoretisch eine erweiterte Sicht des Sachverhaltes erobert. Verwertet man dann auch die Analyseergebnisse in seinen Planungen und setzt
sie schließlich der praktischen Bewährung aus, dann ist man offen für die
nächste Erfahrung, worin man erlebt, dass eine gezielte Änderung gleich-
wohl auch andere, nicht geplante, nach sich ziehen wird. Wenn man be-

reits gelernt hat, das Lehrerhandeln als jeweils neuen Anstoß zu einer *nicht determinierbaren Systementwicklung* aufzufassen, dann ist es um so leichter, diese Entwicklung besser zu verstehen. Denn das geschieht doch ständig im Unterricht: Man muss sich fortgesetzt auf ungeplante Entwicklungen eines Sachverhaltes einlassen und versuchen, auf diese mit klein- wie großschrittigen Handlungsbereitschaften einzugehen. So stehen unablässig diagnostische Aufgaben an, deren unbefriedigende praktische Bewältigungsanstrengungen immer wieder nach Nachbesserungen verlangen. Kann dies zuverlässig ohne theoretischen Rückhalt gelingen? Wir meinen, nein. Theoretische Aufklärung ist u.E. eine notwendige, wenngleich niemals hinreichende Voraussetzung für gelingende Planung. Denn: „Über Planung ist allenfalls das Lehrangebot im Unterricht zum Teil steuerbar, keinesfalls das Lernen" (Scheunpflug, 2001, S.122).

2.3.3 Anregungen zur Unterrichtsgestaltung nach den sogenannten „didaktischen Prinzipien"

(✐ F12: P6a1, DidakPrinzip)
Es ist ein großer Irrtum zu glauben, die althergebrachten „didaktischen Prinzipien" wie Anschaulichkeit, Bekräftigungsverhalten, Lebensnähe, Lehren zu lernen, instruktionsarrangierte Gelegenheiten zur aktiven Mitarbeit, Selbstständigkeit oder Synthese seien klar definiert – auf der Suche nach anerkannten „didaktischen Prinzipien" hat Kramis (1989) eine Liste von 30(!) Nennungen zusammengebracht. Wir haben daraus die genannten ausgewählt und auf ihre Sinnbezirke überprüft, indem wir sie mit unseren Tätigkeitsbeschreibungen konfrontierten. Dabei zeigte sich, dass wir jedem „didaktischen Prinzip" eine Vielzahl unserer Quasi-Operationalisierungen zuordnen konnten. Was verbirgt sich nicht alles hinter diesen doch sehr abstrakten Begriffen! Wer sich in seiner Unterrichtsvorbereitung für den Einsatz eines oder mehrerer dieser „didaktischen Prinzipien" interessiert, dem bietet unsere Auffächerung nicht nur ein breites Spektrum von Anregungen, sondern zugleich mit der Modellsystematik auch eine Aufklärung über deren theoretischen Gehalt.

2.3.4 Didaktische Planung einer Unterrichtsstunde

Unterrichtsplanung ist ...
eine geistige Übung, die das Risiko für den realen Unterricht dämpft.
(Scheunpflug, 1999, S. 181)

Um sich mit Hilfe unseres Systemmodells theoretisch der didaktischen Absichten wie praktisch der theoriebewussten Umsetzung zu versichern, schlagen wir vor, sich zuerst mit unserem Kapitel auf der CD-ROM *Anregungen zur Gestaltung einer bestimmten didaktischen Funktion* (✎ F12: P5a1 und folgende) zu beschäftigen und sich vielleicht wiederholt dem Unterkapitel (✎ F12: P5b1) zuzuwenden.

Aufgabe:

1. Notieren Sie wie gewohnt kursorisch in Stichworten, welche Phasen bzw. welche Teilziele Sie für den Ablauf der Unterrichtsstunde vorsehen.

2. Bedenken Sie dazu, mit unserem Systemmodell vor Augen, welche didaktischen Zwecke Sie mit jeder Phase verfolgen wollen. Hierfür fertigen Sie so viele (oder so wenige!) Spalten an, wie Sie an *Wertkoppelungen* („Handlungszüge ...") konsultieren wollen.

3. Nun gehen Sie für jede einzelne Phase ihre didaktischen Absichten durch, indem Sie die *Handlungsbegriffe* herausschreiben, die Sie bei den diesbezüglichen „Handlungszügen" umsetzen wollen.

4. Sollten Sie sich ratlos fühlen, durch welche konkreten Maßnahmen Sie die *Handlungsbegriffe* zum Leben bringen („wie man das macht"), dann mustern Sie die Liste der jedem *Handlungsbegriff* angefügten *Tätigkeitsbeschreibungen*.

5. Betrachten Sie die so entstandene Planskizze noch einmal auf Ihre didaktischen Absichten angesichts der Behandlung gerade dieses Themas und vergessen Sie auch nicht zu kontrollieren, in welcher Weise Sie die Kategorien *Variation*, *Selektion* und *Stabilisierung* mitbedacht haben.

Ein Beispiel

Nachstehend führen wir als Beispiel einer solchen *didaktischen* Planungsskizze die Ausarbeitung der ersten sechs Phasen einer Unterrichtsstunde im Fach Deutsch am Ende des ersten Schuljahres an. Ein Gedicht, das „Sommerlied" betitelt war, sollte behandelt werden. Nur drei von den sechs *Wertkoppelungen* werden herangezogen. Es sind dies diejenigen, die dem kognitiven Bereich zuzuordnen sind.

Angesichts der Differenziertheit der Angaben in der Tabelle sollte gleich einem möglichen Missverständnis gewehrt werden. Niemand kann das, was hier steht, bei der Ausführung im Kopfe haben und es dementsprechend entfalten. Die Aufgabe einer solchen Planungsskizze besteht hier wie anderwärts darin, sich eines Reflexionsinstrumentes zu bedienen, das anders als beim „learning by doing" dem Handelnden mehr als ein naives Verständnis für sein Tun und Lassen ermöglicht. Von professionellem Handeln wird man nur da sprechen wollen, wo der Handelnde es vermag, sich sein Handeln auch theoretisch zu erschließen. Praktisch wird eine solche Reflexionsarbeit dann, wenn es gilt, wohlumschriebene, gut spezifizierte Sachverhalte zu bearbeiten. Dafür bieten wir auf der CD-ROM vielerlei Beispiele (⊘ F12: P5b1; P5c1; P6b2a und folgende; P6b1).

Phase	Handlungszüge zur sachstrukturellen Entfaltung in der Wissensvermittlung	Handlungszüge zur Stimulation des Sachverhältnisses	Handlungszüge zur Unterstützung der Aneignungsprozesse
1. Begrüßung und Hinführung	Vorstrukturierung und Anknüpfung Aktivieren eines Bezugsrahmens	Figurale Repräsentation	Zentrieren Wiedererkennen, Reproduzieren
2. Assoziationen zum Sommer stimulieren	Evozieren eines spezifischen semantischen Netzes	Austauschorientierung	Beziehungen entfalten Reproduzieren
3. Tuch, Früchtekorb	Durcharbeiten	Materiale Repräsentation Individualisierung Tätigkeit	enaktiv, ikonisch Differenzieren Vergleichen
4. Rollenspiel: Kaufen – verkaufen	Erkennende Anwendung	Induktion von Dimensionalität	Differenzieren Produzieren Enaktiv
5. Gedicht lesen (einzeln, gemeinsam, Reim)	Ergebnissicherungen: Bedeutungseinheiten sichern: Üben	Anregungszentrierung: Selbstorientierung	symbolisch Zentrieren Reproduzieren
6. Sommertraum zeichnen	Anwendung	Figurale Repräsentation Tätigkeit Individualisierung	ikonisch Produzieren Beziehungen entfalten

Abb. 17: Didaktische Planungsskizze

2.3.5 Präskriptive Didaktik

Eine Konsequenz aus PISA?

Nach der Abwendung von den Herbartschen Formalstufen und einer weiten Akzeptanz der Prinzipien, die von der Arbeitsschulbewegung ausgingen, hatte das Interesse an einer genauen Vorgabe von Unterrichtsschritten drastisch abgenommen. In einem gewissen Sinne ist dieses Interesse von der Lehrzielbewegung der letzten dreißig Jahre in anderer Form wieder belebt worden: Diese hatte dabei den Stoff und die Schülerleistung im Blick, kaum aber das „Wie" der Vermittlung. Erst im letzten Jahrzehnt kann man wieder Anstrengungen registrieren, die nach den Handlungsweisen der *Lehrkraft* fragen, um deren didaktische Maßnahmen zu optimieren. Worin unterscheiden sich „gute" von „schlechten" Lehrkräften?

Bei der Beantwortung dieser Frage musste man von einem der gewonnen Ergebnisse sehr irritiert werden: Die „Gruppe von ,guten' Lehrern" zeigte sich nämlich als „sehr heterogen". Sie „wies eine große Variabilität in den Merkmalsprofilen des Unterrichts" auf (Helmke, 1988; zit. nach Weinert et al., 1990, S. 199). Hoffnungen, aus den erhobenen Verhaltensweisen von „guten" Lehrern nützliche Anweisungen („Rezepte") zur Gestaltung von Unterricht zu gewinnen, zerschlugen sich damit.

Seither scheint man die Suchhaltung u.a. dahingehend spezifiziert zu haben, dass man wissen will, ob es für bestimmte Unterrichtsinhalte oder bestimmte Sozialformen besonders effektive Strategien des Lehrerhandelns gibt. Gerade die Ergebnisse von TIMSS und PISA drängen im Augenblick die Frage auf, ob der Erfolg in einzelnen Fachdidaktiken (Stichwort: Mathematik) nicht in einer stringenten Abfolge bestimmter Lehrschritte gesucht werden solle. So steht eine erneuerte präskriptive Didaktik zur Diskussion!

Dazu möchten wir hier auf zwei Ansätze verweisen. Beide untersuchen die Strukturierung des Unterrichts. Der erste geht davon aus, dass für bestimmte Lernziele genau bestimmbare Lernwege ermittelbar sein müssen, bei deren Befolgung die Lernprozesse der Schüler besonders effektiv gesteuert werden können. Hierfür hat man 12 „Lernzieltypen" postuliert und Lehrschritte beschrieben, die als Wegmarken verstanden werden können. Dieser von Oser & Patry (1991ff.) in Fribourg (Schweiz) entwickelte Gedanke wurde seither theoretisch im Einzelnen ausgebaut und empirisch überprüft (z.B. Sarasin, 1995; Wagner, 1999). Für solche Veränderungsmessungen halten wir unser Erhebungsinstrument für nützlich – und zwar empirisch wie theoretisch. Denn es liefert eine geeignete Datenbasis für das, was sich didaktisch tatsächlich ereignet hat. Durch die theoretische Verankerung der Befunde ist eine vertiefte Reflexion möglich.

Die Brauchbarkeit unseres Instrumentes konnten wir anhand der For-
schungsarbeit von L. Haag (1998) erkunden. Hierbei geht es um die Opti-
mierung des Lehrerhandelns beim Gruppenunterricht. Haag versteht die
von ihm angegebenen Schrittfolgen und deren Verwirklichungen durchaus als Arbeitsregel, deren Anwendung allerdings in den Händen jener
Lehrkäfte am besten aufgehoben ist, die über entsprechende Wissens-
strukturen und ein reiches Repertoire verfügen, „das sie flexibel einsetzen
können" (ebd., S. 213).

Wir ergriffen die Gelegenheit, die von Haag ermittelten Lehrschritte mit
unseren *Tätigkeitsbeschreibungen* in Beziehung zu setzen und diese
Zuordnungen von ihm kontrollieren zu lassen. Uns ging es dabei um drei-
erlei: um die Erkundung des Differenzierungsgrades unserer Quasi-Operationalisierungen generell, um ihre Spezifität für diese Fragestellung sowie
um die Chance, für das recht eigentlich *didaktische Verständnis* der lehr-
strategischen Schritte ein theoretisches Bezugssystem anbieten zu können.

Es ergab sich eine umfängliche Liste, die gerade dieses leisten will: Zu den
von Haag ermittelten einzelnen Phasen (mit ihren jeweiligen empfohle-
nen Ausgestaltungen) wird die *Vielfalt* der Handlungsvorschläge aus unseren *Tätigkeitsbeschreibungen* aufgezeigt, die als „passgenaue" *Variation* der Durchführungsmöglichkeiten gelten können. Mit Aufweis des
theoretischen Ortes im Systemmodell eröffnet die Liste die Chance, den
didaktischen Sinn der jeweiligen Maßnahme weiter zu bedenken.

Sie finden die Liste im Serviceteil dieses Buches: 📖, S. 233–252.

3 Einsatzorte

3.1 Einsatz in der Lehre (Hochschule, Studienseminare, Orte der Weiterbildung)

3.1.1 Thematisch: Verwendung als Unterrichtsmittel

Theorie zur Aufklärung der Praxis

- Zur Vermittlung unterrichts- und erkenntnisspezifischer Kategorien
- Zur Etablierung einer „Sprache" für unterrichtliche Prozesse
- Zur Behandlung wertbezogener Perspektiven (Worauf kommt es beim Unterrichten an?) aus Lehrer- wie aus Schülersicht
- Zur Einführung in die Psychologie des Unterrichtens
- Zur didaktischen Beschreibung und Analyse unterrichtlicher Prozesse (z.b. auch zur Analyse von speziellen methodischen Problemsituationen und Fragestellungen
- Zur Beratung in der Gestaltung von Unterrichtsprozessen
- Zur Erweiterung des Handlungsrepertoires
- Zur Analyse von Problemsituationen
- Zum Umgang mit systemischem Denken

3.1.2 Hochschuldidaktisch, seminardidaktisch

Von der Rezeption zur Partizipation
Ein Impuls zur Umzentrierung des Selbstverständnisses der Hochschule (des Studienseminars) von einer Stätte der Lehre zu einer Lernwerkstatt (Wissenserwerb durch Mitgestaltung des Wissens)

Besonders der **Hochschulunterricht** unterliegt immer wieder einer Reihe von viel beklagten Mängeln, denen durch einen gezielten Einsatz dieser CD-ROM begegnet werden könnte. Dazu rechnen wir:

1. Mangel: *Vorlesung und Seminare (traditionellen Stils) begünstigen die rezeptive Haltung der Studierenden.*

Abhilfe: Angebot eines Arbeitsmittels, das hinreichend komplex ist, um Aufgaben zu bieten und Anstrengung im Umgang abzuverlangen (Induktion von Dimensionalität), und das gleichzeitig hinreichende Vermittlungshilfen bietet, um diese Komplexität bewältigbar zu machen. Das Arbeiten mit einer entsprechend strukturierten CD-ROM erfordert eine Suchhaltung. Diese kann zwar frustrieren, wenn der Benutzer sich zu sehr in Versuchs- und Irrtumshandlungen verfängt. In ihr steckt (bei entsprechender Gestaltung der CD-ROM) jedoch die Chance, durch eine reflektierte Fragehaltung zum *bewussten Gestalter* seines *Wissenserwerbs* zu werden. Dazu bietet dieses Medium bei einer hohen Vernetzung:

a) Die Möglichkeit, *konzeptionell* bestimmte, didaktische Suchfragen an die Beobachtung des Lehrerhandelns im Unterricht zu stellen. So kann unterrichtliche Wirklichkeit generiert werden.

b) Eine *gestufte* Einsetzbarkeit: Dem Benutzer werden unterschiedliche Differenzierungsgrade für seine Beobachtungen angeboten. Damit wird ihm freigestellt, selbst zu entscheiden, bis zu welcher Verarbeitungstiefe er seine Beobachtungen treiben will.

c) Die Einführung des *Modulprinzips:* Eine Aktualisierung der Beobachtungshinsichten ist durch das Modulprinzip gewährleistet.

d) Eine stringente *Konzeptionsbezogenheit* der Kriterien: Die begriffliche Schärfe sowie die didaktische Relevanz wird durch den systematischen Ort der Kriterien im Modell, d.h. durch den Kontext der benachbarten Begriffe und durch die Hierarchie der Zusammenhänge hergestellt.

e) *Unabgeschlossenheit* und *Unabschließbarkeit*: Beide sind ein wichtiges Kennzeichen unserer Konzeption. Das bedeutet, dass der Benutzer aufgefordert ist, das Modell mit den Wirklichkeiten seiner Erfahrung und seines Interesses anzureichern, und – so nötig – es nach der jeweiligen Forschungslage zu modifizieren, indem er einzelne *Module* überarbeitet, hinzufügt, austauscht oder entfernt. Überdies: Der Innovation von unterrichtlichen Handlungen wird somit ein *Generierungsinstrument* zur Verfügung gestellt, das den Vorteil bietet, für diesbezügliche Entdeckungen und Einfälle einen Theoriebezug zu vermitteln.

f) Das *systemische* Verständnis der Konzeption leitet zu einer mehrperspektivischen, vernetzten, selbstreflexiven Betrachtung von Unterrichtsprozessen an. Die Theorie stellt damit einen bisher nicht verfügbaren Grad an analytischer Auseinandersetzung bei theoretisch exakt bestimmbarer Verarbeitungstiefe zur Verfügung.

2. Mangel: *Studierende sind chronisch unsicher über den tatsächlichen Stand und den Erfolg ihrer Lernanstrengungen.*

Abhilfe: Es gibt zwar Lehrbücher und Dozenten, die von Abschnitt zu Abschnitt durch Fragenkataloge diesem Mangel abhelfen wollen. Deren Beitrag zielt zumeist darauf, die vorgegebenen Sachverhalte allein in der sprachlichen Repräsentationsstufe wieder herzustellen – und dies i.d.R. sehr zeitverzögert. Im vorliegenden Systemmodell erfolgt die Ergebnissicherung auf mehreren Repräsentationsstufen:

a) Durch den direkten handelnden Umgang (interessengesteuerte Verbindungen herstellen, Protokollieren, Auswertungen vornehmen, Analysen per DFÜ verschicken usw.)

b) Durch eine ikonische Weise der Darbietung (bewegte Bilder, Graphiken mit und ohne Sprechtext). Sie fordert die Auseinandersetzung mit den Veranschaulichungen der gegebenen Sachverhalte.

c) Durch die Möglichkeit einer sofortigen Kontrolle des Begriffsverständnisses. So kann die Aneignung der Begrifflichkeit nicht nur sofort sondern auch anstrengungslos erfolgen, allein durch Anklicken der diesbezüglichen Definitionen und Erläuterungen.

Als weitere Rückkoppelungsschleife soll eine Trainings-CD-ROM entstehen.

3. Mangel: *Die Theorie-Praxis-Verschränkung ist zu gering.*

Abhilfe:

a) Die vorgestellte Unterrichtstheorie kann unmittelbar mit Hilfe des daraus entwickelten Beobachtungsmanuals erprobt und geprüft werden.

b) Die begrifflichen Zwischenschritte in der deduktiven Ableitung des Weges vom Konstrukt zur Operationalisierung wie umgekehrt in der induktiven Bestimmung einer Unterrichtshandlung als Erfüllung einer unterrichtstheoretischen Kategorie werden in ihrem hierarchischen Zusammenhang aufgewiesen. So kann die Theorie praxisnah erprobt und die Praxis unmittelbar kategorial erschlossen werden.

c) Die schnell überschaubare, eingängige Grundstruktur des Modells sowie die handlungsnahen *Tätigkeitsbeschreibungen* ermöglichen den Unterrichts- und Schulpraktikern einen leichten Zugang zum Modell.

d) Das vollständige Beobachtungsmanual eignet sich in der vorliegenden Form insbesondere für die Bearbeitung von AV-Unterrichtsdokumentationen. Die theoretische Ausbildung findet damit direkten Zugang zur Unterrichtswirklichkeit.

4. Mangel: *Dem Lehrbuchwissen wird gerne mangelnde Aktualität vorgeworfen.*

Abhilfe: Der Benutzer erhält durch die angebotene Strukturierung des Lehrstoffes und das dazu benutzte Medium die Aufforderung sowie die griffige Gelegenheit zur Aktualisierung.

5. Mangel (Inhaltlich): *Unterrichtswahrnehmung und -beurteilung sind zwar integraler Bestandteil der Lehreraus- und -fortbildung, dennoch befinden sie sich in einem pragmatischen Zustand. Das bislang gebräuchliche Vokabular ist didaktisch eher ungenau, eher privat, idiosynkratisch, ideologisch belegt oder einfach uneinheitlich in der Verwendung.*

Abhilfe: Die vorliegende CD-ROM bietet ein umfassendes *Begriffsinventar* zu einer nicht fachdidaktisch gebundenen Dokumentation des Lehrerhandelns im Unterricht. Damit soll eigens ein *taxonomischer* Beitrag zu einer Theorie des Unterrichts angeboten werden. Dies geschieht in dem Bestreben, den beklagten pragmatischen Zustand durch eine theoriegebundene *Fachterminologie* zur professionellen Beschreibung und Kategorisierung des Lehrerhandelns im Unterricht zu überwinden. Überdies kann jede Fachsprache immer auch dazu eingesetzt werden, dem Anfänger einen Gegenstandsbereich in seinen Benennungen und Unterscheidungen vorzustellen. Insofern kann das verwendete Vokabular den Studierenden der Lehrämter eine Hilfe bei der Unterrichtswahrnehmung und Urteilsbildung sein, gerade auch wenn Unterricht unter verschiedenen Unterrichtskonzeptionen betrachtet werden soll.

Die sprachlichen Kennzeichnungen des Modells haben in der modernen psychologischen Unterrichtsforschung Geltung gewonnen. Sie können zumeist auch als empirisch begründet angesehen werden. Beigegebene Definitionen und Erläuterungen sichern die Kommunizierbarkeit dieser Terminologie. Die Überprüfbarkeit der Kategorienbildung wird durch vier Prinzipien gewährleistet: a) Hierarchisierung der Begrifflichkeit, b) tätigkeitsnahe (quasi-operationalisierte) Kennzeichnungen des Lehrerhandelns, c) Konzeption der Systemteile als Elemente eines offenen Systems von Modulen und d) gezielter Einstellungswechsel.

Von der Lehre zur Supervision

Dezentralisierung und Intensivierung der Betreuung
Es bietet sich an, den Studierenden die CD-ROM sowie eine Videoaufzeichnung von Unterricht zur Analyse zu geben – vielleicht ergänzt durch weitere, spezifische Fragestellungen. Die Ergebnisse schickt der Student z.B. über DFÜ an den Dozenten. Dieser meldet ihm zurück, was er zu der eingesandten Arbeit zu bemerken hat.
Im Falle der Selbstanalyse könnte sich eine problemorientierte Supervision anschließen. Seminarsitzungen könnten sich dann auf Problemanaly-

sen und Ergebnissicherungen konzentrieren. Vor allem: Jeder Seminarteilnehmer unterzieht sich einer intensiven praktischen Auseinandersetzung mit den zur Rede stehenden Sachverhalten.

Ein solcher Einsatz der CD-ROM könnte eine tiefgreifende *Umzentrierung der Dozententätigkeit* in diesem Arbeitsbereich ermöglichen. Dabei wäre an folgende Auswirkungen zu denken:

➤ Reduktion von Massenveranstaltungen
➤ Verstärkung des Kontaktes zwischen Dozent und Student
➤ Erhöhung der tutorialen Betreuung
➤ „Verlebendigung" des Wissens
➤ Intensivere Theorie-Praxis-Verschränkung in der Lehrerbildung durch stärkeren Einbezug des zukünftigen Arbeitsfeldes, also der Unterrichtswirklichkeit, insoweit diese wenigstens durch AV-Medien erfahren werden kann.
➤ Steigerung des Eigennutzes des Wissens (Supervision)

Intensivierung des Erfahrungsaustausches im (schul-)pädagogischen Bereich:
Das Systemmodell erlaubt, auch in unterschiedlichen pädagogischen Arbeitsfeldern zu vergleichbaren, kompatiblen Erkenntniswerten über unterrichtsspezifische Themenbereiche zu gelangen. Auch fachdidaktische Grenzen könnten gegebenenfalls überwunden werden.

3.2 Einsatz in den Praktika: Verwendung zur Vorbereitung, Analyse, Nachreflexion und Beurteilung von Unterricht
(Lehramtsstudenten, Referendare sowie Dozenten, Mentoren, Trainer, Supervisoren)

3.2.1 Planung der Gestaltung von spezifischen Angebotssituationen
Hierfür kann es als Pool zur Reflexion und Selektion der beabsichtigten didaktischen Maßnahmen und deren Inszenierungen verwendet werden.

3.2.2 Beratung in der Gestaltung von Angebotssituationen im Unterricht
Das Systemmodell kann auf zweierlei Wegen Hilfe zur gedanklichen *Vorbereitung* unterrichtlicher Maßnahmen leisten: als Instrument zur gedanklichen Ordnung unterrichtlicher Wirklichkeiten ebenso wie als Signalmarken zur Kennzeichnung der Erfahrungen. Geht es um die Umsetzung von Theorie in Praxis, so wird in den *Tätigkeitsbeschreibungen* dazu ein reiches Register von Anregungen zur Frage geboten („Wie mache ich das?"). Geht es um Überlegungen zur Gestaltung des Unterrichts nach gewissen

theoretischen Propositionen, so findet man in den *Handlungsbegriffen* ein Gerüst von Gesichtspunkten, von denen man vielleicht im Augenblick nicht die angemessenen in seinem Repertoire vorfindet. Geht es um Überlegungen zu strukturellen Dispositionen und damit zur Selektion von Angebotsstrategien für einzelne Phasen des Unterrichts, dann kann die Stufe der *Wertkoppelungen* („Handlungszüge ...") geeignet sein, sich unschwer der didaktischen Möglichkeiten zu versichern.

Als Erschließungsfragen zur Vorbereitung von Unterricht eigenen sich außerdem die Übersetzungen didaktischer Prinzipien in die Sprache unseres Modells. Geht es z.b. um „Anschaulichkeit", findet man theoretisch angereicherte Handlungsvorschläge in den Tätigkeitsbeschreibungen des Systemmodells.

So können sich die gedanklichen Unterscheidungen im Bezugssystem, entfaltet in der ausgedehnten Begriffsmatrix, als höchst praktisches Werkzeug erweisen, wenn es darum geht, Horizonte zu eröffnen, unterrichtliche Erfahrungen ansprechbar zu machen und sie in einem theoretischen Zusammenhang zu identifizieren.

Aufgaben:

- *Ziel:* Weckung eines allgemeinen Problembewusstseins: Vergegenwärtigen Sie sich, worauf es beim Unterrichten ankommt – sowohl in der Lehrer- wie in der Schülerperspektive. Ziehen Sie dazu die Kategorien des Systemmodells heran.

- *Ziel:* Erarbeitung der im Systemmodell vorgestellten unterrichts- und erkenntnisspezifischen Kategorien zur Beschreibung und Analyse unterrichtlicher Prozesse:
  – Reflektieren Sie das Bezugssystem zur Analyse der Lehrerhandlungen im Unterricht!
  – Interpretieren Sie Handlungen theoriebezogen!
  – Protokollieren Sie Video-Unterrichtsaufzeichnungen systemmodellbezogen (zur Schärfung des methodischen Bewusstseins)!
  – Prüfen Sie Erweiterungsmöglichkeiten des eigenen Handlungsrepertoires mit Hilfe der ca. 550 kategorial bestimmten *Tätigkeitsbeschreibungen!*

3.2.3 Einsatz in Trainingsveranstaltungen ganz unterschiedlicher methodischer Zielstellungen

Das Systemmodell beansprucht, sämtliche didaktisch aufgefassten Kommunikationsweisen im Unterricht als solche kennzeichnen zu können, da es aus einer allgemeinen Kommunikationstheorie entwickelt wurde. In der hier vorgelegten Entfaltung weist es bereits einen sehr hohen Differenzierungsgrad auf. Dieser ist prinzipiell unabschließbar und daher in jeder Differenzierungsstufe offen für weitere funktionale Äquivalente aus den je höheren Abstraktionsstufen. Dank dieser hohen Adaptionsfähigkeit kann es zur Kennzeichnung vielfältiger methodischer Vorgehensweisen eingesetzt werden. Lehrerhandlungen im Unterricht können allein schon mit dem hier vorgelegten Instrumentarium in einer sehr großen Variationsbreite identifiziert werden. Wahrscheinlich ist es sogar so, dass mit diesem Verfahren zum ersten Mal ein Instrument zur Erhebung des Lehrerhandelns im Unterricht vorgelegt wird, das es theoretisch stringent vermag, bei einem Methodenvergleich trennscharf etwaige beanspruchte didaktische Unterschiede oder übersehene Gemeinsamkeiten aufzuzeigen. Insofern empfiehlt es sich als Kontrollinstrument für jedwede Art des Trainings von Unterrichtsmethoden, Unterrichtsstilen, oder didaktischen Theorien, deren Besonderheiten und deren Leistungsfähigkeiten.

Insbesondere eignet sich das Systemmodell dazu, in Trainingskursen einer ganzen Reihe von Zielen zu dienen, die in der Lehrerbildung wie Lehrerfortbildung eine wichtige Aufgabe erfüllen. Dazu gehören:

1. Einsatz als Instrument zur Schulung der Wahrnehmung: *Vermittlung der Notwendigkeit eines operationalisierten diagnostischen Vorgehens*

Es ist in der Praxis der Lehrerausbildung noch nicht üblich, was in der Ausbildung der Ärzte heutzutage selbstverständliche Übung ist: Dort wird schon den Anfängern vermittelt, dass sie ihren Eindruck, den sie von der Symptomatik eines Patienten haben, einer strengen Operationalisierung unterwerfen müssen. Zu groß erscheint sonst die Gefahr, bei sachlich ungesicherten Konstrukten stehen zu bleiben – ganz abgesehen davon, dass diese in ihrer begrifflichen Unschärfe manchmal zu mehr Fragen als Antworten führen. Hinsehen und hinhören, angestrengt wahrnehmen, was sich in der Tat ereignet und was theoretisch erwartet wird – um dies leisten zu können, bedarf es allüberall der Schulung. Denn zu oft ziehen wir uns im Alltag auf unseren fraglichen Vorrat an Beurteilungskategorien zurück. Die im Systemmodell vorgestellten *Tätigkeitsbeschreibungen* können hier als Anleitung zur genauen Beobachtung und Kennzeichnung einer Fülle von unterrichtlichen Handlungen dienen. Denn sie werden nicht als Listen geboten, deren Sinn dahin steht, sondern als – stets unabgeschlossene – Explikation von Konstrukten. Insofern können sie allerdings auch mancherlei Neugier aufkommen lassen: Wenn sie einerseits aufzeigen, welches Konstrukt sich zu ihrer Deutung anbietet, und umgekehrt, wenn gefragt wird, welche Konstruktexplikation zu ihnen führt. Ist es überflüssig zu betonen, wie sehr schon eine solche Wahrnehmungsübung der inhaltlichen Vermittlung der einzelnen diagnostischen Kategorien dienen kann?

2. Einsatz als Reflexionsinstrument: *Zur Vermittlung der Notwendigkeit einer theoretischen Ableitung der verwendeten Begrifflichkeit*

Oser & Patry forderten schon 1990, „in der Ausbildung auf allen Stufen, besonders aber in der Ausbildung der Ausbilder nicht bloß die Oberflächenmethoden (zu) üben und (zu) verfeinern, wie dies bis jetzt üblich ist" (S. 66). Warum? Auch das Lehrerhandeln im Unterricht ist zunächst einmal ein unüberschaubares Feld. Es zu erschließen, bedarf einer ausgedehnten theoretischen Reflexion. Deren Ziel muss sein, einen gemeinsamen Reflexionshorizont zu entwickeln und ihn in einer dafür relevanten Begrifflichkeit zu kennzeichnen. Dies geschieht in unserem Systemmodell dadurch, dass wir zwei Ansprüche zu erfüllen trachten:

• Erstens den Anspruch, nicht nur zwischen Konstrukt (Theorieebene) und Phänomenen (Beobachtungsebene) zu unterscheiden, sondern auch deren begriffliche Zusammenhangsbildungen offen zu legen. Dem haben wir dadurch Rechnung getragen, dass wir zwischen der Ebene der Konstrukte und der Ebene der Performanz eine Ebene der kategorialen Zwischenglieder ausweisen. Die daraus entstandene begriffliche Hierarchie ist damit in ihren Beziehungssetzungen verfolgbar und einer differenzierten Kritik zugänglich. Begriffe stehen nicht länger in einem beziehungslosen Nebeneinander, sondern gewinnen ihre Definition auch aus ihrem konzeptionellen Bezug.

• Zweitens den Anspruch, einen deutlichen Zugewinn an begrifflicher Klarheit zu erzielen – denkt man an den manchmal lockeren Umgang mit Begriffen in gewissen älteren Werken der Didaktik und Methodik. Auf der CD-ROM findet der Benutzer im Stichwortregister und im Glossar das Ergebnis unserer Anstrengungen (✑ F12: Glossar).

3. Einsatz als Diagnoseinstrument: *Zur Identifizierung und Veränderung individueller Handlungsmuster*

Gerade wenn es um Veränderungen unterrichtlichen Handelns gehen soll, sucht man nach einer diagnostischen Erhebungsmöglichkeit, die sicheres Wissen über bestimmte Handlungen und Handlungszusammenhänge liefert. In solchen Fällen wird das Instrument zunächst einer *Mustererkennung* dienen können. Dabei mag es durchaus genügen, problembegrenzte Anfragen zu stellen: nach eingefahrenen Beziehungsmustern, typischen Konfliktentwicklungen, fortgesetzten Stoffvermittlungsschwierigkeiten usw.

Zur praktischen Hilfe bei der *Mustererweiterung* wird das Instrument dann, wenn man es benützt, um aus der Diagnose die Therapie zu entwickeln. Nicht minder bietet es sich an, wenn es darum geht, theoretisch reflektierte Handlungsalternativen zu entwickeln und die Ergebnisse ihrer Verwirklichung in ihren Auswirkungen auf andere Handlungsbereiche zu kontrollieren. So kann ein Programm individuell recht passgenau entwickelt und eingesetzt werden, das der angestrebten Repertoireerweiterung dadurch dient, dass es Anfängerbeschränkungen, hinderliche Verfestigungen oder krankmachende Stabilisierungen erkennt und durch theoretisch begründbare Variationen neue Bewältigungsformen eröffnet, die es dann sich anzuverwandeln und einzuüben gilt.

4. Einsatz zur Untersuchung von Unterrichtsmethoden

In der Literatur findet man mancherlei Typisierungen zur Kennzeichnung unterrichtlicher Veranstaltungen. Beherrschten vor allem im 19. Jahrhundert die formalen Stufen eines Unterrichtsablaufs die Ausbildungsstätten, am Anfang des 20. Jahrhunderts dann der sich dagegen formierende Widerstand, so wird seit einigen Jahrzehnten fast nur noch von *Organisations*formen wie Gruppenunterricht, Frontalunterricht, offener Unterricht, Freiarbeit usw. geredet. Dennoch gibt es wenige wirklich gesicherte Erkenntnisse darüber, welche Handlungsweisen des Lehrers zur Effektivität der jeweiligen Strategie ganz besonders beitragen, geschweige denn Auskünfte zur Frage, welche Handlungsweisen dabei jeweils als kontraproduktiv angesehen werden müssen. Dies herauszuarbeiten, so scheint uns, kann mit unserem Beobachtungssystem durchaus geleistet werden.

Dazu bieten wir im Kap. „Präskriptive Didaktik" (🕮, S. 96 f.) ein aktuelles Beispiel. Nach unserer Kenntnis ist es einzig der *Gruppenunterricht* in seinem traditionellen Verständnis, der seit den Untersuchungen der Nürnberger Forschungsgruppe um Dann, Diegritz & Rosenbusch (1999) einer wirklich strikten und umfänglichen Analyse unterworfen wurde. Als Ergebnis dieser Anstrengungen hat Haag (1998) einen Kanon von Instruktionsvariabeln vorgelegt, der die Eigenart *und* die Abfolge der Handlungen beschreibt, die diesen Gruppenunterricht wirklich effektiv werden lassen. Er hat dabei auch jene aufgedeckt, die zwar in der Praxis immer wieder anzutreffen sind, die jedoch als kontraproduktiv gelten müssen. Wir haben sodann unsere Operationalisierungen seinen Kategorien zugeordnet und Herrn Haag um Überprüfung gebeten. Dabei stellte sich heraus, dass unsere *Tätigkeitsbeschreibungen* manchmal noch differenzierter angeben, um welche Lehrerhandlungen es sich ganz konkret handeln kann, wenn man die Maßnahmen zielgenau ansprechen will. Mit diesen – von Herrn Haag dankenswerterweise kontrollierten und bereinigten – Zuordnungen (🕮 Serviceteil, S. 233 ff.) wird nicht nur die Beschreibung der jeweils besonders geeigneten Lehrerhandlungen aus dem Haagschen Katalog weiter konkretisiert. Unser Beobachtungssystem liefert zu solchen Versuchen stets auch eine *Reflexionshilfe*. Denn alle *Tätigkeitsbeschreibungen* entstammen einer *Begriffshierarchie*. Dadurch kann hier wie in anderen Fällen deutlich gemacht werden, ob und in wel-

cher Weise die aufgestellten Kriterienkataloge in gleichen oder sehr unterschiedlichen didaktischen Tiefenstrukturen gründen.

Wer sich auf solche weitergehenden Fragen nach der didaktischen Qualität
der angegebenen Handlungen einlässt, der wird überrascht sein, wie sich
die scheinbar eindeutigen Instruktionen zum Gruppenunterricht bei Haag
aus recht unterschiedlichen Ebenen der Tiefenstruktur speisen. Wir möchten daher diese Liste den Benutzern nicht nur als Check-Liste für die Beobachtung des Lehrerhandelns im Gruppenunterricht vorstellen. Wir meinen vielmehr, dass gerade in Trainingsveranstaltungen ein vertieftes Verständnis der relevanten Kommunikations- und Instruktionsstrukturen er-
zielt werden kann, wenn deren jeweiliger didaktischer Sinn mit Hilfe des
Systemmodells bedacht und erschlossen wird. Dabei kann auch aufgezeigt
werden, dass die angegebenen Operationalisierungen keineswegs als eine
abgeschlossene Liste von funktionalen Äquivalenten der dahinter stehenden Begriffe gelten können. Im Gegenteil, es könnte eine reizvolle Aufgabe sein, sich da und dort – entlang der begrifflichen Vorgaben – an der Generierung weiterer treffender *Tätigkeitsbeschreibungen* zu versuchen.

3.2.4 Nachreflexion über das Lehrerhandeln
Als nützlich hat sich ein mehrschrittiges Verfahren erwiesen:

1. Mentoren wie Praktikanten notieren zunächst ihre Beobachtungen wie gewohnt als Protokoll des Ablaufs und der darin auffälligen Begebenheiten.

2. Mentoren und Praktikanten versuchen, im Systemmodell die Problemstellen zu identifizieren und nach den Zusammenhängen, die das Modell anbietet, zu analysieren. Anregungen zu einem solchen Vorgehen
   finden sich auf der CD-ROM unter dem Stichwort Eigene didaktische
   Fragestellungen systemmodellorientiert analysieren (✍ F12: P6b1). Die
   meisten Praktikanten bevorzugen dabei in der Regel das ausführliche
   Protokollformular zur Kennzeichnung nach Basiswerten und Tätigkeitsbeschreibungen vorfinden (✍ F12: PPapier). Denn dieses bietet die
   Chance, den Sachverhalt rasch auf den Begriff bringen zu können, und
   ermöglicht zudem die Rückversicherung über das theoretische Verständnis der zur Diskussion stehenden Handlungsweisen.

3. Daran lassen sich methodisch durchreflektierte Überlegungen zur Änderung und Erweiterung von Handlungsalternativen entwickeln (vgl.
   dazu das Kapitel „Unterricht gestalten" 📖, S. 88 ff.) und als Beispiele
   die diesbezüglichen Kapitel auf der CD-ROM: Anregungen zur Gestaltung eines bestimmten didaktischen Prinzips (✍ F12: P6a1), Problematische Unterrichtssituationen ressourcenorientiert behandeln (✍ F12:
   P6c1) und Ansätze zur Verhaltensformung mittels Prozessmusterunterbrechungen (✍ F12: P6d1).

An eine solche Nachreflexion können sich Aufgaben anschließen, wie sie
die nachstehende Sammlung enthält:

Aufgaben:

- Analysieren und bewerten Sie Angebotssituationen!
- Spezifizieren Sie Gesamteindrücke!
- Optimieren Sie unterrichtliches Handeln in wiederkehrenden All-
  tagssituationen!
- Analysieren Sie spezielle Problemsituationen!
- Analysieren Sie die eigenen Muster im unterrichtlichen Handeln in
  Hinblick auf Selektion und Stabilisierung!
- Entwickeln Sie theoretisch (systemmodellbezogene) Handlungsmuster
  zur Bewältigung von Konfliktsituationen!
- Üben Sie sich ein in eine systemische Betrachtung unterrichtlicher
  Prozesse!

Diese Aufgaben dienen dem Ziel, den praktischen Nutzen einer wis-
senschaftlich geleiteten Selbstreflexion über unterrichtliches Handeln
zu erfahren.

3.2.5. Gutachtenerstellung

Das Systemmodell bietet Gliederungshilfe und Sprache. Es ordnet und benennt die Sachverhalte. Und es erlaubt eine klare Trennung zwischen Beschreibung und Bewertung. Der Verwendungszweck wird über die Eintei-
lung und den Grad der Differenzierung entscheiden. Als Stichwortgeber können die Merkblätter zur Nachreflexion von Nutzen sein (, S. 208 ff.). Zu
bedenken ist, welche Befunderhebungsebene zur Grundlage der Beschreibung und Beurteilung gemacht wird. Geht man von der Stufe der Handlungsglieder: *Tätigkeitsbeschreibungen* aus, dann wird man zu einer Art
Statusdiagnostik geführt, worin Fragen nach *Variation, Selektion* und *Stabilisierung* und deren statistischen Grundlagen beantwortet werden können.
Hierbei geht es gleichsam um die „Laborbefunde". Wer dagegen an einer be-
fundnahen Beschreibung und Bewertung des *Verlaufs* und seiner Dynamik
interessiert ist, der sollte – je nach Verwendungszweck – sich eine höhere
Abstraktionsstufe wählen und sich dann zur genauen Kennzeichnung einzelner Vorgänge der handlungsnäheren begrifflichen Unterscheidungen bedienen. Damit kann gewährleistet werden, dass die Darstellung weder begrifflichen Mehrdeutigkeiten ausgesetzt ist (weil man keine systemfremden
Begriffe benutzt), noch dass sie privaten Ansprechweisen ausgeliefert wird
(weil man sich an die vorgegebenen Gesichtspunkte hält).

3.3 Einsatz in der Schulaufsicht

Jede Art von gutachterlicher Tätigkeit steht unter dem Anspruch, ihre Sachverhaltsbeschreibungen und ihre Bewertungen auf einen Kanon anerkannter Kriterien zu stützen und diese in verständlicher Weise zu benützen. Dazu kann das Systemmodell als theoretisches Bezugssystem wie als Fachsprache folgendes beitragen:

- Etablierung einer „Sprache". Dadurch Transparenz der Kriterien: Schärfung des Blicks, Absicherung des Urteils, didaktisch beschreibbare Spezifizierung des Gesamturteils
- Sicherung qualifizierter Aussagen über unterrichtliche Verhaltensweisen von Lehrerinnen und Lehrern
- Objektivierung von Unterrichtsbeurteilungen als Grundlage für die Vergabe von Funktionsstellen u.ä.

Da Modelle nicht nur eine *evaluative* und *innovative* sondern auch eine *legitimierende* Funktion haben können (📖, S. 54 f.), wird mit dem Systemmodell der Administration ein Bezugssystem angeboten, das so stringent wie umfassend ist (vgl. S. 50 ff.).

3.4 Einsatz in der Forschung
(✑ F12: EinsatzTheorie)

Als Erhebungsinstrument bietet das Manual einen hohen Differenzierungsgrad in der Erfassung der gemeinten Sachverhalte. Dadurch werden sowohl ergiebige Partialanalysen wie – von der Forschung bisher nicht geleistete – umfassende Untersuchungen des Lehrerhandelns im Unterricht möglich. Wichtig wären zunächst umfängliche Erhebungen zur Bereitstellung einschlägiger Kennwerte (Normierung). Dazu gehören (vgl. Scheltwort, 2004):

- **Zur *Variation* der Handlungsweisen:**
  – Mittelwerte und Streuungen der erreichten Anzahl von *Tätigkeitsbeschreibungen* bei verschiedenen Lehrergruppen (Studierende, Lehrer nach Berufsjahren, Geschlecht, Schulform, unterrichteter Klassenstufe, Schulfach usw.)
  – Mittelwerte und Streuungen der erreichten Anzahl von *Tätigkeitsbeschreibungen* bei speziellen Unterrichtsformen (z.B. Gruppenunterricht)
- **Zur *Selektion* der Handlungsweisen:**
  – Analyse der person- oder situationsspezifischen *Tätigkeitsbeschreibungen*
  – Analyse der Beziehungen zwischen den sechs *Wertkoppelungen*

- **Zur Stabilisierung der Handlungsweisen**
  - Analyse überdauernder, situationsübergreifender *Tätigkeitsbeschreibungen* (Lehrstile, Repertoireenge, -weite)
  - Analyse von Prozessmustern (eingefahrene Konfliktmuster und Problemsituationen)

3.5 Schulreform als Unterrichtsreform

Wer das Lehrerhandeln im Unterricht als wichtigste Einflussgröße für den Erfolg der Schüler ansieht, dem muss zunächst daran gelegen sein, zu erkennen, welche *didaktischen* Strukturen in den Klassenzimmern zu beobachten sind. Anders sind taugliche Reformen vom Klassenzimmer aus nicht zu denken. Dazu aber sind die üblichen Kategorien viel zu grob, denkt man z.B. an Unterscheidungen wie Frontalunterricht, Gruppenunterricht, offener Unterricht, Projektunterricht usw. Denn solche Kennzeichnungen benennen lediglich Organisationsformen. Wenn Lehren jedoch darin besteht, sich um die *Anschlussmöglichkeiten* zu kümmern, die in der unterrichtlichen Kommunikation von Nutzen sein können, dann sollte die *Eigenart der Angebotssituationen* im Vordergrund jeder didaktischen Besinnung und damit jeder reformerischen Planung stehen. Deren Vielfalt lässt sich mit dem Beobachtungsmodell dank seines hohen Differenzierungsgrades identifizieren. Deren jeweilige Selektion im einzelnen Fall wie als überdauerndes Verhaltensmuster müssten die Grundlage zu neuen didaktischen Überlegungen werden.

Insofern steht mit dem Beobachtungssystem dem Benutzer auch ein Generierungsinstrument zur Verfügung, das nicht nur erlaubt didaktische Strukturen zu erkennen sondern auch zu „erfinden". Den Reichtum an unterrichtlichen Gestaltungsmöglichkeiten kann man an den *Tätigkeitsbeschreibungen* studieren – und sich dabei zu weiteren Einfällen anregen lassen. Diesen Reichtum sich theoretisch zu erschließen, das sollte mit unserer Entschlüsselungskonzeption gelingen. Doch was wären die entscheidenden Voraussetzungen für wirklich effektive Schulreformen? Sie liegen in den Möglichkeiten begründet, Unterricht so präzise analysieren zu können, dass daraus handlungsleitende Strategien entworfen werden können. Dazu, so meinen wir, bietet das vorgestellte Beobachtungsinstrument sich sowohl für die Praxis wie für die Forschung an.

Der Service:
Gestaltung und Inhalt der CD-ROM

1 Eigenschaften

1.1 Handhabung und Symbolik

Systemvoraussetzungen
- Windows 95/98/ME/2000/XP
- mind. Pentium 166 (oder kompatibel)
- 8-fach CD-ROM oder mehr
- mind. 5 MB Festplattenspeicher
- Auflösung: SVGA 800x600 oder mehr
- Farbtiefe: High-Color (16 Bit)
- Soundkarte Soundblaster (oder kompatibel)

Installation
1) Doppelklick auf „Arbeitsplatz"
2) Doppelklick auf das CD-Laufwerk
3) Doppelklick auf „Start.exe"

Nun wird die Installation gestartet. (Ggf. müssen die Multimediatreiber DirectX und DXMedia installiert werden. Danach muss der Computer neu gestartet werden.)
Befolgen Sie die Anweisungen. Klicken Sie auf das Icon (LIU34) und die Installation wird fortgesetzt – einige notwendige Dateien werden auf die Festplatte kopiert.
Ggf. müssen Sie das DOS-Fenster (schwarzes Fenster) mit einem Klick auf das „X" oben rechts manuell schließen.

Übersicht
Bei einem Medium, das sich durch seine Vernetzung auszeichnet, ist es besonders wichtig, Übersicht zu gewährleisten. Auf der vorliegenden CD-ROM wird diese durch das Startmenü (✐ F12: Startmenue) hergestellt, das von jeder Stelle aus direkt erreichbar ist. Darüber hinaus ermöglicht ein weiteres Menü Zielbestimmtes Blättern (✐ F12: Zurechtfinden, auch ⬚, S. 130) schnelle Zugriffe zu zentralen Themen. Darüber hinaus wurde darauf geachtet, dass jedes Kapitel eine *eigene Startseite* erhält. Diese orientiert jeweils über das Folgende. Über das Startmenü sind die einzelnen Kapitel unmittelbar zu erreichen. Das Kapitel *Kommentiertes Inhaltsverzeichnis* in dieser Schrift (⬚, S. 119 ff.) schildert dem Benutzer schon im Vorgriff auf die Texte, womit er auf der CD-ROM rechnen kann.

Das Systemmodell selbst wird dem Benutzer für zwei Arten der Verwendung zugänglich gemacht: Zur Information (⊘ Informieren) und zum Protokollieren der Beobachtungen (⊘ Protokollieren).

Beide Modi sind identisch aufgebaut, erlauben aber unterschiedliche Funktionen: Im *Informationsmodus* werden Definitionen, Erläuterungen und Hinweise auf didaktische Prinzipien geboten; im *Protokollmodus* ist es möglich, Beobachtungsbefunde einzugeben.

Über Analysestrategien und Bewertungsmöglichkeiten der erhobenen Daten findet der Benutzer eine Reihe von Vorschlägen unter Interpretieren (⊘ Interpretieren; siehe auch ▭, S. 83; für Einzelheiten siehe ▭ *Kommentiertes Inhaltsverzeichnis*, S. 119 ff.). Didaktiker, die es gewohnt sind, mit den so genannten „Didaktischen Prinzipien" zu arbeiten, könnten sich beispielsweise für den Versuch interessieren, eine Auswahl dieser altgedienten Grundsätze mit unseren Analysemöglichkeiten neu zu verstehen (siehe ▭, S. 93 und ⊘ F12: DidakPrinzip, PGa1).

Orientierungshilfen

Damit der Benutzer sich nicht im Hypertext verliert, wurde auf der CD-ROM umfänglich für Orientierungshilfen gesorgt. Dazu zählen:

Die Kopfzeile

➢ Bei *Texten* nennen die Kopfzeilen die Inhalte des entsprechenden Kapitels:

➢ Bei der *grafischen Darstellung* des Systemmodells weisen Leitfarben und Symbole auf den aktuellen Ort der Betrachtung hin. Über diese Symbole sind die anderen Ebenen und Stufen des Modells mit einfachem Mausklick erreichbar.

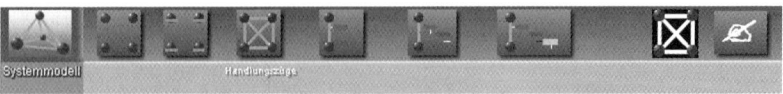

und

Die linke Randleiste

Hier befinden sich die Symbole für verschiedene Sonderfunktionen:

– Wechsel zwischen Informations- und Protokollmodus des Systemmodells

– Lesezeichen (ermöglicht nach Beendigung des Programms beim nächsten Start an derselben Stelle fortzufahren)

– Glossar (hier sind Fremdwörter sowie unsere Systembegriffe alphabetisch aufgeführt und erläutert)

– Steuerung der Sprechtexte

– Vorwärts- und Zurückblättern

– Menü (diese Schaltfläche leitet direkt zur Startseite des Programms)

– Drucken

– Beenden (des Programms)

Die obere Randleiste: Notizfunktion

Sie ermöglicht dem Benutzer, seine Gedanken unmittelbar während der Arbeit mit der CD-ROM zu formulieren und zu speichern.

➢ Angezeigt wird der Seitenname, von der Sie die Notizfunktion gestartet haben.

➢ Mit den Pfeil-Tasten können Sie den Cursor im Textfeld bewegen. Für einen Zeilenumbruch drücken Sie die Tastenkombination <Strg> + <Enter>

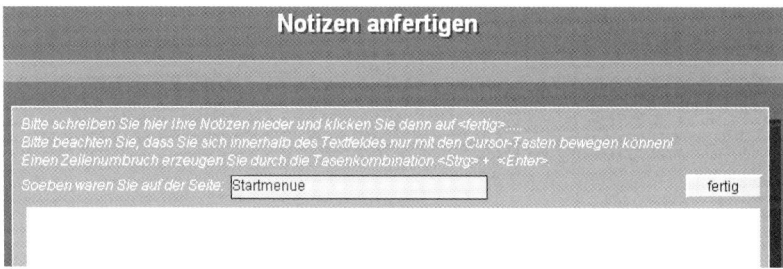

Die farbliche Gestaltung des Systemmodells
Jedes Mal sollte es möglich sein, sich leicht im Modell wiederzufinden, aber gleichzeitig die Andersartigkeit der Fragestellung im Blick zu behalten. Dies wurde durch Farbabstufungen und Schattierungen erreicht.

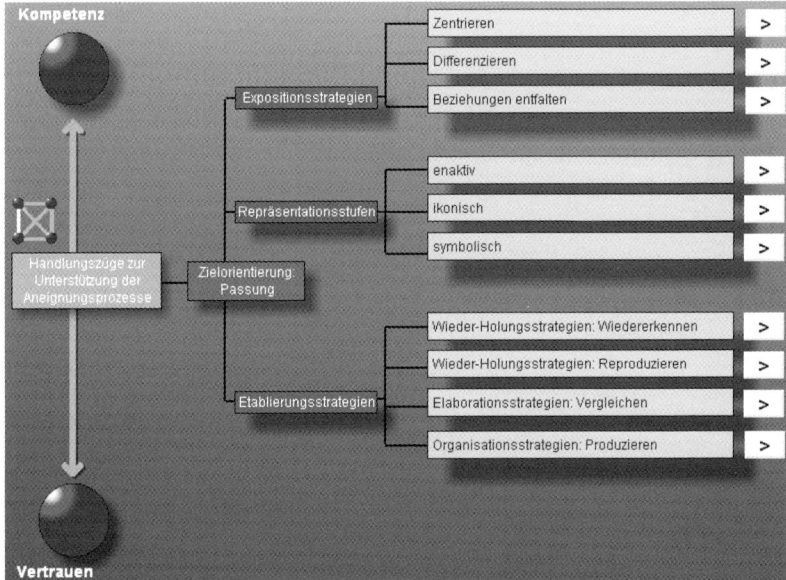

1.2 Das Medium CD-ROM als Arbeitsinstrument

In der CD-ROM „Lehrerhandeln im Unterricht" entsprechen sich
Sachstruktur und mediale Struktur.

Hypertext: Vernetzung
Wohl kein anderes Medium als die CD eignet sich so gut, die systemische Struktur des Modells zum „Lehrerhandeln im Unterricht" zu vermitteln *und* sie gleichzeitig zugänglich und handhabbar zu machen.
Das Modell selbst ist in verschiedenen, miteinander verknüpften Schichten dargestellt. Der Benutzer kann sich leichthin durch das Modell „hindurchnavigieren" und stets eigene Wege verfolgen. Auch die eingebundenen theoretischen Ausführungen müssen nicht linear gelesen werden. Je nach Bedarf wird man sich an jeder Verknüpfung über den weiteren Weg neu entscheiden.

Multimedialität

Die CD enthält zumeist multimediale Sequenzen. Dazu gehört die Einführung, die der Verfasser selbst beim Start des Programms gibt und die in vielerlei Sprechtexten von einer Sprecherin fortgeführt wird. Diese Sprechtexte wurden grafisch, teilweise animiert, aufbereitet.

Interaktivität

Der interaktive Gebrauchswert der CD-ROM liegt

- in ihrer *Funktion als Lehrmittel* (zur Psychologie des Unterrichtens, zur Methodik und zur Didaktik mit dem unmittelbaren Zugriff zu den diesbezüglichen, oben genannten Begriffserschließungen, siehe 📖, S. 98 ff.).
- in der *Datenerhebungsmöglichkeit.* Neben einer ausdruckbaren Papier- und Bleistiftversion der Beobachtungsmanuale, die überall eingesetzt werden kann, ist es möglich, die CD-ROM selbst als Protokollvorlage zur Niederschrift der Beobachtungsdaten zu verwenden. In einer späteren Auflage sollen vielfältige Analysen rechnergestützt möglich sein.
- in den Hilfen zur *Gestaltung von Unterricht.* Nachdem für einen vorgesehenen Inhalt eine bestimmte Strategie der Stoffentfaltung und -bearbeitung geplant ist, erfolgt deren didaktische Bestimmung. Darin wird festgelegt, durch welche „Handlungsbegriffe" im Systemmodell die didaktische Umsetzung gedacht werden kann. Sucht man diese im Systemmodell auf, so erhält man im nächsten Schritt, in den Listen der *Tätigkeitsbeschreibungen,* konkrete Vorschläge zum unterrichtlichen Handeln. Darin kann man entweder einen situativ passenden Vorschlag finden oder sich vielleicht zu einem Einfall die Richtung weisen lassen (vgl. ⊘ F12: P5b1; auch ⊘ Startmenü: Informieren → Stufe der Handlungsglieder: Tätigkeiten → Auswahl einer Wertkoppelung → Bestimmung der didaktischen Ziele → Spezifizierung der Zielstellung durch Herstellen des Begriffspfades [von links nach rechts] bis zur Wahl einer [mehrerer] den didaktischen Absichten angemessenen Tätigkeitsbeschreibung[en]).

1.3 Terminologie

Die verwendete Fachsprache wurde zumeist der einschlägigen Literatur entnommen, teilweise aber auch neu entwickelt. Dann wurde vor allem auf Begriffe aus der Unterrichtspsychologie zurückgegriffen. Zumeist wurden diese so gebraucht, wie sie dort derzeit verwendet werden. Eine vorgängige Kenntnis unserer Termini wird aber hier in keinem Falle vorausgesetzt. Ganz im Gegenteil. Für den Benutzer ist es wichtig zu wissen, dass es keinen Systembegriff gibt, den er nicht erläutert, erklärt oder präzise definiert vorfände. Ein Mausklick dazu genügt (rechte Maustaste!), um die verwendete Bedeutung abzufragen. Doch nicht allein die Modellbegriffe sollten präzise kommunizierbar sein. Jeder Wissenschaftszweig hat seine Weise sich auszudrücken. Dabei entstehen sprachliche Marken, die den Uneingeführten als fremde Wörter aufhalten, ja abstoßen können. Da diesen zu Fachausdrücken gewordenen Benennungen oftmals nicht ohne Not ausgewichen werden konnte, wurde für diejenigen Termini, die wir als Fachbegriffe oder Fremdwörter erkannten (Studierende kontrollierten dies!), ein umfassendes Nachschlagewerk angelegt. Wir teilten dieses jedoch in *zwei Wortregister* (⊘ F12: Glossar): in ein Stichwortverzeichnis für die Systembegriffe und in ein Glossar für alle jene Ausdrücke, zu deren Aufklärung der Benutzer vielleicht ein Wörterbuch benötigt hätte. Wer sich überdies eigens für diese beiden Wortlisten interessiert, der kann sie auch direkt aufrufen.

2 Inhalte

2.1 Zum Blättern: Kommentiertes Inhaltsverzeichnis der CD-ROM (F12: Startmenue; vgl. auch F12: Zurechtfinden)

Die Konzeption des Systemmodells

„Die Konzeption des Systemmodells" soll Ihnen eine Orientierung über das auf der CD-ROM vorgestellte Systemmodell verschaffen. Sie erfahren hier, welche *Ziele* angestrebt sind, auf welchen *theoretischen* Vorstellungen das Modell gründet und was das Modell Ihnen *bietet*. Des weiteren erhalten Sie hier einen ersten Überblick über den *Aufbau* des Modells und über seine möglichen *Einsatzbereiche*.

	Ziele	(✐ F12: Ziele)
	Theoretische Grundlegung	(✐ F12: Grundlagen)
	Leistungen	(✐ F12: Leistungen)
	Aufbau	(✐ F12: Aufbau)
	Einsatzbereiche	(✐ F12: Einsatzbereich)

	Ziele	(✐ F12: Ziele)

Sie erfahren die Ziele, die mit dem Systemmodell verfolgt werden.

	Theoretische Grundlegung	(✐ F12: Grundlagen)

Das Modell wurde entwickelt auf dem Hintergrund einer
- **pädagogischen Grundannahme** (Vier Werteklassen; die Werte), einer
- **kommunikationstheoretischen Grundannahme** (Vier Aspekte einer Kommunikation; Basiswerte; Modellbegründung; Gegenstandssicherung; Generierung von Wirklichkeiten; Matrix der Begriffe) und einem

- **ökologisch-systemischen Wissenschaftsverständnis** [Systemanalytisch denken; genetisch denken; Beschränkung; die Kommunikation der lehrenden Position; Anschlussfähigkeit (Wissenschaftsverständnis – Wirklichkeitsverständnis; Beobachtung – Beobachter; Didaktikverständnis – Kommunikation). Annahmen; Bauprinzipien (Generierung von Wirklichkeit; Modulprinzip; Einstellungswechsel; Mehrperspektivität; Selbstreferenz; Momenthaftigkeit)].

| Leistungen | (⚲ F12: Leistungen) |

- **Was dieses Systemmodell bietet** (Begriffsinventar zu einer Basisdokumentation des Lehrerhandelns im Unterricht; Konzeptionelle Suchfragen; gestufte Einsetzbarkeit; Aktualisierbarkeit durch das Modulprinzip; Konzeptionsbezogene Kriterien; unterrichtspraktische Gestaltungshinweise und Beratungsvorschläge; Offenheit für Neues, Offenheit für Subjektivität. Unterschiedliche Weisen der Protokollierung).
- **Was dieses Modell nicht bietet** (Doppelung der Wirklichkeit; Phänomenale Bestimmtheiten und semantische Eindeutigkeiten; Selbstbeschreibungen und Reflexionen der Unterrichtenden).

| Aufbau | (⚲ F12: Aufbau) |

Gestuftes Modell; Analyseebenen; dimensionaler Zugriff; Vokabular.

| Einsatzbereiche | (⚲ F12: Einsatzbereich) |

- **Einsatz in der Praxis** (⚲ F12: EinsatzPraxis)
- **Einsatz in der Forschung** (⚲ F12: EinsatzTheorie)

Das Systemmodell

„Das Systemmodell" umfasst das Kernstück der CD-ROM. Hier wird das Modell zum Lehrerhandeln im Unterricht vorgestellt – zunächst beschreibend in einem *Einführungskurs*, dann in einer *Arbeitsversion*, die über das Systemmodell selbst, seine Protokollierweisen und Interpretationsmöglichkeiten informiert.

Zum Kennenlernen: Einführungskurs

Zum Arbeiten: Unterricht beobachten, beschreiben, deuten und gestalten

Zum Kennenlernen: Einführungskurs

Das auf der CD vorgestellte Systemmodell zum „Lehrerhandeln im Unterricht" erscheint auf den ersten Blick als durchaus komplex. Wer einige Erfahrung im Umgang mit Hypertext-Strukturen und pädagogisch-psychologischen Sichtweisen auf Unterricht hat, mag sich eventuell autodidaktisch durch das Systemmodell bewegen. Unvorbereitete Benutzer hingegen könnten mit der Strategie des ungezielten Ausprobierens überfordert sein. Um das Systemmodell, das in seinen Grundzügen wirklich sehr einfach aufgebaut ist, leicht zugänglich zu machen und den Benutzer möglichst schnell in den Stand zu setzen, mit dem Modell umgehen zu können, werden kurze gesprochene und bebilderte Sequenzen in Form eines Einführungskurses geboten. Diese Einführung bezieht sich auf den *Problemhorizont*, vor dem das Systemmodell entwickelt wurde, um sich dann auf das Modell selbst und seine *Struktur* zu konzentrieren. Einzelne theoretische Fragestellungen werden im Zusammenhang der strukturellen Eigenheiten des Modells auch durch Verweisungen abgehandelt.

Einführung in den Problemhorizont   (✑ F12: Einf1)

Ermittlung didaktisch bedeutsamer Strukturen.

Die Struktur des Systemmodells im Überblick (✐ F12: Einf2)

Ebene der Konstrukte

Ebene der begrifflichen Schemata

Ebene der Performanz

Zum Arbeiten: Unterricht beobachten, beschreiben, deuten und gestalten

Wer sich mit dem Systemmodell zum Lehrerhandeln im Unterricht befassen will, ist bei „Sich informieren" an der richtigen Adresse. Dort wird das eigentliche Systemmodell grafisch, mit zahlreichen Links und zugehörigen Definitionen und Erläuterungen dargestellt. Mit ihm kann Unterricht beobachtet, protokolliert und interpretiert werden.

Nähere Informationen zu Weisen des Protokollierens und Interpretierens finden Sie unter „Beobachtungen protokollieren" und „Befunde interpretieren".

Sich informieren   (✐ F12: Systemmodell)

Beobachtungen protokollieren   (✐ F12: Protokollieren)

Befunde interpretieren   (✐ F12: Interpretation)

Sich informieren   (✐ F12: Systemmodell)

Hier finden Sie Übersichten und Einzeldarstellungen des Systemmodells. Im Protokollmodus können Sie außerdem Ihre Beobachtungen eingeben, speichern und einer Interpretation z.B. nach didaktischen Prinzipien zugänglich machen.

Das Modell gliedert sich in drei Ebenen der Betrachtung und deren Ausdifferenzierungen:

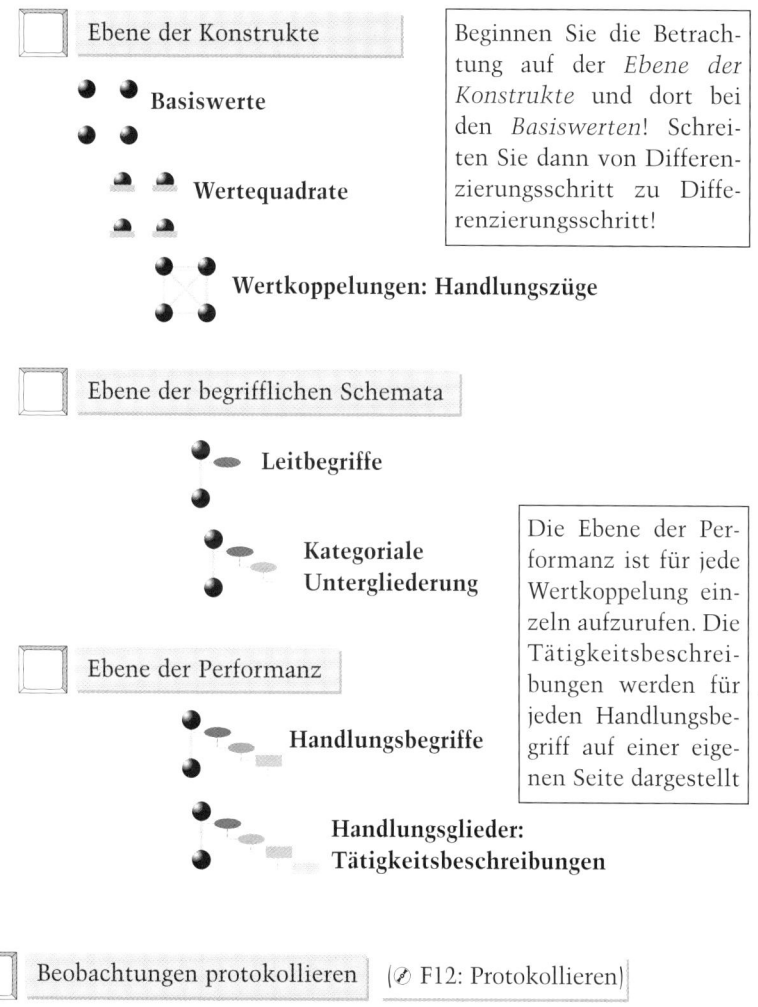

Ebene der Konstrukte

Basiswerte

Wertequadrate

Beginnen Sie die Betrachtung auf der *Ebene der Konstrukte* und dort bei den *Basiswerten*! Schreiten Sie dann von Differenzierungsschritt zu Differenzierungsschritt!

Wertkoppelungen: Handlungszüge

Ebene der begrifflichen Schemata

Leitbegriffe

Kategoriale Untergliederung

Ebene der Performanz

Handlungsbegriffe

Die Ebene der Performanz ist für jede Wertkoppelung einzeln aufzurufen. Die Tätigkeitsbeschreibungen werden für jeden Handlungsbegriff auf einer eigenen Seite dargestellt

Handlungsglieder: Tätigkeitsbeschreibungen

Beobachtungen protokollieren   (✐ F12: Protokollieren)

Unterstützt durch Sprechtexte werden Sie in diesem Kapitel über Fragen des Protokollierens mit dem Systemmodell informiert. Dazu finden Sie zunächst *Orientierungshilfen*, d.h. insbesondere Regeln und allgemeine Arbeitshinweise. Anschließend werden Sie in das *interessengeleitete Protokollieren* mit den dabei geltenden Prinzipien eingeführt. Wer diese beiden ersten Kapitel beachtet, verfügt über ein grundlegendes Handwerkszeug, um seine Unterrichtsbeobachtungen mit dem Systemmodell zu notieren.

Die nachfolgenden Kapitel befassen sich mit verschiedenen Beobachtungshinsichten und Beobachtungszwecken. Sie erfahren, wie Sie nach *Strukturmerkmalen*, nach *Prozessmerkmalen*, nach *didaktischen Funktionsbereichen* und zu *speziellen Beratungszwecken* protokollieren können.
Wenn Sie lieber auf Papier statt am PC protokollieren wollen, können Sie
sich entsprechende *Formulare* ausdrucken (vgl. dazu ▭ S. 77 f.).

☐ **Zuerst: Orientieren Sie sich!**   (✐ F12: POrient)

Wer mit dem Systemmodell protokollieren möchte, sollte einige
grundlegende Hinweise beachten. Diese werden hier im Sinne von
Orientierungshilfen vorgestellt.

➤ **Die Aufgabe: Reduktion der Fülle**   (✐ F12: P1a1a)

➤ **Allgemeine Arbeitsregeln zum Protokollieren**   (✐ F12: P1b)

➤ **Spezielle Arbeitshinweise für das Protokollieren
nach Videoaufzeichnungen mit Hilfe der
CD-ROM**   (✐ F12: P1c)

➤ **Spezielle Arbeitshinweise für das Protokollieren
im Klassenzimmer mit Papier und Bleistift**   (✐ F12: P1d)

☐ **Möglichkeiten des interessen-
geleiteten Protokollierens**   (✐ F12: PMögl)

Das interessengeleitete Protokollieren dient dazu, Ihnen zu ermöglichen, die eigenen Protokollierinteressen zu verfolgen. Dabei sind
insbesondere die Prinzipien des selbstgesteuerten Protokollierens zu
beachten. Die Kennzeichnung eines Gesamteindrucks verdient in
diesem Zusammenhang ebenso besondere Aufmerksamkeit wie die
Identifizierung von Phänomenen.

➤ **Warum interessengeleitetes Protokollieren?**   (✐ F12: P2a)

➤ **Prinzipien des selbstgesteuerten Protokollierens**   (✐ F12: P2b)
(Selbst bestimmte Verarbeitungstiefe; Ökonomie
des Arbeitsaufwandes: Wahl einer Routine vs.
Forschungsinteresse; Modus der Gegenstandsan-
näherung: Deduktive vs. induktive Strategien;
Verfügbarkeit über die Begriffe: Gebundenes
vs. semigebundenes Vorgehen)

➤ **Einen Gesamteindruck kennzeichnen**   (✐ F12: P2b10)

➤ **Phänomene identifizieren**   (✐ F12: P2b11)

Protokollieren nach Strukturmerkmalen   (✐ F12: PStruk)

Das Protokollieren nach Strukturmerkmalen meint das Protokollieren nach denjenigen Kriterien des Systemmodells, die geeignet sind, strukturelle Eigenheiten des unterrichtlichen Geschehens sichtbar zu machen. Dieses Kapitel bietet Ihnen zu den verschiedenen Hinsichten jeweils eine Einführung (E), die über theoretische Bezüge orientiert, eine Anleitung (A), in der Sie in die Technik des Protokollierens nach der gewählten Hinsicht eingeführt werden, und schließlich Links zu den entsprechenden Gelegenheiten des Protokollierens (Durchführung: D).

➤ **Grundstufe: Basiswerte** *(E, A, D)*   (✐ F12: P3a1)

➤ **Differenzierungsstufen**

   1. Wertkoppelungen: Handlungszüge *(E, A, D)*   (✐ F12: P3b1)

   2. Leitbegriffe *(E, A, D)*   (✐ F12: P3c1)

   3. Kategoriale Untergliederungen *(E, A, D)*   (✐ F12: P3d1)

   4. Handlungsbegriffe *(E, A, D)*   (✐ F12: P3e1)

   5. Handlungsglieder/Tätigkeitsbeschreibungen   (✐ F12: P3f)
   (E, A, D)

Protokollieren nach Prozessmerkmalen   (✐ F12: PProzess)

Das Protokollieren nach Prozessmerkmalen ist zur Zeit für das Systemmodell im Bereich der Wertequadrate mit *Einführung, Anleitung* und *Durchführung* ausgearbeitet.

➤ **Die Basiswerte nach ihren Wertentwicklungstendenzen**
   (Einführung, Anleitung, Durchführung)   (✐ F12: P4b1)

Protokollieren nach didaktischen Funktionsbereichen   (✐ F12: PFunktion)

Das auf der CD-ROM vorgestellte Systemmodell bezweckt, eine Fachsprache für die Beschreibung des Lehrerhandelns im Unterricht zu etablieren. Um diese Fachsprache einem didaktisch Geschulten leichter zugänglich zu machen, wird hier das Protokollieren nach didaktischen Funktionsbereichen mit Hilfe des Systemmodells beschrieben. In *Einführung* und *Anleitung* geht es darum, Wege von außerhalb (aus dem didaktischen Umfeld heraus) auf das Systemmodell hin aufzuzeigen.

> **Unterricht nach didaktischen Funktionsbereichen**   (✐ F12: P5a1)
> **erschließen**
> *(Einführung:* Vorwärtsstrategie, *Anleitung)*
> **Anregungen zur Gestaltung einer bestimmten**   (✐ F12: P5b1)
> **didaktischen Funktion**
> *(Einführung:* Anregungen, *Anleitung)*
> **Alternative Handlungsmöglichkeiten für eine**   (✐ F12: P5c1)
> **bestimmte didaktische Funktion**
> *(Einführung, Anleitung)*

 Protokollieren zu speziellen Beratungs-   (✐ F12: PBeratung)
zwecken

Gerade in der Lehrerausbildung geht es um die Beantwortung konkreter Fragen zu mehr oder weniger gelungenen Unterrichtssituationen. Je nach Beratungszweck werden *Anregungen zur Gestaltung eines bestimmten didaktischen Prinzips* gesucht, sollen *eigene didaktische Fragestellungen in der Sprache des Systemmodells* auf ihre Tiefenstrukturen untersucht oder problematische Unterrichtssituationen nach ihren *Ressourcen* analysiert werden. Stereotypien im Lehrerhandeln können aufgedeckt und mittels Strategien zur *Prozessmuster-Unterbrechung* flexibilisiert, in Gang gesetzt, in Schwung gebracht werden.

> **Anregungen zur Gestaltung eines bestimmten**   (✐ F12: P6a1)
> **didaktischen Prinzips** (Anschaulichkeit; Bekräftigungsverhalten; Instruktionsarrangierte Gelegenheiten zur aktiven Mitarbeit; Lebensnähe; Lehren zu lernen, Selbstständigkeit; Synthese: *Einführung, Anleitung*).
> **Eigene didaktische Fragestellungen system-**   (✐ F12: P6b1)
> **modellorientiert analysieren** (*Einführung, Anleitung, Beispielsammlung* vermischter didaktischer Fragestellungen: Vorbemerkungen, Fragen zur Klassenführung, Fragen zum Instruktionsverhalten).
> **Problematische Unterrichtssituationen ressourcen-** (✐ F12: P6c1)
> **orientiert analysieren** *(Einführung, Anleitung).*
> **Ansätze zur Verhaltensformung mittels Prozess-** (✐ F12: P6d1)
> **muster-Unterbrechung**
> *(Einführung, Anleitung, Fragen, Hinweise).*

Protokollieren mit Papier und Bleistift: (✐ F12: PPapier)
FORMULARE

Wenn Sie die sinnliche Qualität des Protokollbogens mehr schätzen
als die digital dargebotene Form des Programms, können sie sich hier
für unterschiedliche Beobachtungsgelegenheiten entsprechende Formulare ausdrucken.

➤ **Zur Grobanalyse: Basiswerte u.** (✐ F12: PPapier1 o. 2)
   Prozessmerkmale
➤ **Zur differenzierten Analyse: Handlungsbegriffe** (✐ F12: PPapier2)
➤ **Zur Feinanalyse: Tätigkeitsbeschreibungen** (✐ F12: PPapier4)

Befunde interpretieren (✐ F12: Interpretation)

Das Interpretieren der Befunde ist eng an die Protokollierweisen gekop-
pelt, denn die Art, wie Sie protokollieren, beeinflusst die Interpretations-
spielräume. Unterstützt durch Sprechtexte wird Ihnen in diesem Kapitel
zunächst unser Grundverständnis des Interpretierens dargelegt, bevor es
um die verschiedenen, z.t. rechnergestützten Interpretationsmöglichkeiten im Einzelnen geht. Sie finden jeweils einführende und anleitende
Texte, die Sie in den Stand setzen sollen, entsprechende Interpretationen
vornehmen zu können.

Interpretieren – was geht da vor sich? (✐ F12: Wasgeht)

Sie erhalten eine kurze Einführung in Strukturen des Interpretierens.
Stichwörter: Aussagegehalt von Protokolldaten; Unvollständigkeit
von Protokolldaten; Strukturen des Bewertungsprozesses; Schema-
tisierte Ansichten; Ordnungsleistungen: Strukturanalyse – Prozess-
analyse.

Befunde beschreibend nachvollziehen (✐ F12: Nachvollz)

Bei dieser Interpretationsweise geht es um die Verwendung der Systembegriffe im Unterricht. Deren Ort im Systemmodell wird als
Gliederungshilfe aufgefasst, umrahmt die Auslegungsspielräume,
deckt Werthaltungen und Erwartungen auf. Auch vorgegebene „sche-
matisierte Ansichten", die Gewichtung von Einzelaussagen und die
Auffassung von Wirklichkeitsbeziehungen werden hier angesprochen. Spontane Beeindruckung wird den Ergebnissen einer theoretischen Analyse gegenübergestellt.

| Befunde kombinatorisch durchdringen | (✐ F12: Durchdringen)

Die erhobenen Befunde können nach verschiedenen Fragestellungen sortiert werden: nach den eingearbeiteten didaktischen Prinzipien und nach den Kommunikationsorientierungen innerhalb des Systemmodells. In einer späteren Auflage soll dies rechnergestützt funktionieren.

➤ **Ordnen der Befunde nach der Verwirkli-** (✐ F12: DidakPrinzip)
chung bestimmter didaktischer Prinzipien
(Ausgewählte didaktische Prinzipien im
Spiegel des Systemmodells; Vergleich
zwischen dem Gegebenen und dem Möglichen, Vergleich der gegebenen Verwirklichungen untereinander; Profilbildungen
(geplant).

➤ **Ordnen der Befunde nach Kommunika-** (✐ F12: Kommunikation)
tionsorientierungen *(Einführung:* Be-
stimmung der kommunikationsdidak-
tischen Eigenart von Unterricht, *Anleitung)*.

| Befunde theoretisch explizieren | (✐ F12: Theorie)

Wer seine Befunde einer theoretischen Betrachtung unterziehen möchte, wird hier in Einführung und Anleitung entsprechend vorbereitet. *(Einführung:* Verstehen = Theoriebezug aufzeigen; Verweisungszusammenhänge für eigene Fragestellungen herstellen; Induktives Vorgehen – deduktives Vorgehen. *Anleitung. Beispiele:* Beispielsammlung für eigene didaktische Fragestellungen und deren Verarbeitung im Systemmodell.)

| Hypothesen prüfen | (✐ F12: Hypo)

Die Begriffe des Systemmodells repräsentieren Beobachtungsgesichtspunkte. Sie können als Hypothesen aufgefasst und mit Hilfe der erhobenen Befunde überprüft werden *(Einführung, Anleitung)*.

| Befunde nach postulierten Gütekriterien beurteilen | (✐ F12: Güte)

Welcher Lehrplan wird verfolgt? Ein heimlicher, ein offener? Sie erfahren hier unsere Postulate und werden angeregt, Erwartungen zu formulieren. Reflexion ist das zentrale Desiderat. *(Einführung, Anleitung)*

2.2 Wie beginnen? Der sichere Weg –
der angeleitete Weg auf der CD-ROM

Die Handanweisungen zum zielgerichteten Blättern
Eine themenorientierte Übersicht für den *Praktiker* finden Sie im Startmenü auf der Seite „Handanweisungen zum zielbestimmten Blättern"
(⊘ F12: Zurechtfinden). Von dort aus haben Sie direkten Zugriff zu den
angegebenen Sachverhalten. Die nebenstehende Abbildung zeigt Ihnen
hier schon, welche Themen Sie von dort aus unmittelbar erreichen.

Der Kurs zur Einführung
Zur ersten handfesten Einführung in das Beobachtungsmodell empfehlen
wir den „angeleiteten Weg" im *Kurs zur Einführung*, denn wir denken,
dass sich die Konzeption unseres Beobachtungsmodells so am leichtesten
erschließt (⊘ Startmenü: Das Systemmodell…: Ein Einführungskurs;
auch ⊘ F12: Einf1; Einf2).
Dort entfalten wir in aller Ausführlichkeit den Gedankengang, der uns
beim Aufbau des Systemmodells geleitet hat. Wirklich Schritt für Schritt
wollen wir darin den Benutzer in das Begriffsgefüge, das unser Modell
kennzeichnet, einführen. Allerdings wird der Benutzer nur so weit an die
Hand genommen, dass er exemplarisch mit den Generierungsprinzipien,
die uns leiteten, vertraut gemacht wird. Dieses eine Beispiel (⊘ F12:
Einf2) ist jedoch vollständig ausgearbeitet. Es zeigt in dem *einen* vorgestellten Falle, wie wir in *allen* Fällen zu unseren Unterscheidungen und
Benennungen gekommen sind.

Das ganze Modell findet der Benutzer dann in den Graphiken, die wir unter „Das Systemmodell …: Zum Arbeiten: Unterricht beobachten, beschreiben, deuten und gestalten" (⊘ F12: Informieren) anbieten. In Sprechtexten erlauben wir uns im Einführungskurs (und auch an anderen Orten)
auf der CD-ROM, den Benutzer unmittelbar anzusprechen. Mehr noch, der
Einführungskurs enthält immer wieder Stationen, die dem Benutzer Gelegenheit zur Rückversicherung geben wollen, sei es durch Wiederholungen
des Vernommenen, sei es durch die angebotene Gelegenheit, das Vorgestellte mit dem eigenen Wissen zu konfrontieren, oder sei es durch die
Möglichkeit zu Vertiefungen. Insofern ist hier schon ein Stück unserer in-
teraktiven Absichten verwirklicht.

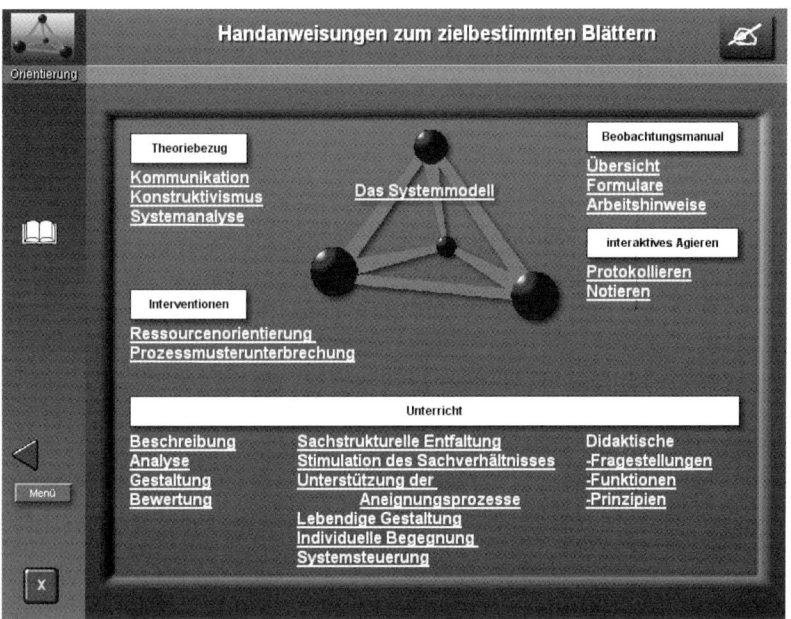

Abb. 18: Handanweisungen zum zielbestimmten Blättern
(⌀ F12: Zurechtfinden)

2.3 Beobachtungsmanuale: Hier die Formulare

Gestaltung der Manuale

Zur Praktikabilität haben wir uns ausführlich Gedanken gemacht. Wichtig waren uns dabei unter anderen folgende Ansprüche:

- Die Organisation der Manuale sollte einen **interessengesteuerten Gebrauch** gewährleisten. Dazu gehört die Möglichkeit, das Beobachtungssystem gestuft und thematisch spezifiziert einzusetzen. Der Benutzer selbst soll den *Beobachtungsbereich* und die *Verarbeitungstiefe* seiner Beobachtungsabsichten bestimmen können. Dafür werden ihm drei Ebenen mit unterschiedlicher Erfassungsschärfe und verschiedenen Detaillierungsangeboten zur Verfügung gestellt (siehe dazu die Protokollformulare ⌨, S. 132 ff.; auch ⊘ F12: PPapier).

- Soweit irgend möglich, soll dem Benutzer **Interaktivität** mit dem System angeboten werden. Wir wollten ihn nicht nur mit einem *gebrauchsfertigen Manual* ausstatten, sondern ihn auch in die Lage versetzen, stringent konzeptionell geführte, jedoch von *eigenen* methodisch-didaktischen oder pädagogisch-psychologischen Interessen gesteuerte Wirklichkeiten selbst zu generieren. Unser Analysesystem ermöglicht in der Tat, „naive" Suchfragen an unsere modellgeführte Beobachtung des Lehrerhandelns im Unterricht zu richten (vgl. ⌨ Kap. „Eigene didaktische Fragestellungen systemmodellorientiert planen", S. 208–228; auch ⊘ F12: P6b1; P6b2 und folgende) und sich daraus konzeptionell formulierte Antworten zu holen.

Fazit: Unser erstes Ziel war es, die Beschreibung des Lehrerhandelns im Unterricht *konzeptionell* neu zu fassen. Dabei ging es vor allem darum, die Funktions- und Bereichsspezifität der einschlägigen psychologischen Basistheorien für unterrichtliches Handeln aus einem Gesamtkonzept zu verstehen. Daraus war dann als zweites Ziel ein *mehrperspektivisches Beschreibungsinstrument* zu entwickeln, worin die Unterrichtsschritte seitens der Unterrichtenden unmittelbar theoriebezogen angesprochen werden können.

Lehrerhandeln im Unterricht

Protokollformular zur Grobanalyse:
Kennzeichnung nach Basiswerten und Prozessmerkmalen

(Kurzfassung für eine teilnehmende Beobachtung)

Klasse: _____   Schule: _____

1.2.3.4.5.6.7.8. Unterrichtsstunde   Fach: _____

Thema: _____

Unterricht durchgeführt von: _____

Unterricht protokolliert von: _____   Datum: _____

Hinweise zur Benutzung des Formulars:
Die Verwendung dieses Protokollformulars setzt voraus, dass Sie sich mit dem Systemmodell „Lehrerhandeln im Unterricht" genügend vertraut gemacht haben! Hinweise zum Protokollieren finden Sie auf der CD ✐ F12: Protokollieren und 📖 S. 76 ff.

Wir empfehlen eine Doppelstrategie zur Kennzeichnung des Lehrerhandelns:

→ Während des Unterrichts ankreuzen, soweit die Gelegenheit dazu gegeben ist und sich Ihr Urteil bereits gefestigt hat.
→ Unmittelbar nach der Unterrichtsbeobachtung mit dem ergänzen, was der Erinnerung noch verfügbar erscheint.

Ebenso sinnvoll kann es aber auch sein, in altgewohnter Weise Beobachtungen frei zu notieren und diese im Anschluss an die Unterrichtsbeobachtung anhand des Formulars in die Beschreibungskategorien des Systemmodells zu transformieren.

Kreuzen Sie das Zutreffende an!

Gesamteindruck: Dynamik und Verlauf

Kompetenz		*Klarheit*	
❏ Wissen	❏ Können	❏ Elementari-sierung	❏ Differen-zierung
❏ Theoreti-sieren	❏ Machen	❏ Simplifi-zierung	❏ Fragmen-tierung

Gesamtheitliche Einstufung*:

–	=	+	–	=	+

Freier Kommentar zu:

Themaorientierung	Wirkungsorientierung

---

* 👎👎 zu wenig ausgeprägt, ✌ angemessen, 👍👍 zu sehr ausgeprägt; – (im Verlauf des Unterrichts) absteigend, weniger werdend, = gleichbleibend, + ansteigend, mehr werdend

Gesamteindruck: Dynamik und Verlauf

Vertrauen	
❏ Offenheit	❏ Festigkeit
❏ Beliebig-keit	❏ Unzugäng-lichkeit

Lebendigkeit	
❏ Spontanei-tät	❏ Kontrol-liertheit
❏ Reizbarkeit	❏ Starrheit

Gesamtheitliche Einstufung*:

👎👎	✌	👍👍
–	=	+

👎👎	✌	👍👍
–	=	+

Freier Kommentar zu:

Personorientierung	Selbstverfasstheit

---

* 👎👎 zu wenig ausgeprägt, ✌ angemessen, 👍👍 zu sehr ausgeprägt; – (im Verlauf des Unterrichts) absteigend, weniger werdend, = gleichbleibend, + ansteigend, mehr werdend

Lehrerhandeln im Unterricht

Protokollformular zur differenzierten Analyse:
Kennzeichnung nach Handlungsbegriffen

(Kurzfassung für eine teilnehmende Beobachtung)

Klasse: _____ Schule: _____

1.2.3.4.5.6.7.8. Unterrichtsstunde Fach: _____

Thema: _____

Unterricht durchgeführt von: _____

Unterricht protokolliert von: _____ Datum: _____

Hinweise zur Benutzung des Formulars:
Die Verwendung dieses Protokollformulars setzt voraus, dass Sie sich mit dem Systemmodell „Lehrerhandeln im Unterricht" genügend vertraut gemacht haben! Hinweise zum Protokollieren finden Sie auf der CD ✐ F12: Protokollieren und 📖 S. 76 ff.

Wir empfehlen eine Doppelstrategie zur Kennzeichnung des Lehrerhandelns:

→ Während des Unterrichts ankreuzen, soweit die Gelegenheit dazu gegeben ist und sich Ihr Urteil bereits gefestigt hat.
→ Unmittelbar nach der Unterrichtsbeobachtung mit dem ergänzen, was der Erinnerung noch verfügbar erscheint.

Ebenso sinnvoll kann es aber auch sein, in altgewohnter Weise Beobachtungen frei zu notieren und diese im Anschluss an die Unterrichtsbeobachtung anhand des Formulars in die Beschreibungskategorien des Systemmodells zu transformieren.

Kreuzen Sie das Zutreffende an!

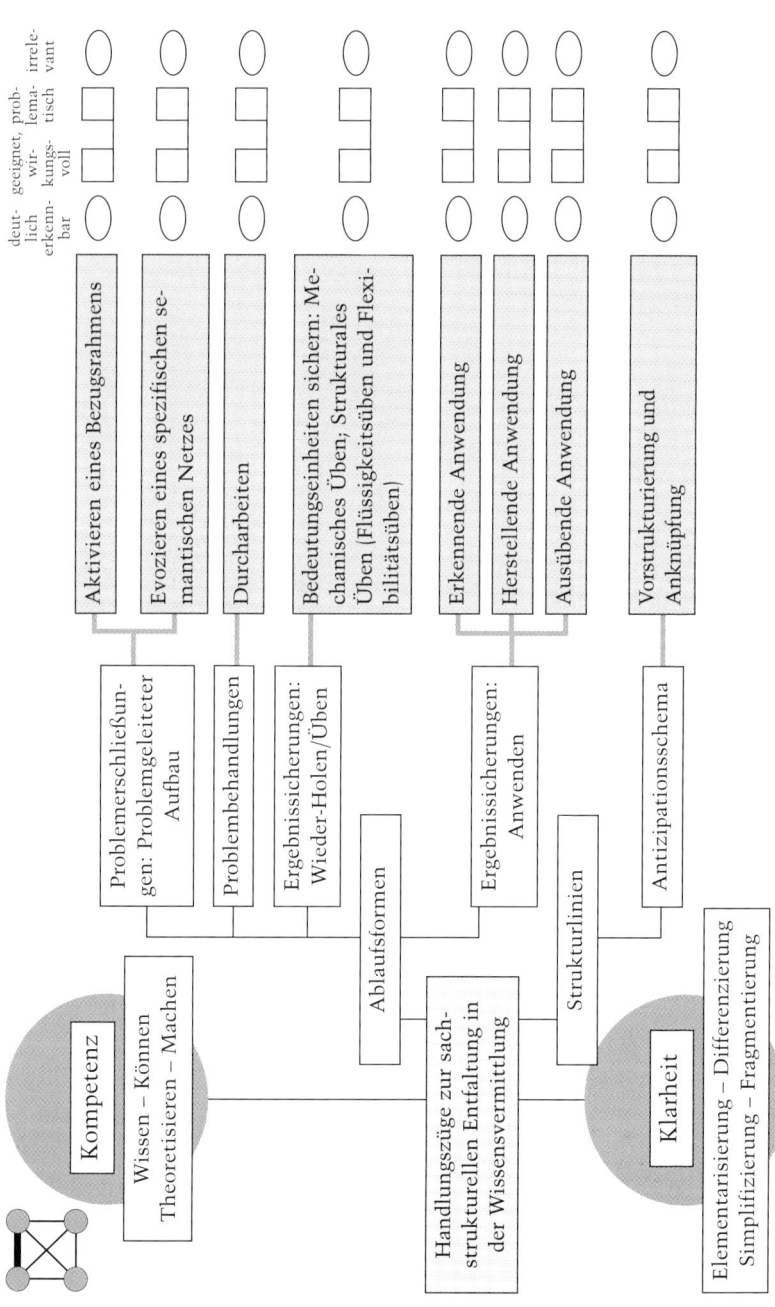

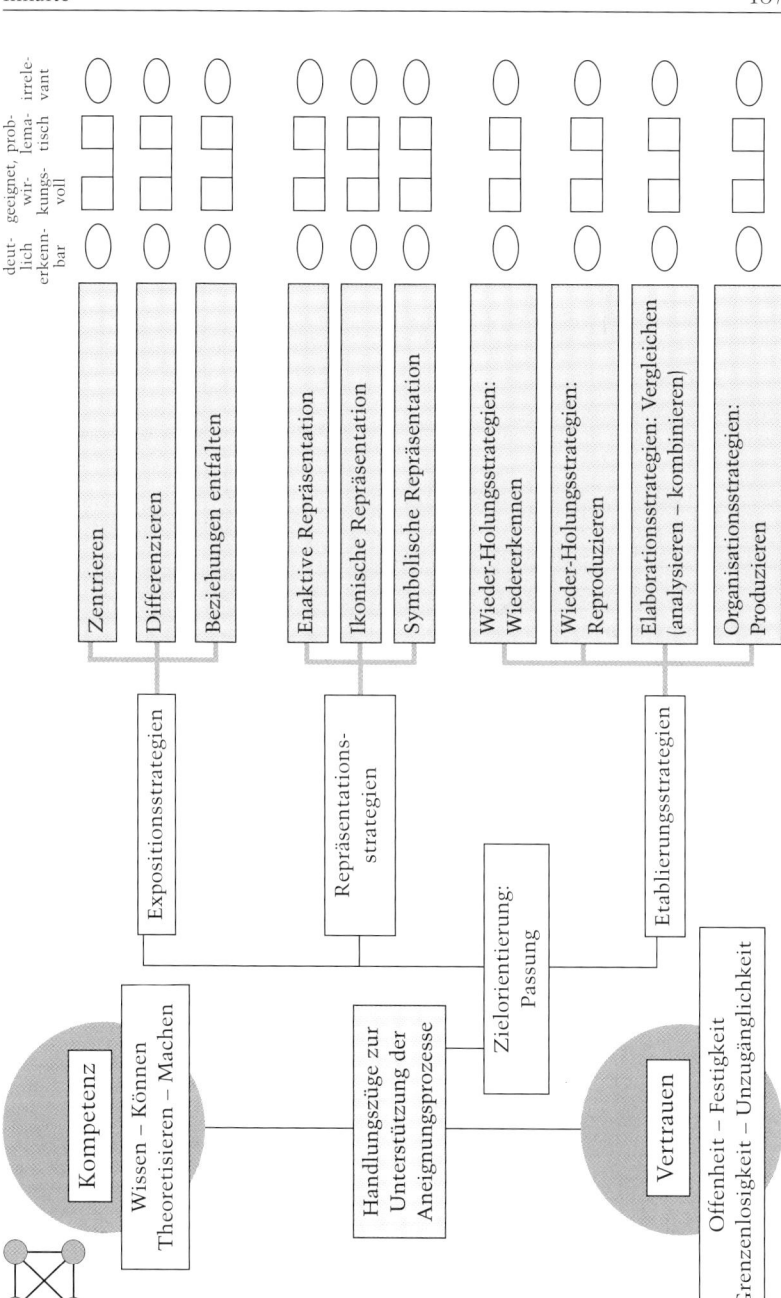

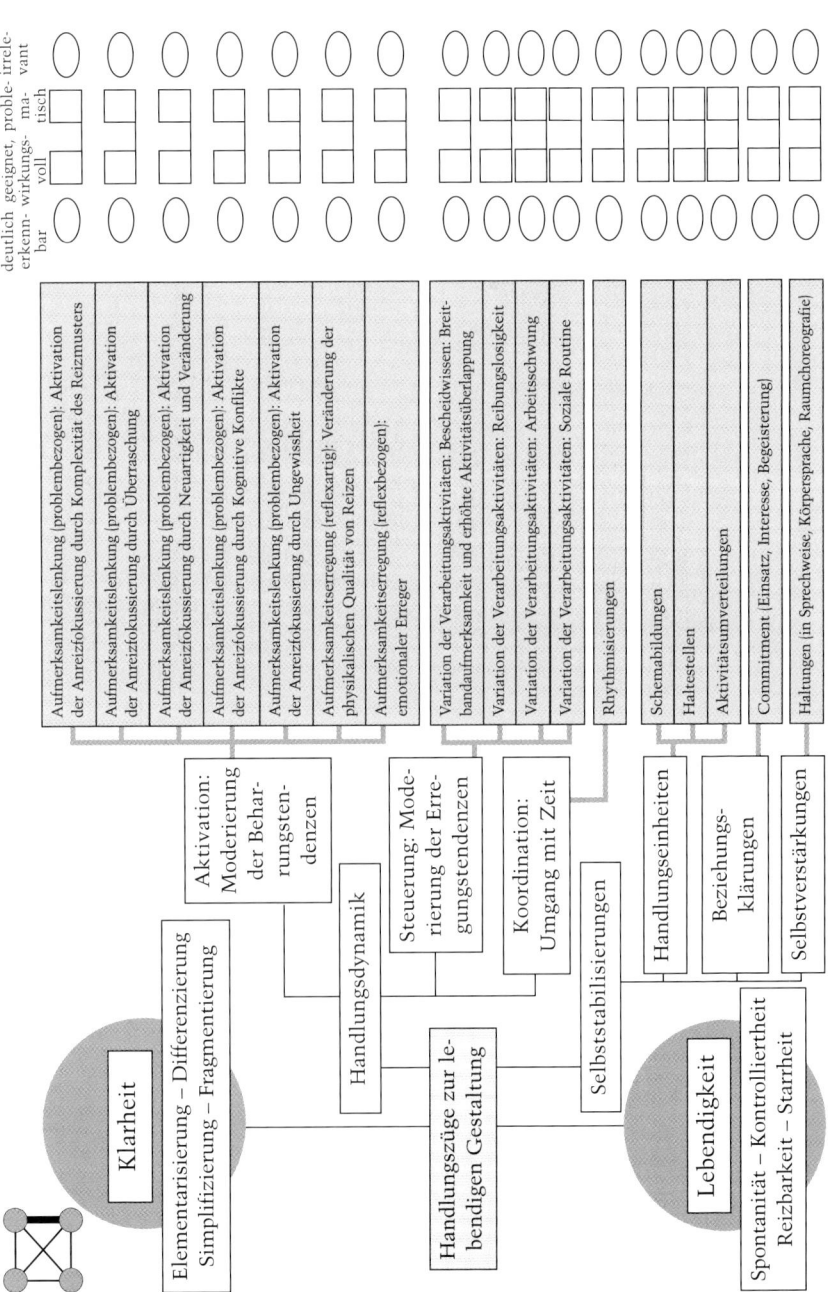

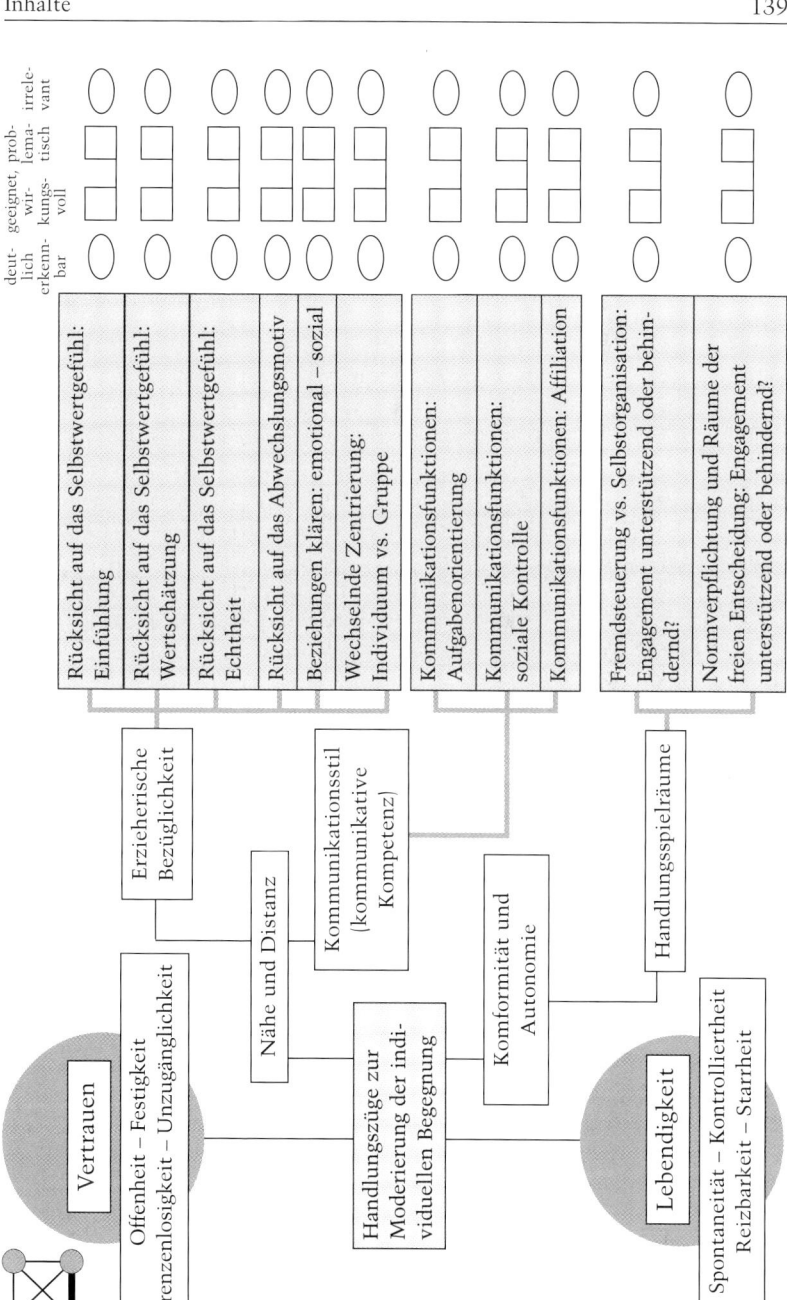

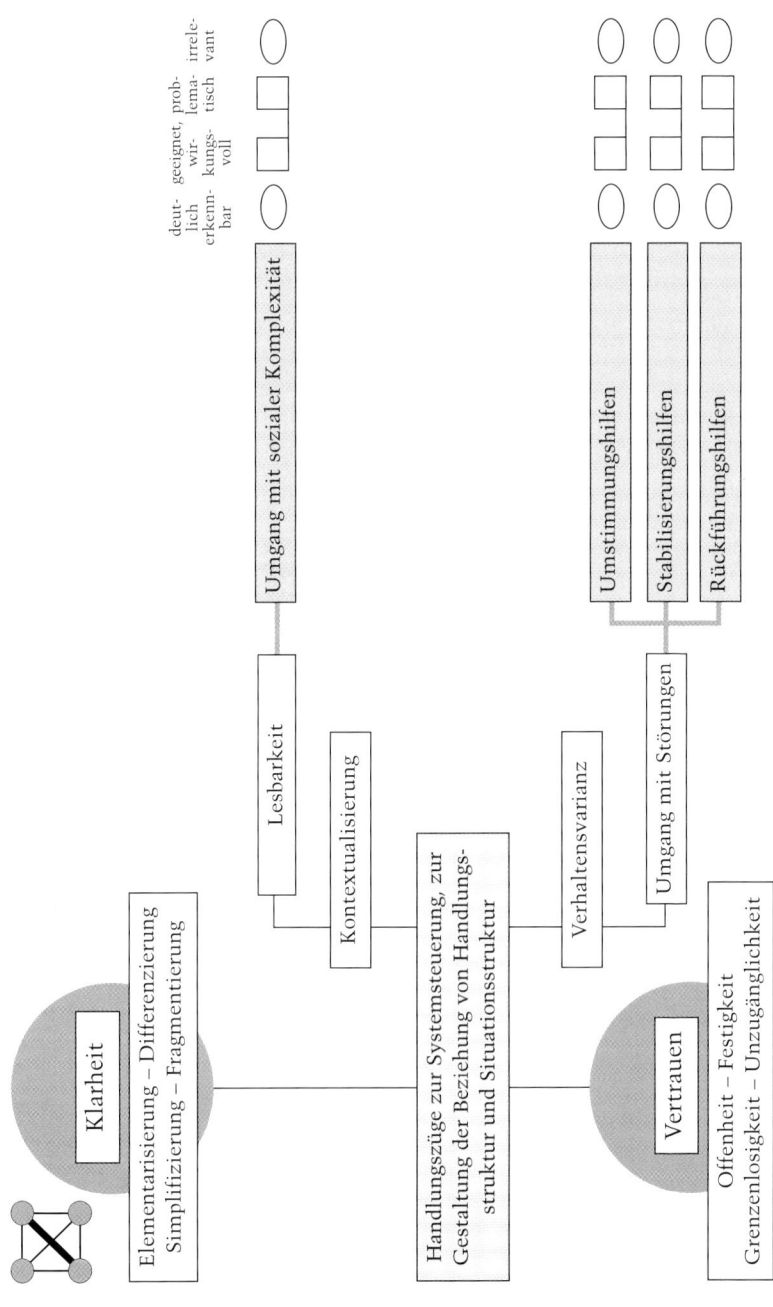

Column headers (rating scale): deutlich erkennbar | geeignet, wirkungsvoll | problematisch | irrelevant

Kompetenz
Wissen – Können – Theoretisieren – Machen

- Materiale Repräsentation (Verarbeitungstiefe, Veranschaulichung)
  → Anregungszentrierung der Arbeitsmittel nach Aufforderungscharakter (senso-motorisch vs. problemzentriert) und Ich-Funktion (selbsterzeugt vs. vermittelt)

- Figurale Repräsentation (Vorstellungsbilder wecken)
  → Steuerung der verbalen und nonverbalen Wissenspräsentation nach Prozessgestaltungsmerkalen (monoton vs. bewegt) und Modi der Teilhabe (monologisch vs. dialogisch)

- Aktivation der Begebnisart: Modi der Vergegenwärtigung (Unterrichtsmittel)

- Funktionsziel: Individualisierung
  → Tätigkeit
  → Selbstregulation

Handlungszüge zur Stimulation des Sachverhältnisses

- Aktivierungsmuster zur Mannigfaltigkeitserhöhung (Unterrichtsmaßnahmen)

- Vermittelnde kognitive Prozesse: Richtungssinn der Gedankenführung
  → Reduktion von kognitiver Komplexität
  → Induktion von Dimensionalitäten

- Vermittelnde soziale Arrangements: Anregungszentrierungen der Aktionsarten
  → Kompetenzorientierung
  → Austauschorientierung
  → Selbstorientierung

Lebendigkeit
Spontaneität – Kontrolliertheit – Reizbarkeit – Starrheit

Lehrerhandeln im Unterricht

Protokollformular zur Feinanalyse:
Kennzeichnung nach Tätigkeitsbeschreibungen

(Nach Videoaufzeichnung)

Klasse: _____   Schule: _____

1.2.3.4.5.6.7.8. Unterrichtsstunde   Fach: _____

Thema: _____

Unterricht durchgeführt von: _____

Unterricht protokolliert von: _____   Datum: _____

Hinweise zur Benutzung des Formulars:
Die Verwendung dieses Protokollformulars setzt voraus, dass Sie sich mit dem Systemmodell „Lehrerhandeln im Unterricht" genügend vertraut gemacht haben! Hinweise zum Protokollieren finden Sie in diesem Buch unter Anwendungen: Daten erheben ⌑ S. 76 ff. sowie auf der CD-ROM (✐ F12: Protokollieren).

Die angeführten Protokollierungsmöglichkeiten führen in der Hauptsache zu strukturellen Kennzeichnungen von Unterricht, weniger zu Angaben über dessen Verlauf.

Kreuzen Sie das Zutreffende an!

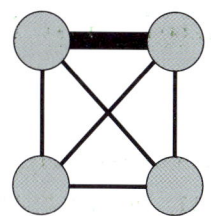

Handlungszüge

zur
sachstrukturellen Entfaltung in der
Wissensvermittlung

Handlungszüge zur sachstrukturellen
Entfaltung in der Wissensvermittlung

Ablaufsformen: Gliederung einer Unterrichtsstunde bzw. Unterrichtseinheit

Problemerschließungen: Problem-
geleiteter Aufbau

Aktivieren eines Bezugsrahmens

❏ L. entwirft den Kontext des Themas.

❏ L. sucht kontextbezogene Erinnerungen zu wecken, die unter-
richtsthematisch relevant sein können.

❏ L. stellt Verknüpfungen zu vorausgegangener Stoffbehandlung her
(auch durch Wiederholen, Abhören, Hausaufgaben kontrollieren
usw., sofern dies als themarelevant für den weiteren Fortgang angesehen werden kann).

❏ L. provoziert Leitaffekte in Bezug auf das Unterrichtsthema.

❏ L. stellt themarelevante, entsprechend vorstellungsleitende Arbeitsmittel vor.

❏ ...

Handlungszüge zur sachstrukturellen
Entfaltung in der Wissensvermittlung

Ablaufsformen: Gliederung einer Unterrichtsstunde bzw. Unterrichtseinheit

Problemerschließungen: Problem-
geleiteter Aufbau

Evozieren eines spezifischen semantischen Netzes

❏ L. gibt Sch. Gelegenheit zu themarelevanten Beiträgen.

❏ L. hebt themarelevante Verbalisierungen der Sch. besonders hervor.

❏ L. versichert sich themarelevanten Vorwissens.

❏ L. lenkt die Beiträge der Sch. auf ein themarelevantes Erfahrungs-
feld.

❏ L. versichert sich einer gemeinsamen Sprache (z.B. durch Klärung
von Fachausdrücken und Schlüsselwörtern).

❏ L. initiiert Zusammenhangsbildungen.

❏ ...

Motivierungsqualität V

Handlungszüge zur sachstrukturellen
Entfaltung in der Wissensvermittlung

Ablaufsformen: Gliederung einer Unterrichtsstunde bzw. Unterrichtseinheit

Problembehandlungen

Durcharbeiten

❏ L. entwickelt die Sachbearbeitung aus Fragen, die die Sch. zu stellen haben.

❏ L. ruft Schemata ab als Gerüst für die sachstrukturelle Entfaltung.

❏ L. lenkt durch vorbereitende Fragen oder Impulse zu Verbindungen von Vorwissen mit neuem Stoff.

❏ L. präsentiert Informationen, die neugierig machen.

❏ L. provoziert Vorstellungen, die dann überprüft werden.

❏ L. stellt ein Problem vor und gibt Hilfen zu seiner Bearbeitung.

❏ L. stellt Beispiele vor.

❏ L. lenkt durch vorbereitende Fragen oder Impulse zu neuen Betrachtungsweisen des Bekannten.

❏ L. klärt die Sachverhalte durch kognitive Dissonanz.

❏ L. wechselt die Zugangswege zu den Sachverhalten.

❏ L. fordert zu Vergleichen auf.

❏ L. vermittelt Benennungshilfen durch Einführung von Fachausdrücken.

❏ L. stellt geeignete Arbeitsmittel bereit.

❏ L. ermöglich bedeutungsstiftende Aktivitäten.

❏ L. begünstigt die individuelle Eingliederung in die kognitiven Schemata (Binnendifferenzierung).

❏ L. ist um eine Organisation des Zusammenhangs des Wissens (der kognitiven Schemata) bemüht (z.B. durch Tafelarbeit, Hefteintrag usw.).

❏ L. führt ein offensichtlich gut durchdachtes Lehrgespräch, bei dem unter Einbeziehung von Vorkenntnissen der Sch. der Sinn- und Sachzusammenhang eines Themas erschlossen wird. Ein Spannungsbogen wird wahrnehmbar, die Mitarbeit der Sch. erscheint rege.

❏ L. fordert zu Bewertungen auf.

❏ ...

Handlungszüge zur sachstrukturellen
Entfaltung in der Wissensvermittlung

> Ablaufsformen: Gliederung einer Unter-
> richtsstunde bzw. Unterrichtseinheit

>> Ergebnissicherungen: Wieder-
>> Holen/Üben

>>> Bedeutungseinheiten sichern: Mecha-
>>> nisches Üben; Strukturales Üben

- ❏ L. knüpft an alte Kompetenzen an.
- ❏ Prozesse der Verhaltensformung werden initiiert und deren Verlauf begleitet, so z.B. bei der Ausbildung von Fertigkeiten.
- ❏ L. organisiert die Komprimierung des Gelernten zu Bedeutungseinheiten (z.B. in einem zusammenfassenden Tafelanschrieb).
- ❏ L. gibt Anleitungen, wie man einen Stoff wiederholt (durchlesen, sich selbst Fragen dazu stellen, weitere Gedanken daran knüpfen, zusammenfassen, ein Netz von Stichwörtern aufzeichnen, den Sachverhalt jemanden anderen vortragen usw.) bzw. schafft solchen Tätigkeiten Raum.
- ❏ L. übt mit den Sch.: rhythmisierend; vorgängig sach-strukturell analysierend, so dass Elementenklarheit gesteigert wird.
- ❏ L. gibt Anleitungen, wie man sich einen Stoff einprägt.
- ❏ L. gibt Gelegenheit zum Üben: zuerst vom Sinn her geleitet, dann mit immer geringerem Bewusstseinsgrad.
- ❏ L. stellt Lernzeiten für individuelles Üben zur Verfügung (Stillbeschäftigung).
- ❏ Wiederholungstätigkeiten werden in den Unterrichtsgang integriert.
- ❏ L. organisiert Wiederholungsmöglichkeiten mit neuen Zusammenhängen, unter neuen Gesichtspunkten, anderen Anwendungen an neueren, größeren Aufgaben.
- ❏ L. lässt Arbeitsergebnisse ins Heft übertragen.
- ❏ ...

Handlungszüge zur sachstrukturellen
Entfaltung in der Wissensvermittlung

Ablaufsformen: Gliederung einer Unterrichtsstunde bzw. Unterrichtseinheit

Ergebnissicherungen: Anwenden
(Positiver Lerntransfer)

Erkennende Anwendung

❑ L. fordert die Sch. zu Beispielen auf.

❑ L. führt Sch. zur Klärung von Vorstellungen und Begriffen angesichts der Betrachtung verwandter Sachverhalte.

❑ L. regt zu kriterienorientierten Vergleichen an.

❑ L. ermuntert Sch. zu weitergehenden Überlegungen.

❑ L. veranlasst Sch. eigene Lernwege anderen aufzuzeigen.

❑ L. veranlasst Sch. zur Rückbestimmung auf den Lernweg bzw. das
Lernergebnis.

❑ L. lässt Übungsaufgaben bearbeiten.

❑ L. lässt einen Zusammenhang grafisch (z.B. als Schaubild, Dia-
gramm) erstellen.

❑ ...

Handlungszüge zur sachstrukturellen
Entfaltung in der Wissensvermittlung

Ablaufsformen: Gliederung einer Unterrichtsstunde bzw. Unterrichtseinheit

Ergebnissicherungen: Anwenden
(Positiver Lerntransfer)

Herstellende Anwendung

❏ L. schafft eine Aufgabensituation, bei der der Gegenstand nicht lediglich erkannt (analysiert, erklärt, beschrieben) werden soll. Vielmehr geht es darum, ihn zu erzeugen.

❏ L. gibt Raum, dass die Sch. sich selbst Anwendungsmöglichkeiten
überlegen.

❏ L. findet natürliche und lebensnahe Anwendungssituationen.

❏ L. gibt Gelegenheit, dass das Anwendungsergebnis sorgfältig beurteilt werden kann (und stellt u.U. diesbezügliche Kriterien zur Diskussion).

❏ L. beurteilt das Anwendungsergebnis.

❏ L. organisiert, dass das Produkt der Anwendung Abnehmer findet.

❏ ...

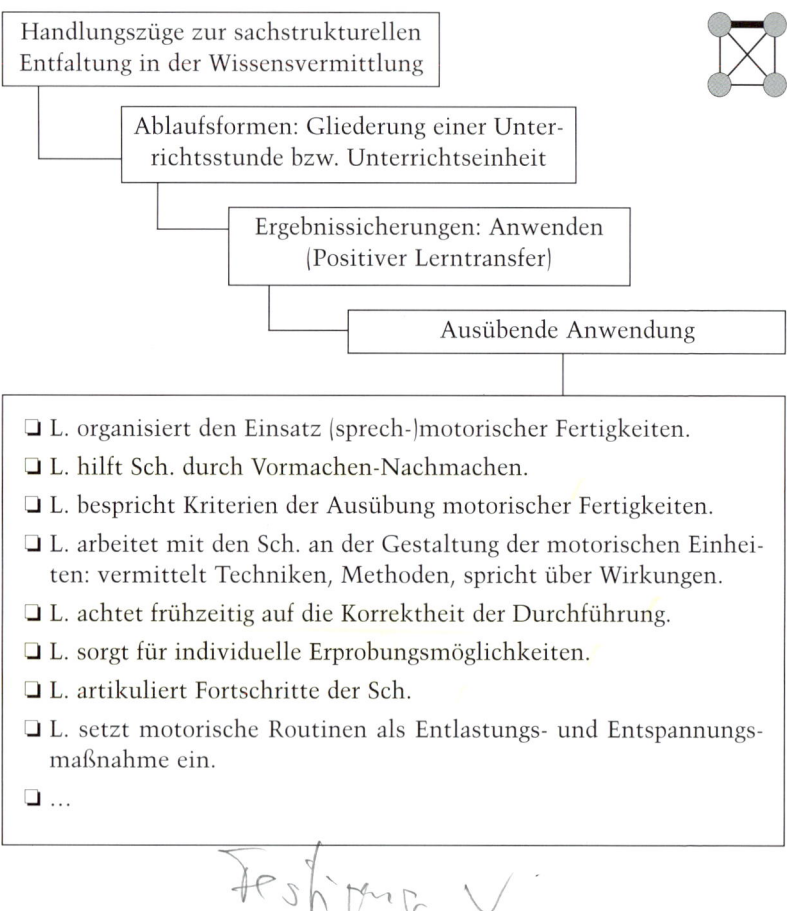

Handlungszüge zur sachstrukturellen
Entfaltung in der Wissensvermittlung

Ablaufsformen: Gliederung einer Unterrichtsstunde bzw. Unterrichtseinheit

Ergebnissicherungen: Anwenden
(Positiver Lerntransfer)

Ausübende Anwendung

❏ L. organisiert den Einsatz (sprech-)motorischer Fertigkeiten.

❏ L. hilft Sch. durch Vormachen-Nachmachen.

❏ L. bespricht Kriterien der Ausübung motorischer Fertigkeiten.

❏ L. arbeitet mit den Sch. an der Gestaltung der motorischen Einheiten: vermittelt Techniken, Methoden, spricht über Wirkungen.

❏ L. achtet frühzeitig auf die Korrektheit der Durchführung.

❏ L. sorgt für individuelle Erprobungsmöglichkeiten.

❏ L. artikuliert Fortschritte der Sch.

❏ L. setzt motorische Routinen als Entlastungs- und Entspannungs-
maßnahme ein.

❏ ...

Handlungszüge zur sachstrukturellen
Entfaltung in der Wissensvermittlung

Strukturlinien: Spezielle, lernzielbezogene, bedeutungsstiftende Aktivitäten

Antizipationsschema

Vorstrukturierung und Anknüpfung

❏ L. gibt bei Lernbeginn Gelegenheit, den Zielhorizont antizipieren zu können: L. orientiert z.b. über das Unterrichtsthema.

❏ L. stellt das Neue in einen (lern-)biographischen Zusammenhang.

❏ L. knüpft an alte Kompetenzen an, um die Verankerung des neuen Stoffes im Gedächtnis zu erleichtern.

❏ L. stellt die Organisationsstruktur des beabsichtigten Unterrichtsganges vor.

❏ L. benennt eindeutig, welche Arbeitsmittel (Medien, Hilfsmittel) benötigt werden.

❏ L. macht Angaben über Lernziele, damit die Sch. feststellen können, wann sie sie erreicht haben.

❏ ...

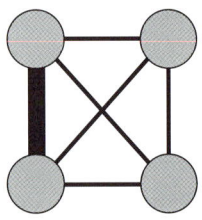

Handlungszüge

zur
Unterstützung der
Aneignungsprozesse

Handlungszüge zur Unterstützung
der Aneignungsprozesse

Zielorientierung: Passungen

Expositionsstrategie (Lehrstrategie):
Passung in der gedanklichen Führung

Zentrieren

❏ L. zeigt zielbestimmtes Verhalten.

❏ L. ordnet zu, organisiert (für alle verbindlichen Aktivitäten).

❏ L. besteht auf einer bestimmten Aktivität.

❏ L. lässt Arbeitsaufträge von den Sch. in eigenen Worten wiederholen.

❏ L. überprüft durch gezielte Fragen, ob und inwieweit Sachverhalte verstanden wurden.

❏ L. stellt zielgenaue Fragen, Aufgaben mit eindeutigen Lösungen.

❏ L. unterbindet alle Nebenaktivitäten der Sch.

❏ L. sorgt dafür, dass die Zentrierung aller leidlich übereinstimmen.

❏ L. unterbricht Sch. bei Redebeiträgen zum Zwecke der Zentrierung auf das Thema.

❏ L. führt auf die Aufgabenstellung zurück.

❏ L. ordnet die Beiträge der Sch. (z.B. in der Reihenfolge gemäß dem gestellten Aufgabenkatalog).

❏ L. spricht eine gemeinsame Erfahrung an.

❏ L. berichtet, erzählt, teilt mit, liest vor, trägt vor.

❏ L. urteilt.

❏ L. strebt erkennbar danach (unterbricht sich, wartet ab, spricht an usw.), dass die Zentrierungen alles miteinander übereinstimmen, d.h. alle richten ihre Aktivitäten auf den gegebenen Sachverhalt.

❏ L. sorgt bei einem freien Gespräch für eine Zusammenfassung, für die Sicherung der Ergebnisse.

❏ L. gibt Zusammenfassung selbst.

❏ ...

Handlungszüge zur Unterstützung
der Aneignungsprozesse

Zielorientierung: Passungen

Expositionsstrategie (Lehrstrategie):
Passung in der gedanklichen Führung

Differenzieren

❏ L. widerspricht.

❏ L. fordert Begründungen.

❏ L. provoziert Vergleiche.

❏ L. lässt verschiedene Aspekte herausarbeiten.

❏ L. setzt unterschiedliche Akzente.

❏ L. stellt das Thema in einen anderen Kontext.

❏ …

Handlungszüge zur Unterstützung
der Aneignungsprozesse

Zielorientierung: Passungen

Expositionsstrategie (Lehrstrategie):
Passung in der gedanklichen Führung

Beziehungen entfalten

❏ L.beitrag ist selbst phantasievoll, ideen- bzw. beziehungsreich.

❏ L. stößt die Produktion von Ideen an.

❏ L. arbeitet mit der Vielfalt der Einfälle.

❏ L. stellt Suchaufgaben.

❏ L. fordert neue Zusammenhangsbildungen.

❏ L. lässt Anwendungsmöglichkeiten suchen.

❏ …

Handlungszüge zur Unterstützung
der Aneignungsprozesse

Zielorientierung: Passungen

Repräsentationsstrategien: Passung in
der sinnlichen Darbietung

Enaktive Repräsentation

❑ L. ermöglicht unmittelbaren, individuellen handelnden Umgang mit Materialien.

❑ L. ermöglicht spielerisches Probieren.

❑ L. lässt Vorgänge und Vorstellungen inszenieren.

❑ L. ermöglicht gemeinsame, gleichzeitige, gleichsinnige Aktivitäten (*manuell*, wie z.B. beim Umgang mit Materialien; *körpermotorisch*, wie z.B. bei der Gymnastik; *sprechmotorisch*, wie z.B. beim Vorsprechen-Nachsprechen, im Chor sprechen, gemeinsames Singen).

❑ L. schafft Ansteckung durch affektiv gesteigertes Gebaren.

❑ ...

Handlungszüge zur Unterstützung
der Aneignungsprozesse

Zielorientierung: Passungen

Repräsentationsstrategien: Passung in
der sinnlichen Darbietung

Ikonische Repräsentation

- ❏ L. formuliert Arbeitsaufträge konkret und anschaulich oder bestimmt dies als Schülerarbeit.
- ❏ L. gliedert Arbeitsaufträge übersichtlich oder bestimmt dies als Schülerarbeit.
- ❏ L. hebt Wesentliches deutlich hervor (akustisch, visuell).
- ❏ L. macht Tafelarbeit als visuelle Informationsdarbietung.
- ❏ L. präsentiert Sachverhalte an der Tafel/am Tageslichtprojektor o.ä. übersichtlich gegliedert und gut lesbar.
- ❏ L. arbeitet mit themarelevantem Anschauungsmaterial.
- ❏ L. provoziert individuelle Veranschaulichung bei Lernenden (z.B. durch Anknüpfung an visuelle Erfahrungen).
- ❏ ...

Handlungszüge zur Unterstützung
der Aneignungsprozesse

Zielorientierung: Passungen

Repräsentationsstrategien: Passung in
der sinnlichen Darbietung

Symbolische Repräsentation

❏ L. stellt Sachverhalte und Vorgänge fast nur in sprachlicher Form dar.

❏ L. bedient sich einer entsinnlichten, abstrakten, verkürzenden Sprachform (benutzt vor allem Fachausdrücke, Begriffe).

❏ L. zeigt sprachliche Sorgfalt (Angemessenheit, Genauigkeit in den Formulierungen).

❏ L. verlangt die Versprachlichung von Sachverhalten und Vorgängen durch die Sch.

❏ L. fordert von Sch. sprachlich eindeutige Beiträge.

❏ L. drängt auf bestimmte sprachlogische Fassungen (Fachausdrücke, Oberbegriffe, Formulierungen).

❏ L. bietet Formulierungshilfen (führt z.B. eine private Ausdrucksweise in eine facheigene Terminologie über).

❏ ...

Handlungszüge zur Unterstützung
der Aneignungsprozesse

Zielorientierung: Passungen

Etablierungsstrategien: Passung in der
Lernaktivität

Wieder-Holungsstrategien:
Wiedererkennen

- ❏ L. steuert durch Visualisierungshilfen den Prozess des Erinnerns.
- ❏ L. lässt eine oder mehrere aktuelle Gegebenheiten mit mutmaßlichen Gedächtnisinhalten identifizieren.
- ❏ L. intensiviert den Prozess des Wiedererkennens durch Benennungshilfen.
- ❏ L. lässt die Sch. einen Sachverhalt verfolgen.
- ❏ L. bewertet.
- ❏ ...

Handlungszüge zur Unterstützung
der Aneignungsprozesse

Zielorientierung: Passungen

Etablierungsstrategien: Passung in der
Lernaktivität

Wieder-Holungsstrategien:
Reproduzieren

❏ L. lässt die Arbeitsergebnisse (auch Hausaufgaben) vorstellen.

❏ L. gibt Reproduktionshilfen durch Hinführung (z.B. durch Rückgriff auf den Lernweg).

❏ L. lässt demonstrativ wiederholen (z.B. vorsprechen – nachsprechen; vormachen – nachmachen; der eine – der andere).

❏ L. gibt Behaltenshilfen durch mehrfache Kodierung der Sachverhalte (*enaktiv*: Körpersprache, Bewegungsmuster, Rhythmisierung, Singen; *ikonisch*: Schreiben, Bildvorlagen).

❏ L. provoziert Sch., einen zuvor vorgestellten Sachverhalt nun auch selbst darzustellen.

❏ L. lässt Informationen eines Textes wortgetreu wiedergeben.

❏ ...

Handlungszüge zur Unterstützung
der Aneignungsprozesse

Zielorientierung: Passungen

Etablierungsstrategien: Passung in der
Lernaktivität

Elaborationsstrategien:
Vergleichen (analysieren – kombinieren)

❑ L. fordert zu Unterscheidungsleistungen (Gemeinsamkeiten und Verschiedenheiten) auf (phänomenal, begrifflich).

❑ L. fordert Entscheidungen aufgrund von Kriterien.

❑ L. verlangt Begründungen.

❑ L. sorgt dafür, dass die Sch. einzelne Aspekte herausarbeiten bzw. gesondert betrachten.

❑ L. lässt ein Problem oder einen Sachverhalt auf Implikationen (Prämissen, Folgerungen, Regeln, Begrifflichkeiten, Wortbedeutungen, Sinnverständnis) untersuchen.

❑ L. regt zum Vergleich diskrepanter Informationen an.

❑ L. lässt Beispiele als Anwendung einer Regel suchen.

❑ L. initiiert Bewertungsleistungen.

❑ …

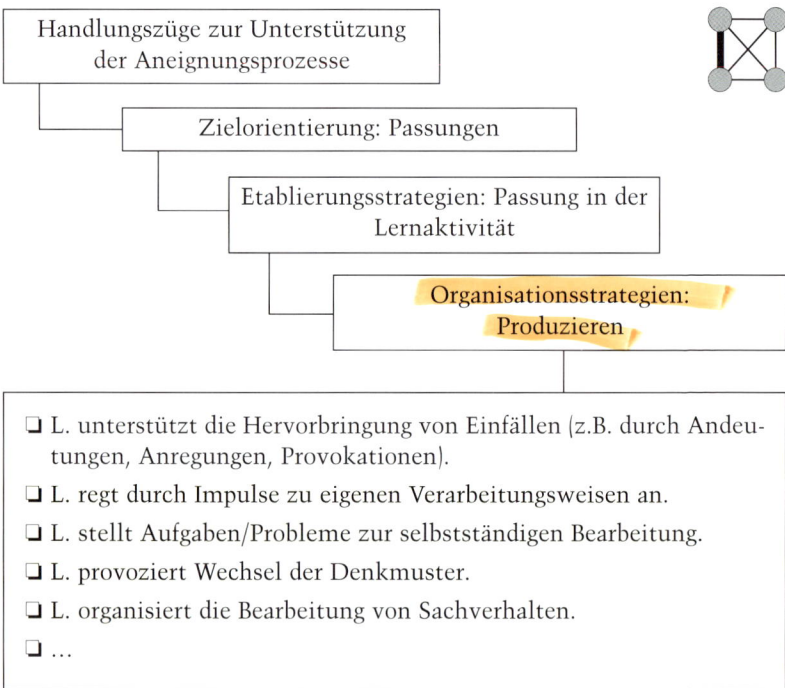

Handlungszüge zur Unterstützung
der Aneignungsprozesse

Zielorientierung: Passungen

Etablierungsstrategien: Passung in der
Lernaktivität

Organisationsstrategien:
Produzieren

❑ L. unterstützt die Hervorbringung von Einfällen (z.B. durch Andeutungen, Anregungen, Provokationen).

❑ L. regt durch Impulse zu eigenen Verarbeitungsweisen an.

❑ L. stellt Aufgaben/Probleme zur selbstständigen Bearbeitung.

❑ L. provoziert Wechsel der Denkmuster.

❑ L. organisiert die Bearbeitung von Sachverhalten.

❑ ...

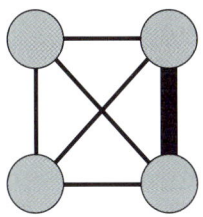

Handlungszüge

zur
lebendigen Gestaltung

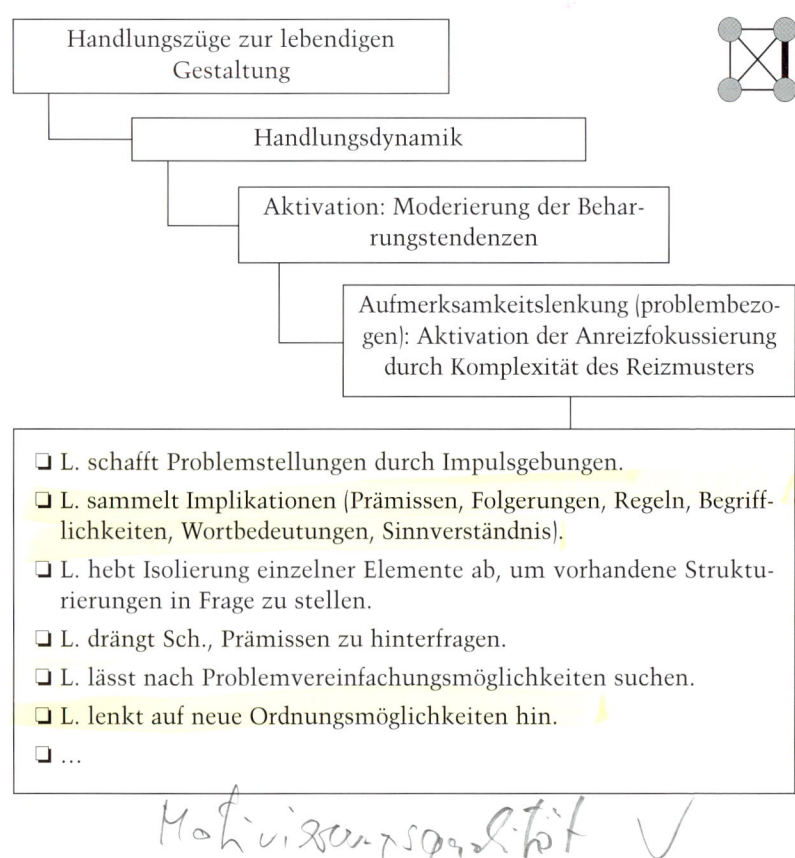

Handlungszüge zur lebendigen Gestaltung

Handlungsdynamik

Aktivation: Moderierung der Beharrungstendenzen

Aufmerksamkeitslenkung (problembezogen): Aktivation der Anreizfokussierung durch Komplexität des Reizmusters

❏ L. schafft Problemstellungen durch Impulsgebungen.

❏ L. sammelt Implikationen (Prämissen, Folgerungen, Regeln, Begrifflichkeiten, Wortbedeutungen, Sinnverständnis).

❏ L. hebt Isolierung einzelner Elemente ab, um vorhandene Strukturierungen in Frage zu stellen.

❏ L. drängt Sch., Prämissen zu hinterfragen.

❏ L. lässt nach Problemvereinfachungsmöglichkeiten suchen.

❏ L. lenkt auf neue Ordnungsmöglichkeiten hin.

❏ ...

Handlungszüge zur lebendigen
Gestaltung

Handlungsdynamik

Aktivation: Moderierung der Beharrungstendenzen

Aufmerksamkeitslenkung (problembezogen): Aktivation der Anreizfokussierung durch Ungewissheit

❏ L. gibt Informationen häppchenweise, wobei Neugier auf weitere Information entsteht.

❏ L. lässt raten.

❏ L. redet in Andeutungen.

❏ L. lässt Fehler suchen.

❏ L. lässt Problem identifizieren.

❏ L. lässt Fragen an das Thema oder an den Unterrichtsgegenstand oder an die Unterrichtsorganisation stellen.

❏ L. lässt Hypothesen über die Sache aufstellen.

❏ L. lässt die Arbeitsergebnisse einer lösungsoffenen Aufgabe präsentieren.

❏ L. lässt eine Aufgabe bearbeiten, ohne dass der Zielhorizont erkennbar ist.

❏ …

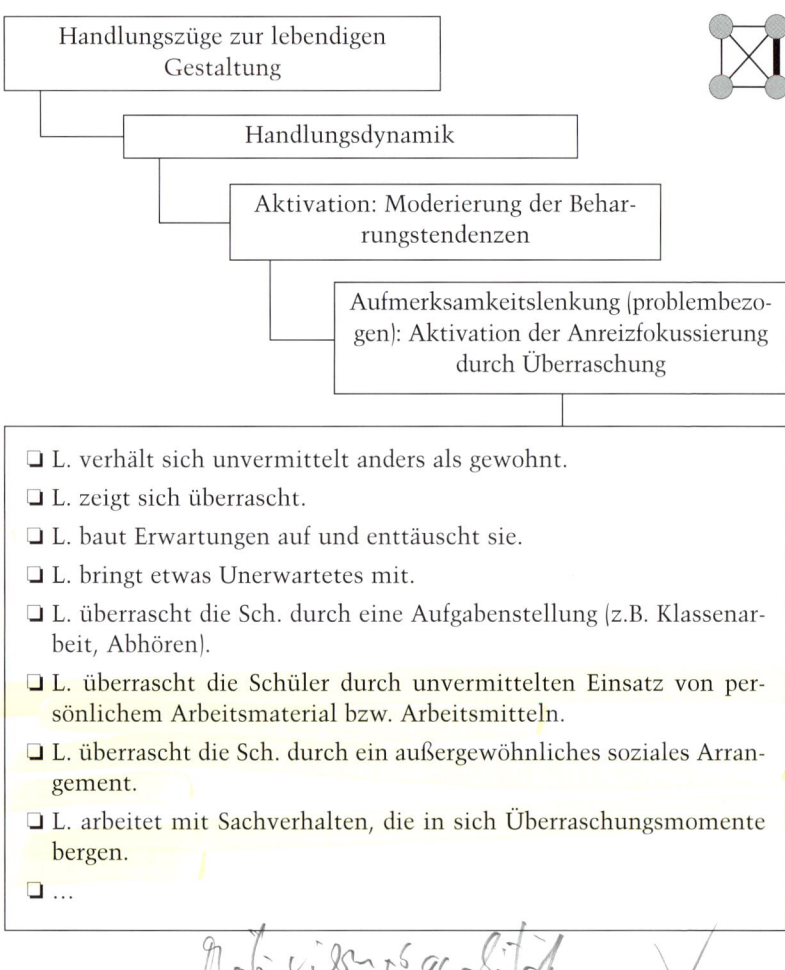

Handlungszüge zur lebendigen Gestaltung

Handlungsdynamik

Aktivation: Moderierung der Beharrungstendenzen

Aufmerksamkeitslenkung (problembezogen): Aktivation der Anreizfokussierung durch Überraschung

❑ L. verhält sich unvermittelt anders als gewohnt.

❑ L. zeigt sich überrascht.

❑ L. baut Erwartungen auf und enttäuscht sie.

❑ L. bringt etwas Unerwartetes mit.

❑ L. überrascht die Sch. durch eine Aufgabenstellung (z.B. Klassenarbeit, Abhören).

❑ L. überrascht die Schüler durch unvermittelten Einsatz von persönlichem Arbeitsmaterial bzw. Arbeitsmitteln.

❑ L. überrascht die Sch. durch ein außergewöhnliches soziales Arrangement.

❑ L. arbeitet mit Sachverhalten, die in sich Überraschungsmomente bergen.

❑ ...

Handlungszüge zur lebendigen
Gestaltung

Handlungsdynamik

Aktivation: Moderierung der Beharrungstendenzen

Aufmerksamkeitslenkung (problembezogen): Aktivation der Anreizfokussierung durch Neuartigkeit und Veränderung

❏ L. stellt verblüffende Behauptungen über etwas Bekanntes auf.

❏ L. stellt einen Sachverhalt vor, der mit Erwartungen verknüpft ist, und erweitert das Verständnis durch Umstrukturierung bzw. Neuzentrierung.

❏ L. knüpft an Bekanntes an und stellt es in einen neuartigen Zusammenhang.

❏ L. wechselt den Standpunkt der Betrachtung oder die Art der Behandlung des Sachverhaltes (bzw. provoziert die Sch. dazu).

❏ L. verändert den Kontext.

❏ L. löst „Aha-Erlebnisse" aus.

❏ …

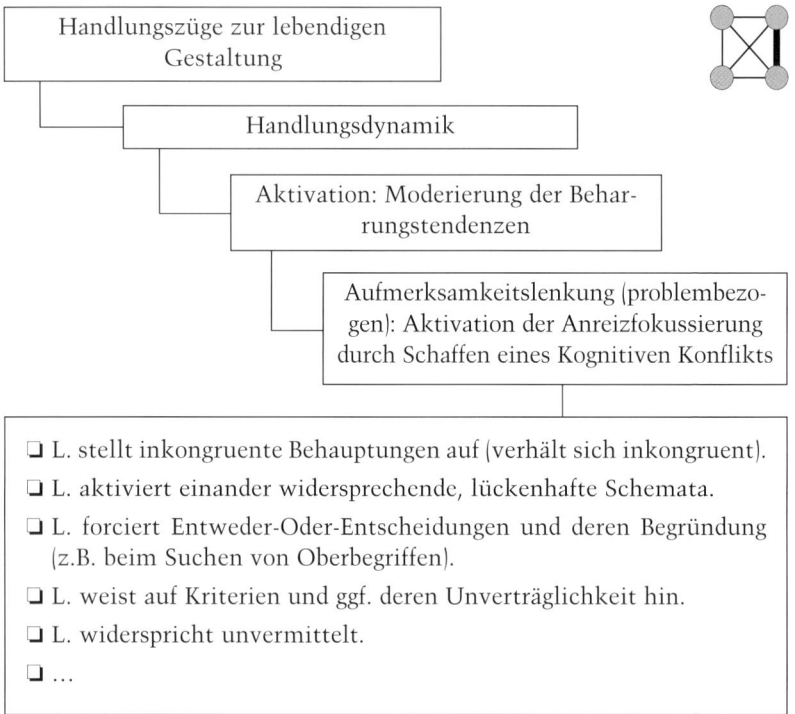

❏ L. stellt inkongruente Behauptungen auf (verhält sich inkongruent).

❏ L. aktiviert einander widersprechende, lückenhafte Schemata.

❏ L. forciert Entweder-Oder-Entscheidungen und deren Begründung (z.B. beim Suchen von Oberbegriffen).

❏ L. weist auf Kriterien und ggf. deren Unverträglichkeit hin.

❏ L. widerspricht unvermittelt.

❏ ...

Handlungszüge zur lebendigen
Gestaltung

Handlungsdynamik

Aktivation: Moderierung der Beharrungstendenzen

Aufmerksamkeitslenkung (reflexartig):
Veränderung der physikalischen Qualität
von Reizen

❑ L. setzt indirekt Anreize (durch sprachliche Variation, durch optische Führungen) *dramaturgisch* ein, um Orientierungsreaktionen auszulösen.

❑ L. setzt Orientierungsreaktionen auslösende Anreize direkt zur Wiederherstellung von Disziplin ein (z.B. indem L. seinen Redefluss zur Behebung einer Störung unterbricht).

❑ L. setzt verbale Stimuli mit Aufforderungs- oder Befehlscharakter ein und weist eventuell auf Konsequenzen bei Nichtbefolgung hin.

❑ L. kann Orientierungsreaktionen in problembezogene Aufmerksamkeitshandlungen transformieren.

❑ ...

Handlungszüge zur lebendigen
Gestaltung

Handlungsdynamik

Aktivation: Moderierung der Beharrungstendenzen

Aufmerksamkeitserregung (reflexbezogen):
emotionale Erreger

❑ L. verwendet bildkräftige Ausdrücke und umgangssprachliche
Wendungen, die die Einbildungskraft anregen.

❑ L. zeigt eigene Gefühle.

❑ L. schildert lebhafte Gefühlszustände.

❑ L. bewertet emphatisch.

❑ L. inszeniert Gefühle.

❑ L. spricht Sachverhalte an, die mit Gefühlen behaftet sind.

❑ L. appelliert an Gefühle.

❑ L. spricht vorhandene Gefühle direkt an.

❑ L. setzt gezielt Hinweisreize als Mittel der Aufmerksamkeitslenkung ein.

❑ ...

Handlungszüge zur lebendigen
Gestaltung

Handlungsdynamik

Steuerung: Moderierung der Erregungstendenzen

Variation der Verarbeitungsaktivitäten:
Bescheidwissen: Breitbandaufmerksamkeit und erhöhte Aktivitätsüberlappung

❏ L. zeigt kontrollierte Wachheit.

❏ L. kann abgestuft und elastisch Beiträge der Sch. aufnehmen und verarbeiten.

❏ L. lenkt Verhalten der Sch. vorwiegend durch Mienenspiel bzw. Körperchoreographie, ohne sich vom Unterrichtsgang abhalten zu lassen.

❏ L. gebraucht – gleichsam nebenbei – unauffällig wirkende Maßnahmen zur Einbindung bei unangemessenem Verhalten der Sch.

❏ ...

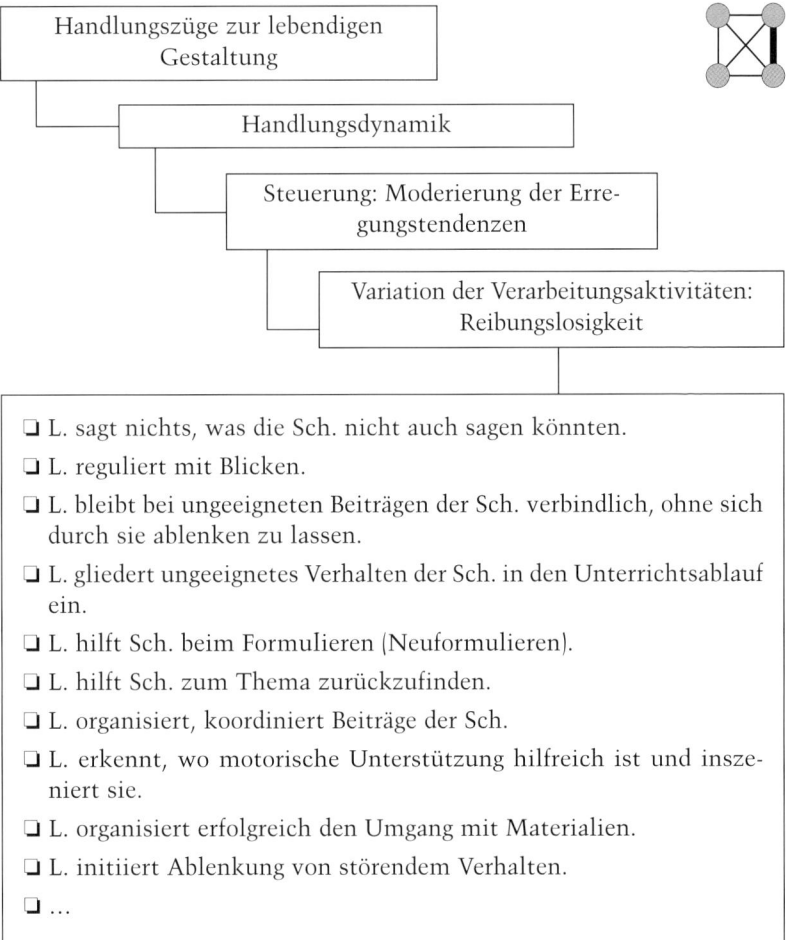

Handlungszüge zur lebendigen
Gestaltung

Handlungsdynamik

Steuerung: Moderierung der Erregungstendenzen

Variation der Verarbeitungsaktivitäten:
Reibungslosigkeit

❏ L. sagt nichts, was die Sch. nicht auch sagen könnten.

❏ L. reguliert mit Blicken.

❏ L. bleibt bei ungeeigneten Beiträgen der Sch. verbindlich, ohne sich durch sie ablenken zu lassen.

❏ L. gliedert ungeeignetes Verhalten der Sch. in den Unterrichtsablauf ein.

❏ L. hilft Sch. beim Formulieren (Neuformulieren).

❏ L. hilft Sch. zum Thema zurückzufinden.

❏ L. organisiert, koordiniert Beiträge der Sch.

❏ L. erkennt, wo motorische Unterstützung hilfreich ist und insze- niert sie.

❏ L. organisiert erfolgreich den Umgang mit Materialien.

❏ L. initiiert Ablenkung von störendem Verhalten.

❏ ...

Handlungszüge zur lebendigen
Gestaltung

Handlungsdynamik

Steuerung: Moderierung der Erregungstendenzen

Variation der Verarbeitungsaktivitäten:
Arbeitsschwung

❏ L. inszeniert Wechsel der Tempi.

❏ L. schafft Einlagen, die eine forcierte Temposteigerung erlauben.

❏ L. zeigt temperamentvolles Verhalten (motorische Ansteckung).

❏ L. organisiert Stoffentfaltung gezielt auf Höhepunkte hin.

❏ L. schafft „erfüllte" (spannungsreiche, aufmerksamkeitsfördernde)
Pausen (beim Sprechen, beim Handeln).

❏ L. wendet Mittel an, die bei Stockungen, Irritationen weiterhelfen.

❏ …

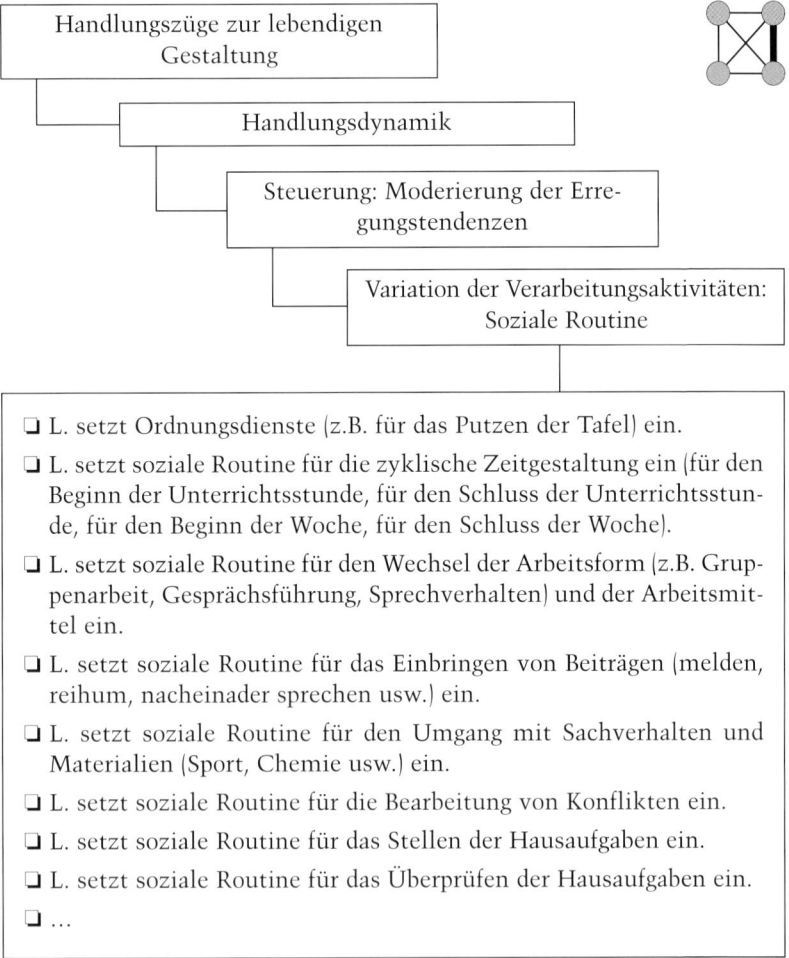

Handlungszüge zur lebendigen Gestaltung

Handlungsdynamik

Steuerung: Moderierung der Erregungstendenzen

Variation der Verarbeitungsaktivitäten: Soziale Routine

❏ L. setzt Ordnungsdienste (z.B. für das Putzen der Tafel) ein.

❏ L. setzt soziale Routine für die zyklische Zeitgestaltung ein (für den Beginn der Unterrichtsstunde, für den Schluss der Unterrichtsstunde, für den Beginn der Woche, für den Schluss der Woche).

❏ L. setzt soziale Routine für den Wechsel der Arbeitsform (z.B. Gruppenarbeit, Gesprächsführung, Sprechverhalten) und der Arbeitsmittel ein.

❏ L. setzt soziale Routine für das Einbringen von Beiträgen (melden, reihum, nacheinader sprechen usw.) ein.

❏ L. setzt soziale Routine für den Umgang mit Sachverhalten und Materialien (Sport, Chemie usw.) ein.

❏ L. setzt soziale Routine für die Bearbeitung von Konflikten ein.

❏ L. setzt soziale Routine für das Stellen der Hausaufgaben ein.

❏ L. setzt soziale Routine für das Überprüfen der Hausaufgaben ein.

❏ ...

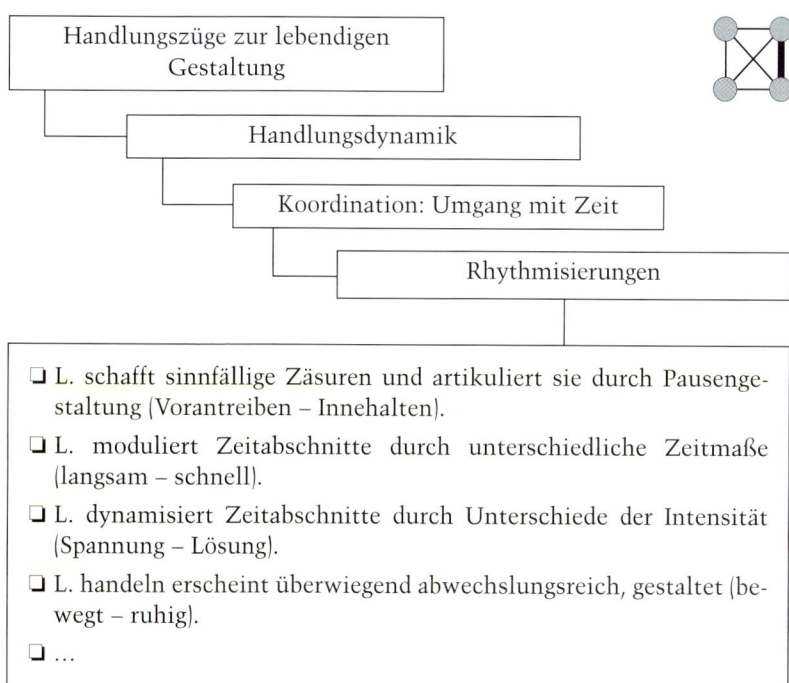

Handlungszüge zur lebendigen
Gestaltung

Handlungsdynamik

Koordination: Umgang mit Zeit

Rhythmisierungen

❏ L. schafft sinnfällige Zäsuren und artikuliert sie durch Pausenge-
staltung (Vorantreiben – Innehalten).

❏ L. moduliert Zeitabschnitte durch unterschiedliche Zeitmaße
(langsam – schnell).

❏ L. dynamisiert Zeitabschnitte durch Unterschiede der Intensität
(Spannung – Lösung).

❏ L. handeln erscheint überwiegend abwechslungsreich, gestaltet (bewegt – ruhig).

❏ ...

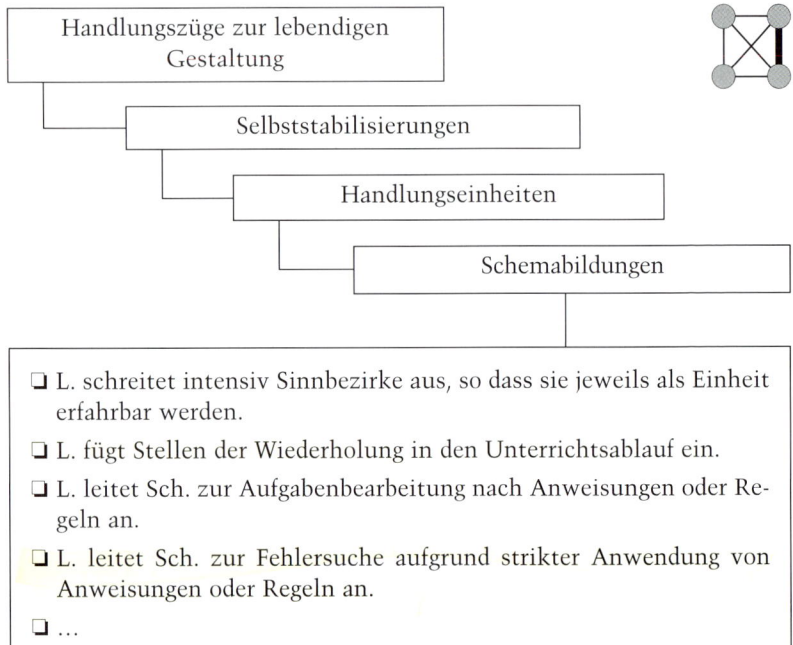

❏ L. schreitet intensiv Sinnbezirke aus, so dass sie jeweils als Einheit erfahrbar werden.

❏ L. fügt Stellen der Wiederholung in den Unterrichtsablauf ein.

❏ L. leitet Sch. zur Aufgabenbearbeitung nach Anweisungen oder Regeln an.

❏ L. leitet Sch. zur Fehlersuche aufgrund strikter Anwendung von Anweisungen oder Regeln an.

❏ ...

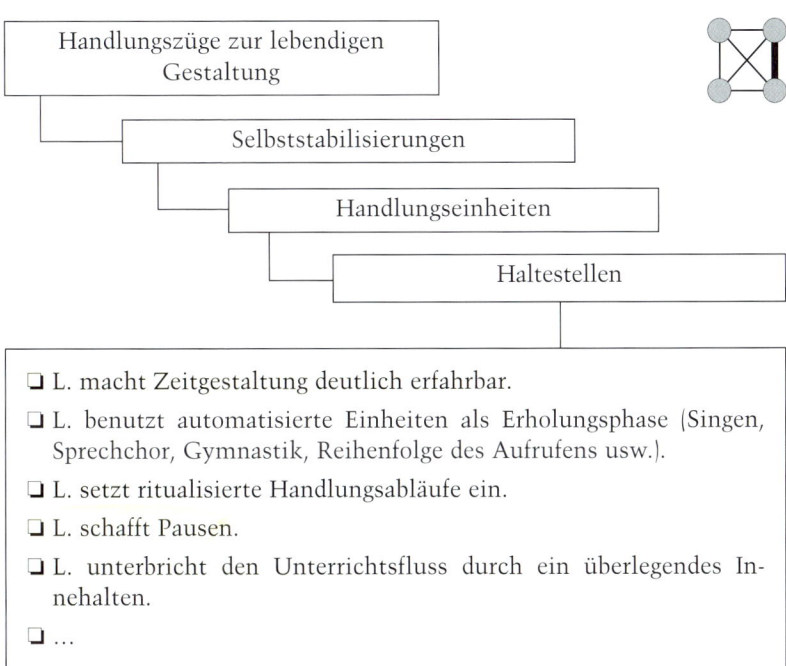

Handlungszüge zur lebendigen Gestaltung

Selbststabilisierungen

Handlungseinheiten

Haltestellen

❏ L. macht Zeitgestaltung deutlich erfahrbar.

❏ L. benutzt automatisierte Einheiten als Erholungsphase (Singen, Sprechchor, Gymnastik, Reihenfolge des Aufrufens usw.).

❏ L. setzt ritualisierte Handlungsabläufe ein.

❏ L. schafft Pausen.

❏ L. unterbricht den Unterrichtsfluss durch ein überlegendes Innehalten.

❏ ...

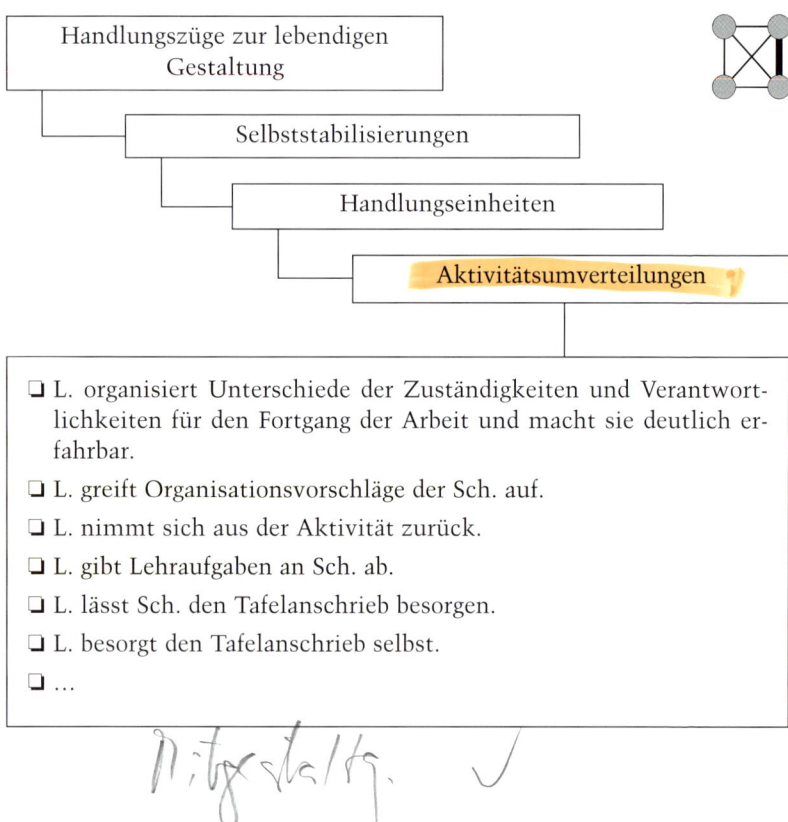

Handlungszüge zur lebendigen Gestaltung

Selbststabilisierungen

Handlungseinheiten

Aktivitätsumverteilungen

❑ L. organisiert Unterschiede der Zuständigkeiten und Verantwortlichkeiten für den Fortgang der Arbeit und macht sie deutlich erfahrbar.

❑ L. greift Organisationsvorschläge der Sch. auf.

❑ L. nimmt sich aus der Aktivität zurück.

❑ L. gibt Lehraufgaben an Sch. ab.

❑ L. lässt Sch. den Tafelanschrieb besorgen.

❑ L. besorgt den Tafelanschrieb selbst.

❑ ...

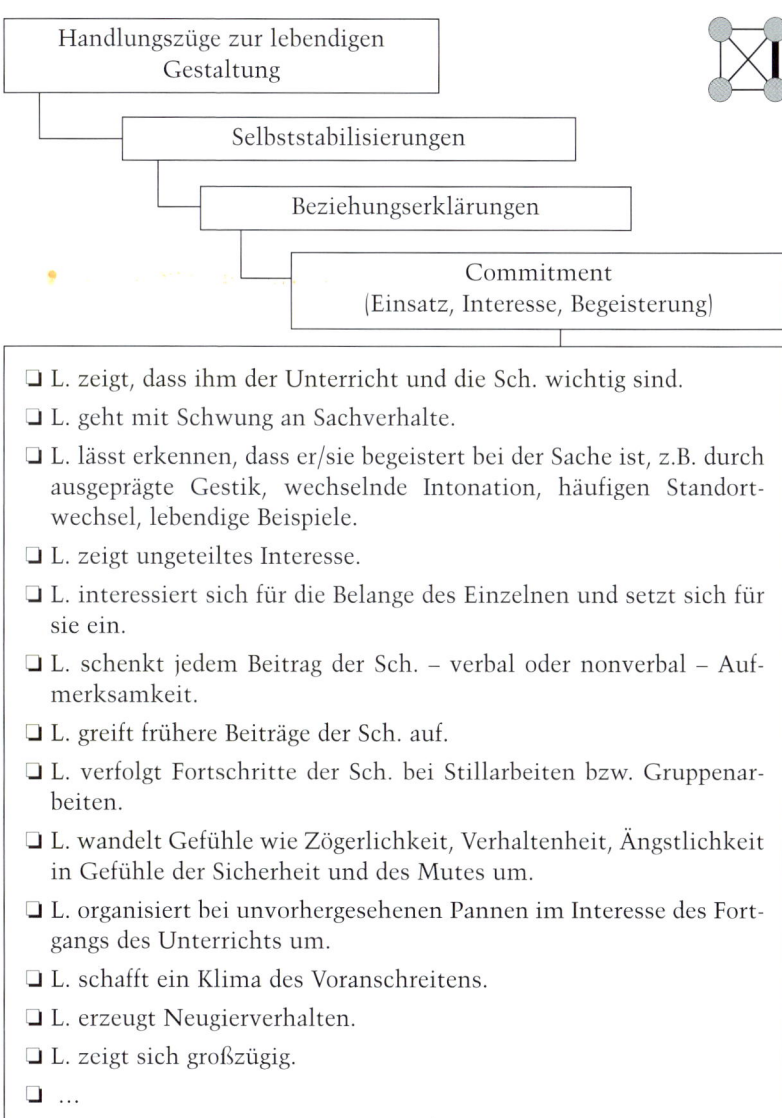

Handlungszüge zur lebendigen
Gestaltung

Selbststabilisierungen

Beziehungserklärungen

Commitment
(Einsatz, Interesse, Begeisterung)

❏ L. zeigt, dass ihm der Unterricht und die Sch. wichtig sind.

❏ L. geht mit Schwung an Sachverhalte.

❏ L. lässt erkennen, dass er/sie begeistert bei der Sache ist, z.B. durch ausgeprägte Gestik, wechselnde Intonation, häufigen Standortwechsel, lebendige Beispiele.

❏ L. zeigt ungeteiltes Interesse.

❏ L. interessiert sich für die Belange des Einzelnen und setzt sich für sie ein.

❏ L. schenkt jedem Beitrag der Sch. – verbal oder nonverbal – Aufmerksamkeit.

❏ L. greift frühere Beiträge der Sch. auf.

❏ L. verfolgt Fortschritte der Sch. bei Stillarbeiten bzw. Gruppenarbeiten.

❏ L. wandelt Gefühle wie Zögerlichkeit, Verhaltenheit, Ängstlichkeit in Gefühle der Sicherheit und des Mutes um.

❏ L. organisiert bei unvorhergesehenen Pannen im Interesse des Fortgangs des Unterrichts um.

❏ L. schafft ein Klima des Voranschreitens.

❏ L. erzeugt Neugierverhalten.

❏ L. zeigt sich großzügig.

❏ ...

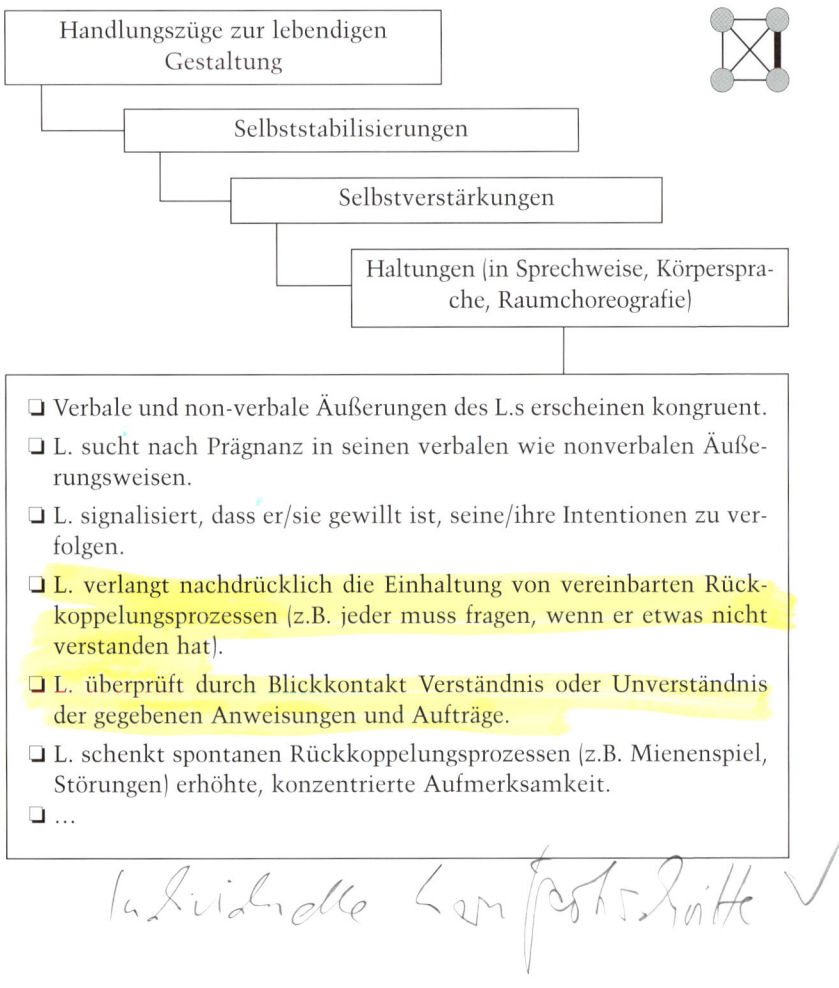

Handlungszüge zur lebendigen Gestaltung

Selbststabilisierungen

Selbstverstärkungen

Haltungen (in Sprechweise, Körpersprache, Raumchoreografie)

❏ Verbale und non-verbale Äußerungen des L.s erscheinen kongruent.

❏ L. sucht nach Prägnanz in seinen verbalen wie nonverbalen Äußerungsweisen.

❏ L. signalisiert, dass er/sie gewillt ist, seine/ihre Intentionen zu verfolgen.

❏ L. verlangt nachdrücklich die Einhaltung von vereinbarten Rückkoppelungsprozessen (z.b. jeder muss fragen, wenn er etwas nicht verstanden hat).

❏ L. überprüft durch Blickkontakt Verständnis oder Unverständnis der gegebenen Anweisungen und Aufträge.

❏ L. schenkt spontanen Rückkoppelungsprozessen (z.B. Mienenspiel, Störungen) erhöhte, konzentrierte Aufmerksamkeit.

❏ ...

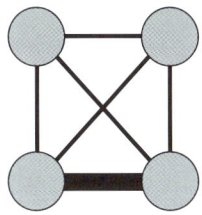

Handlungszüge

zur
Moderierung der individuellen
Begegnung

Handlungszüge zur Moderierung
der individuellen Begegnung

Nähe und Distanz

Erzieherische Bezüglichkeit

Rücksicht auf das Selbstwertgefühl:
Einfühlung (Empathie)

❑ L. hört ohne Unterbrechung zu und vermittelt durch sein/ihr Verhalten, dass er/sie versteht oder zu verstehen versucht.

❑ L. formuliert sein/ihr Verständnis dessen, was die Sch. sagen, mit eigenen Worten und meldet es zur Bestätigung oder Richtigstellung an die Sender zurück (aktives Zuhören).

❑ L. fasst Äußerungen zur Befindlichkeit in Frageform.

❑ L. verbalisiert emotionale Gehalte (die Intention) der Beiträge der Sch.

❑ L. würdigt nonverbale Beteiligung der Sch. am Unterrichtsgeschehen (z.B. dadurch, dass er/sie Einzelne darauf anspricht und sie u.U. zu verbalen Äußerungen ermuntert).

❑ L. wertet einen weniger geeigneten Beitrag der Sch. durch Umdeutung (z.B. Kontextwechsel) auf.

❑ L. lässt sich auf Problemdiskussion(en) ein.

❑ ...

| Handlungszüge zur Moderierung der individuellen Begegnung |
| Nähe und Distanz |
| Erzieherische Bezüglichkeit |
| Rücksicht auf das Selbstwertgefühl: Wertschätzung (Akzeptanz) |

- ❏ L. greift frühere Leistungen der Sch. auf.
- ❏ L. gibt effektives Lob, das frühere Leistungen der Sch. als Kontext zur Motivation künftiger Leistungen verwendet.
- ❏ L. drängt auf Beschreibung statt Bewertung.
- ❏ L. vermag Schülerantworten differenziert zu würdigen.
- ❏ L. trägt Sorge für die Gestaltung individueller Lernsituationen.
- ❏ L. ermutigt Sch. z.B. durch Kopfnicken und minimale verbale Zustimmung zum Weiterreden bzw. Weitermachen.
- ❏ L. zeigt, dass es ihm/ihr Freude macht, mit den Sch. zusammen zu sein.
- ❏ L. gibt Zuständigkeit und Verantwortung ab.
- ❏ L. zeigt Interesse an dem, was den Sch. wichtig ist.
- ❏ L. greift Vorschläge der Sch. auf.
- ❏ L. wahrt die Integrität.
- ❏ L. vereinbart Grenzen.
- ❏ L. reagiert auf Grenzüberschreitungen der Sch. mit unangenehmen Konsequenzen, jedoch ohne Herabsetzungen (Beschimpfungen, Missachtungen).
- ❏ L. fordert aufgabenzentrierte Haltungen.
- ❏ L. bespricht den Sinn des Lernziels.
- ❏ L. stellt Einvernehmen über das Lernziel her.
- ❏ L. erinnert sich an Verpflichtungen bzw. Versprechungen gegenüber den Sch.
- ❏ L. zeigt, dass er/sie auf Antworten der Sch. bzw. deren Arbeitsferigstellung warten kann und stellt sicher, dass die Mitschüler dies auch tun.
- ❏ L. geht verantwortungsbewusst und anerkennend mit den Arbeiten der Sch. wie auch mit deren Eigentum um.
- ❏ L. achtet und pflegt auch eigenes und Schuleigentum.
- ❏ L. verwendet Höflichkeitsformen (nennt Sch. beim Namen, bittet um etwas, bedankt sich usw.).
- ❏ L. verlangt die Einhaltung von Höflichkeitsformen.
- ❏ …

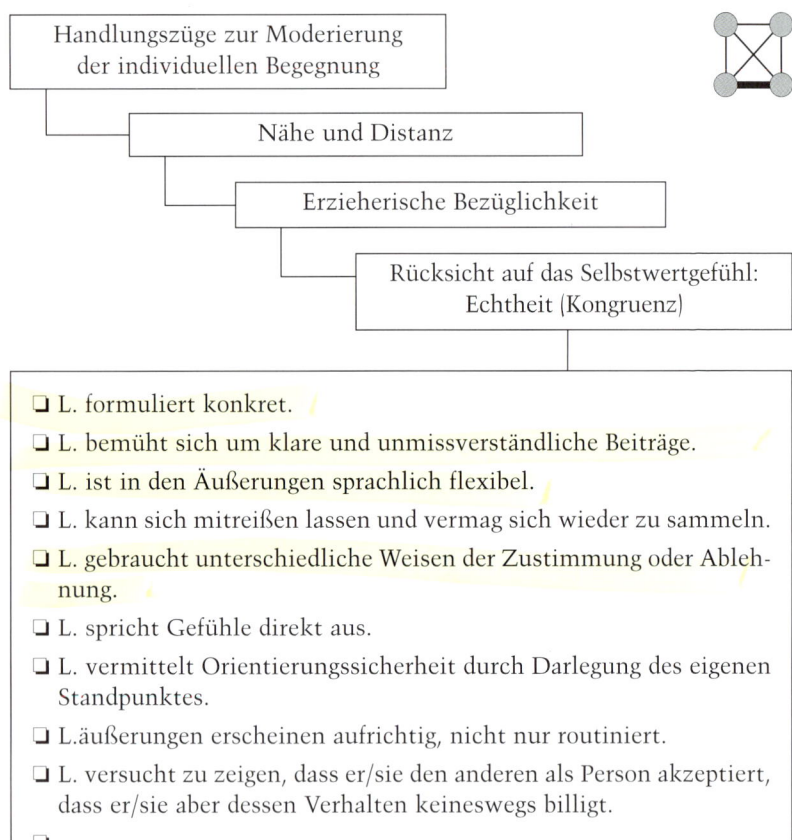

Handlungszüge zur Moderierung
der individuellen Begegnung

Nähe und Distanz

Erzieherische Bezüglichkeit

Rücksicht auf das Selbstwertgefühl:
Echtheit (Kongruenz)

❏ L. formuliert konkret.

❏ L. bemüht sich um klare und unmissverständliche Beiträge.

❏ L. ist in den Äußerungen sprachlich flexibel.

❏ L. kann sich mitreißen lassen und vermag sich wieder zu sammeln.

❏ L. gebraucht unterschiedliche Weisen der Zustimmung oder Ablehnung.

❏ L. spricht Gefühle direkt aus.

❏ L. vermittelt Orientierungssicherheit durch Darlegung des eigenen
Standpunktes.

❏ L.äußerungen erscheinen aufrichtig, nicht nur routiniert.

❏ L. versucht zu zeigen, dass er/sie den anderen als Person akzeptiert,
dass er/sie aber dessen Verhalten keineswegs billigt.

❏ ...

Handlungszüge zur Moderierung
der individuellen Begegnung

Nähe und Distanz

Erzieherische Bezüglichkeit

Rücksicht auf das Abwechslungsmotiv

❏ L. zeigt wachen, positiven Blickkontakt zu möglichst vielen einzelnen Sch.

❏ L. variiert die Beanspruchung der Aufmerksamkeit durch abwechslungsreiches Gebaren (z.b. in den Gesten, der Sprechweise, durch Ortswechsel).

❏ L. weiß Temperament und Geduld zu verbinden (= rhythmisiertes Handeln!).

❏ L. signalisiert, dass etwas Bedeutsames kommt.

❏ L. provoziert Aufmerksamkeit durch Zwischenfragen oder Impulse.

❏ L. zeigt Humor (auch durch die Wahl des Ausdrucks, durch Witze, Rätsel, Wortspiele, lustige Geschichten, launige Kommentare).

❏ L. inszeniert den Umgang mit Materialien.

❏ Visuelle Hilfen ergänzen die verbale Darstellung des Unterrichtsgegenstandes – in einfacher und prägnanter Weise (z.b. Tafelbild, Overhead-Folie, Umdrucke).

❏ L. inszeniert Abwechslung durch eingeschobene körperliche Aktivitäten der Sch. (von Sprechmotorik bis zu isometrischen und gymnastischen Übungen).

❏ L. wechselt die Arbeitsform.

❏ L. wechselt die Sozialform.

❏ L. wechselt den Zugang zu den Sachverhalten.

❏ ...

Handlungszüge zur Moderierung der individuellen Begegnung

Nähe und Distanz

Erzieherische Bezüglichkeit

Beziehungen klären: Emotional-sozial

❏ L. vergegenwärtigt sich der Stimmung in der Klasse („Stimmungsbarometer").

❏ L. geht auf Stimmungen in der Klasse ein.

❏ L. behält die Stimmungslage von Wort- bzw. Gruppenführern im Auge und reagiert früh.

❏ L. thematisiert die Beziehungen untereinander (statt der Personen).

❏ L. unterstützt, dass die Sch. eigene Befindlichkeiten als Aussage über sich selbst zur Sprache bringen.

❏ L. versucht zu verstehen, was der Sender empfindet oder was seine Botschaft besagt (aktives Zuhören).

❏ L. formuliert sein Verständnis dessen, was der Sch. gesagt hat, mit eigenen Worten und meldet es zur Bestätigung oder Richtigstellung an den Sender zurück (aktives Zuhören).

❏ L. weiß kompetent mit emotionalen Erregungen umzugehen.

❏ L. gestaltet den Meinungsaustausch formell, trägt Sorge für einen geregelten Ablauf.

❏ L. achtet auf die Einhaltung der vereinbarten oder angeordneten Spielregeln.

❏ L. ermöglicht, dass Äußerungen der Sch. Gehör finden, auch bei kontroversen Ansichten.

❏ L. drängt auf Beschreibung statt Bewertung.

❏ L. wehrt Schuldzuschreibungen.

❏ L. gibt differenziert Hilfestellung.

❏ L. ist bestrebt, gemeinsam Problemlösungen zu finden.

❏ L. bringt eigene Befindlichkeiten zur Sprache.

❏ L. überlässt sich nicht seinen Verstimmungen, zeigt sich nicht launisch.

❏ L. formuliert seine Beiträge klar und unmissverständlich.

❏ L. vermittelt Orientierungssicherheit durch Darlegung des eigenen Standpunktes.

❏ L. trifft klare Vereinbarungen.

❏ L. zeigt Grenzen seiner Toleranz auf.

❏ L. sorgt für Klärung der Zuständigkeiten und Verantwortlichkeiten (einschließlich seiner eigenen).

❏ …

Handlungszüge zur Moderierung
der individuellen Begegnung

Nähe und Distanz

Erzieherische Bezüglichkeit

**Wechselnde Zentrierung:
Individuum vs. Gruppe**

❏ L. kümmert sich um einzelne Sch. und stellt individuell Hilfen im Lernprozess bereit, ohne die Klasse aus dem Blick zu verlieren.

❏ L. verweilt bei Beiträgen Einzelner und bezieht die Klasse dabei ein.

❏ L. sorgt dafür, dass viele Sch. je einzeln zu Wort kommen und Gehör finden.

❏ L. hebt die Beiträge Einzelner deutlich hervor, inhaltlich zustimmend oder ablehnend.

❏ L. geht routiniert, aber nicht stereotyp auf Beiträge Einzelner ein.

❏ L. führt Einzelgespräche.

❏ L. fordert bei Einzelgesprächen Rücksicht/Innehalten der Klasse/Gruppe.

❏ L. macht einen Wechsel in der Zuwendung (Individuum vs. Gruppe) kenntlich, z.B. durch verbale Aufforderungen, körpersprachliche und raumchoreographische Anzeichen.

❏ L. aktiviert die Klasse als Ganzes.

❏ L. initiiert Gruppenarbeit/Partnerarbeit.

❏ L. hört sich in das Gruppengespräch ein.

❏ L. bewertet nach Gruppenleistung.

❏ L. strebt erkennbar danach (unterbricht sich, wartet ab, spricht an usw.), dass die Zentrierungen aller miteinander übereinstimmen, d.h. alle richten ihre Aktivitäten auf den gegebenen Sachverhalt.

❏ L. bewertet Gruppenprozesse im Hinblick auf Leistungsziele.

❏ L. reflektiert Gruppenprozesse zusammen mit den Gruppen auch unabhängig von den Leistungszielen.

❏ ...

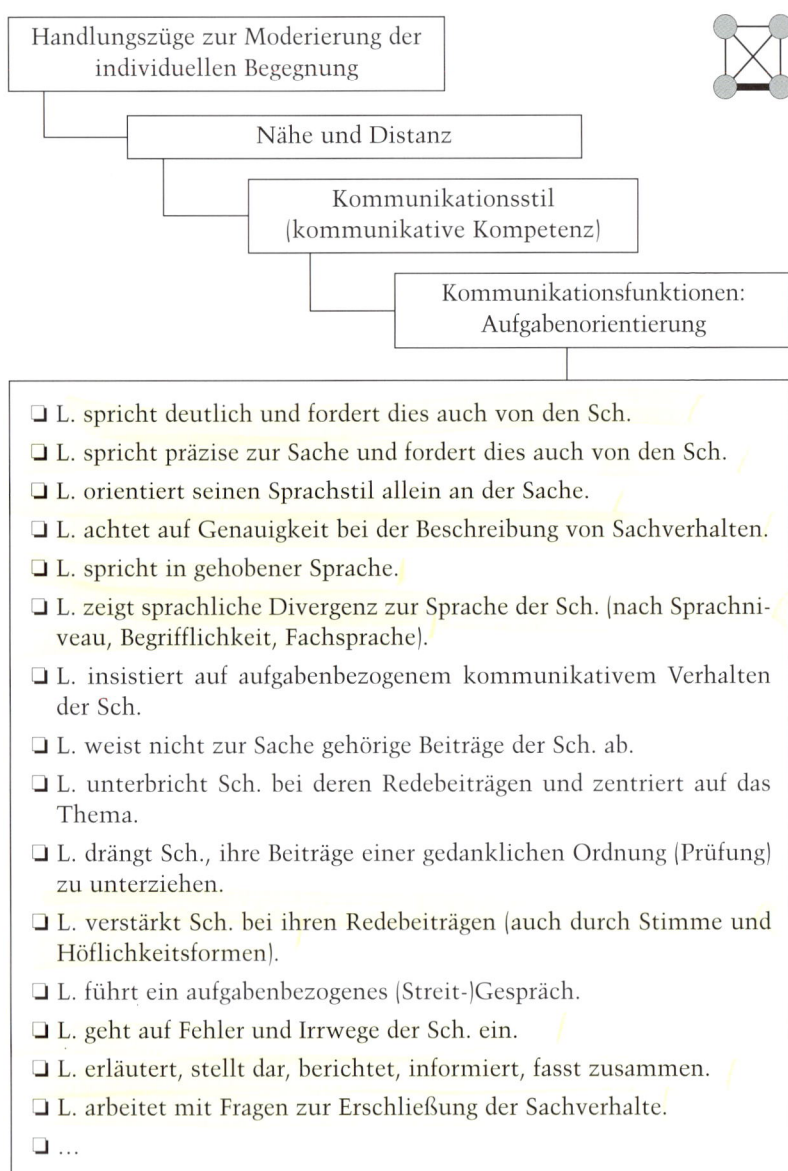

Handlungszüge zur Moderierung der
individuellen Begegnung

Nähe und Distanz

Kommunikationsstil
(kommunikative Kompetenz)

Kommunikationsfunktionen:
Aufgabenorientierung

❏ L. spricht deutlich und fordert dies auch von den Sch.

❏ L. spricht präzise zur Sache und fordert dies auch von den Sch.

❏ L. orientiert seinen Sprachstil allein an der Sache.

❏ L. achtet auf Genauigkeit bei der Beschreibung von Sachverhalten.

❏ L. spricht in gehobener Sprache.

❏ L. zeigt sprachliche Divergenz zur Sprache der Sch. (nach Sprachniveau, Begrifflichkeit, Fachsprache).

❏ L. insistiert auf aufgabenbezogenem kommunikativem Verhalten der Sch.

❏ L. weist nicht zur Sache gehörige Beiträge der Sch. ab.

❏ L. unterbricht Sch. bei deren Redebeiträgen und zentriert auf das Thema.

❏ L. drängt Sch., ihre Beiträge einer gedanklichen Ordnung (Prüfung) zu unterziehen.

❏ L. verstärkt Sch. bei ihren Redebeiträgen (auch durch Stimme und Höflichkeitsformen).

❏ L. führt ein aufgabenbezogenes (Streit-)Gespräch.

❏ L. geht auf Fehler und Irrwege der Sch. ein.

❏ L. erläutert, stellt dar, berichtet, informiert, fasst zusammen.

❏ L. arbeitet mit Fragen zur Erschließung der Sachverhalte.

❏ ...

Handlungszüge zur Moderierung der
individuellen Begegnung

Nähe und Distanz

Kommunikationsstil
(kommunikative Kompetenz)

Kommunikationsfunktionen:
Soziale Kontrolle

❏ L. begrenzt die Möglichkeiten der freien Bewegung der Sch.: Sie müssen sich z.b. melden, wenn sie den Platz oder den Raum verlassen wollen.

❏ L. organisiert und beharrt auf bestimmten Verhaltensweisen der Sch. (z.b. beim Wechsel der Arbeitsformen/der Sozialformen, in der Durchführung bestimmter Tätigkeiten).

❏ L. zieht deutlich Grenzen zwischen akzeptablem und inakzeptablem Verhalten.

❏ L. stellt unmittelbare Kontakte zu einzelnen Sch. her durch Ausdruckssteigerungen der Nähe (Blick, Blickkontakt, Berührung, offene Körperhaltung).

❏ L. formuliert Handlungsaufträge, die durch ihren Vollzug unerwünschte Handlungsweisen ausschließen.

❏ L. setzt disziplinierende Maßnahmen (von Ermahnungen bis zum ausgesprochenen Verweis) ein.

❏ L. führt ein Streitgespräch, um die sozialen Beziehungen zu klären.

❏ ...

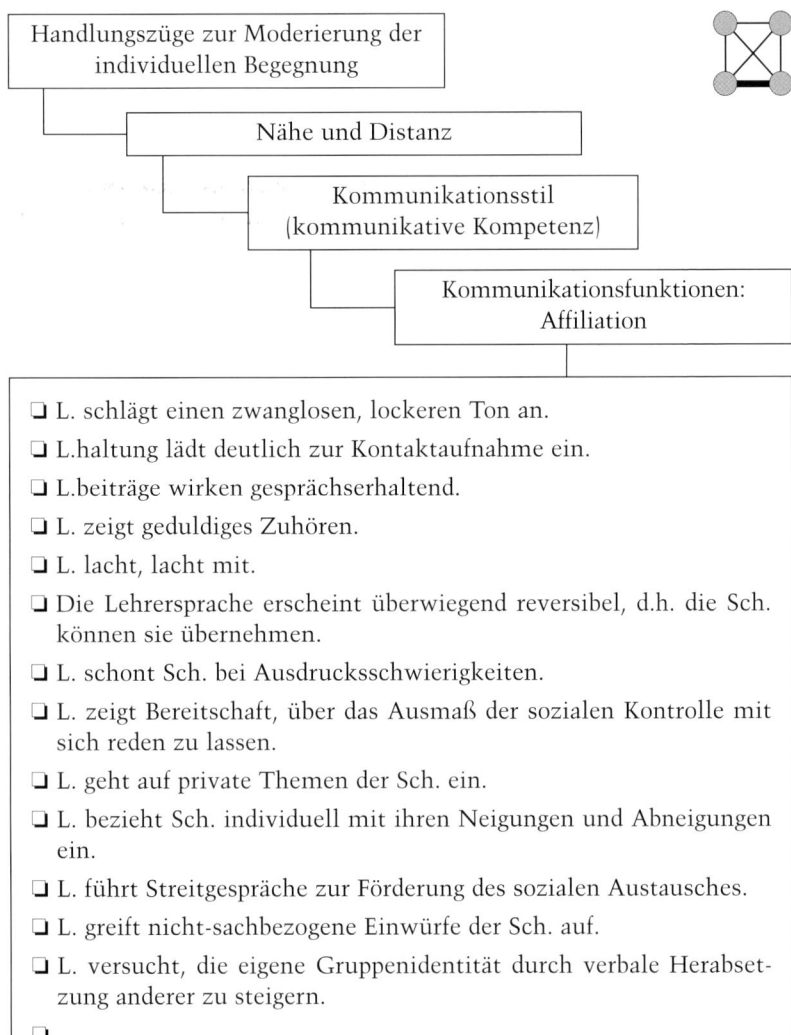

Handlungszüge zur Moderierung der
individuellen Begegnung

Nähe und Distanz

Kommunikationsstil
(kommunikative Kompetenz)

Kommunikationsfunktionen:
Affiliation

❏ L. schlägt einen zwanglosen, lockeren Ton an.

❏ L.haltung lädt deutlich zur Kontaktaufnahme ein.

❏ L.beiträge wirken gesprächserhaltend.

❏ L. zeigt geduldiges Zuhören.

❏ L. lacht, lacht mit.

❏ Die Lehrersprache erscheint überwiegend reversibel, d.h. die Sch. können sie übernehmen.

❏ L. schont Sch. bei Ausdrucksschwierigkeiten.

❏ L. zeigt Bereitschaft, über das Ausmaß der sozialen Kontrolle mit sich reden zu lassen.

❏ L. geht auf private Themen der Sch. ein.

❏ L. bezieht Sch. individuell mit ihren Neigungen und Abneigungen ein.

❏ L. führt Streitgespräche zur Förderung des sozialen Austausches.

❏ L. greift nicht-sachbezogene Einwürfe der Sch. auf.

❏ L. versucht, die eigene Gruppenidentität durch verbale Herabsetzung anderer zu steigern.

❏ …

Handlungszüge zur Moderierung der individuellen Begegnung

Konformität und Autonomie

Handlungsspielräume

Fremdsteuerung vs. Selbstorganisation: Engagement unterstützend oder behindernd?

- ❑ L. setzt wirksam normerhaltende, das Engagement der Sch. unterstützende Maßnahmen ein.
- ❑ L. gestaltet den Wechsel (z.B. von einer Arbeits-/ oder Sozialform zur anderen, von einem Fach zum nächsten, von einem Arbeitsabschnitt zum nächsten) durch Pausenaktivitäten, durch vorbereitende Organisationsmaßnahmen für das Folgende u.a.m.
- ❑ Die Arbeitsorganisationsmaßnahmen des L. erfolgen zügig und sind effektiv.
- ❑ L. gliedert die Arbeitsschritte der Sch. sequentiell korrekt (L. spricht über die Sachverhalte in der Reihenfolge der gedachten Bearbeitung) und sprachlich präzise.
- ❑ L. gibt deutliche Instruktionen im Hinblick auf den Umgang mit der Sache und mit der Zeit.
- ❑ L. gelingt es, den Einfluss von Störungen zu mindern.
- ❑ L. nimmt sich absichtsvoll zurück.
- ❑ L. übergibt Aufgaben zur Selbstorganisation.
- ❑ L. verstärkt in geeigneter Weise sachangemessenes selbstorganisatorisches Handeln der Sch.
- ❑ L. gibt Gelegenheit zur wechselseitigen Unterrichtung, Hilfestellung oder zur Arbeitsteilung (durch Gruppenarbeit, Partnerarbeit).
- ❑ L. macht die Arbeitsorganisation der Gruppe bzw. des Einzelnen eigens zum Thema, bevor die Gruppe bzw. der Einzelne sich zu organisieren beginnt.
- ❑ L. leitet Gruppen und Einzelne zur Selbstorganisation in ausgewählten Tätigkeitsbereichen an (z.B. Diskussion, Befragung, Untersuchung, praktische Tätigkeiten), aber auch in kleinen, umschriebenen Einheiten.
- ❑ L. überwacht den Arbeitsverlauf in den Gruppen bzw. beim Einzelnen durch teilnehmendes Interesse (auch durch Ratschläge, nicht aber durch Vorschriften).
- ❑ L. schafft einen Raum der emotionalen Entlastung für die Sch. durch Gruppenarbeit. (Sch. können sich z.B. auch über persönliche Sachverhalte verständigen, ohne als Regelverletzer zu gelten).
- ❑ L. thematisiert am Ende der Arbeiten die Stationen im Prozess der Arbeitsorganisation.
- ❑ …

Handlungszüge zur Moderierung der
individuellen Begegnung

Konformität und Autonomie

Handlungsspielräume

Normverpflichtungen und Räume
der freien Entscheidung: Engagement
eröffnend oder behindernd?

❏ L. benennt präzise die jeweils relevanten Räume der freien Entscheidung.

❏ L. thematisiert Normverpflichtungen (gegenüber der Gruppe oder Einzelnen).

❏ L. stellt gemeinsame Verantwortlichkeit (L. und Sch.) dafür heraus, dass das Ziel erreicht wird.

❏ L. greift frühzeitig ein, wenn eine Entwicklung in eine unerwünschte Richtung geht.

❏ L. verstärkt in geeigneter Weise regelorientiertes Verhalten der Sch.

❏ L. insistiert auf Regeleinhaltung.

❏ L. greift auf Ordnungsdienste zurück.

❏ L. thematisiert erfolgreiche Kooperation.

❏ Die Gesprächsform des L. ermuntert Sch. zu Beiträgen (z.B. Impulse setzen, wenig W-Fragen, Vertrautes verwenden).

❏ L. schränkt seine Redeanteile deutlich ein, so dass Sch. vermehrt zum Zuge kommen.

❏ L. lässt Sch. bei bestimmten Themen mitentscheiden.

❏ L. lässt Sch. die Reihenfolge der Themen mitbestimmen.

❏ ...

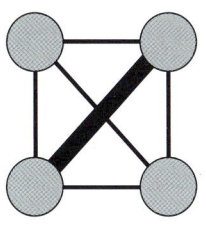

Handlungszüge

zur
Systemsteuerung

d. h. zur Gestaltung der Beziehung von Handlungsstruktur und Situationsstruktur

Handlungszüge zur Systemsteuerung, d.h.
zur Gestaltung der Beziehung von Handlungsstruktur und Situationsstruktur

Kontextualisierung

Lesbarkeit

Umgang mit sozialer Komplexität

- ❏ L. verschafft sich in angemessen erscheinender Weise einen Über-
blick über Zielsetzungen, Interessen, Motivation, Tätigkeiten der
Beteiligten.
- ❏ L. achtet darauf, dass die äußeren Rahmenbedingungen mit den
Zielen harmonieren.
- ❏ L. richtet Zeit und Aufmerksamkeit auf die Zentrierungsverhält-
nisse der Gesamtsituation (in der Gestaltung des Raumes, in der
Prozessgestaltung, in der Vermittlung von Inhalten, in den Kogni-
tionen der Beteiligten, im Gesamtfeld der Gruppe).
- ❏ L. zentriert demonstrativ um, um in der Sache weiterzukommen.
- ❏ L. organisiert die Beiträge der Sch. (z.B. als Tafelanschrieb, reihum,
Schwache zuerst).
- ❏ L. organisiert Gelegenheiten zur wechselseitigen Unterstützung.
- ❏ L. stellt gegenseitige Unterstützung als gemeinsame Stärke dar.
- ❏ L. initiiert arbeitsteilige Tätigkeiten.
- ❏ L. sorgt für schrittweises Vorgehen.
- ❏ L. inszeniert Positionswechsel in den üblichen Lehrer-Schüler-Po-
sitionen.
- ❏ Tafelanschriebe des L. sind gut lesbar.
- ❏ ...

Handlungszüge zur Systemsteuerung, d.h.
zur Gestaltung der Beziehung von Handlungsstruktur und Situationsstruktur

Verhaltensvarianz

Umgang mit Störungen

Umstimmungshilfen

❏ L. hilft Sch., über missliche Situation hinweg zu kommen (z.B. durch kooperative Verhaltensweisen in konfliktfreien Feldern).

❏ L. regt bei drohendem Leerlauf oder erkanntem Irrweg durch Zuspruch, Impulse, Gegenständen, Informationen erneut zur Arbeit an.

❏ L. zeigt Humor, Witz, Schlagfertigkeit.

❏ L. findet positive Deutungen für nicht unterrichtsbezogenes Verhalten der Sch.

❏ L. spricht einen Sachverhalt an, der mit positiven Gefühlen behaftet ist.

❏ L. überrascht die Sch. durch unerwartete Handlungsweisen.

❏ L. gibt paradox erscheinende Anweisungen.

❏ ...

Handlungszüge zur Systemsteuerung, d.h. zur Gestaltung der Beziehung von Handlungsstruktur und Situationsstruktur

Verhaltensvarianz

Umgang mit Störungen

Stabilisierungshilfen

- ❏ L. zeigt sich verantwortlich für das Handeln der Sch. in komplexen Situationen, übernimmt z.B. Hilfestellungen zur Bewältigung organisatorischer Aufgaben.
- ❏ L. klärt zügig Verfahrensfragen, reguliert Verhaltensabläufe.
- ❏ L. bemüht sich, störende äußere Einflüsse zu mindern, z.B. dadurch, dass die Situation reizärmer gemacht wird.
- ❏ L. vereinfacht die Situation durch klar angegebene Verhaltensanweisungen.
- ❏ L. schafft Gliederungen, die Erfolgserlebnisse erreichbar erscheinen lassen.
- ❏ L. entlastet von Zeitdruck als den Umständen nach unnötigem Stressfaktor.
- ❏ L. benutzt Erinnerungshilfen.
- ❏ L. organisiert Verdeutlichungshilfen eines Gesprächs- und Gedankenablaufs durch Verschriftlichungen (Tafelarbeit, Tageslichtprojektor, Hefteintrag).
- ❏ L. macht Angaben über Lernziele zur Selbstkontrolle.
- ❏ L. zeigt Übereinstimmung in Reden und Handeln (= konsequentes Verhalten).
- ❏ L. stellt Gemeinsamkeiten heraus (z.B. gemeinsame Freude, gemeinsame Not, gemeinsamer Vorteil, gemeinsamer Gegner usw.).
- ❏ L. verankert Entscheidungen und Verantwortungen in der Gruppe durch Aussprache und Abstimmung.
- ❏ L. insistiert auf Einhaltung verabredeter oder angeordneter Verhaltensweisen.
- ❏ L. zeigt seinen Anspruch, signalisiert aber auch Zufriedenheit gegenüber bestimmten Teilergebnissen.
- ❏ L. gibt unmittelbare und sachangemessene Bestätigungen.
- ❏ L. lobt nicht generell sondern beschreibt genau, welche Handlungsweisen der Sch. er lobend herausstellen will.
- ❏ L. sagt weniger „Lass das“ sondern eher „Tu dies und das“ zur Aufhebung von Störungen.
- ❏ L. appelliert an die Verlässlichkeit der Sch.
- ❏ ...

Handlungszüge zur Systemsteuerung, d.h.
zur Gestaltung der Beziehung von Handlungsstruktur und Situationsstruktur

Verhaltensvarianz

Umgang mit Störungen

Rückführungshilfen

- ❏ L. mahnt zur Ruhe und Aufmerksamkeit.

- ❏ L. unterbricht sich, bis die Störung beendet worden ist.

- ❏ L. markiert klar Grenzen der Toleranz durch Stopp-Signale.

- ❏ L. bestraft demonstrativ.

- ❏ L. ändert den Kontaktstil: wird knapp und kalt oder laut und erregt.

- ❏ L. trifft organisatorische Änderungsmaßnahmen (z.B. Sitzplatzwechsel einzelner oder aller Sch.).

- ❏ L. nennt bei Anordnungen nicht alles auf einmal sondern eins nach dem anderen und in der Reihenolge des intendierten Handlungsablaufs.

- ❏ L. formuliert Handlungsaufträge, die durch ihren Vollzug unerwünschte Handlungsweisen ausschließen.

- ❏ L. zentriert auf die Sache.

- ❏ L. lässt Sch. auf die Sache zentrieren.

- ❏ L. gibt direkt oder indirekt den Sch. zu erkennen, ober ihre Beiträge für das Thema relevant sind.

- ❏ L. entlastet Sch. durch Präzisierungshilfen.

- ❏ L. initiiert gezielt Kooperationsgelegenheiten als Unterstützung in Problemfällen.

- ❏ L. lässt die erfolgte Gedankenentwicklung nachgestalten (Wie sind wir darauf gekommen?).

- ❏ ...

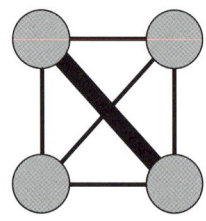

Handlungszüge

zur
Stimulation des Sachverhältnisses

Handlungszüge zur Stimulation
des Sachverhältnisses

Aktivation der Begebnisart: Modi der
Vergegenwärtigung (Unterrichtsmittel)

Materiale Repräsentation (Vergegenständ-
lichung, Veranschaulichung)

Arbeitsmittel: Anregungszentrierung nach Aufforderungscharakter (senso-motorisch vs. problemzentriert)
und Ich-Funktion (selbst erzeugt vs. vermittelt)

❑ L. setzt Arbeitsmaterialien nach ihrem sensorisch-motorischen Anreiz-
wert ein (er zielt auf Aufmerksamkeitserregung und auf die Tunsqua-
litäten der Materialien).

❑ L. verwendet Arbeitsmaterialien ganz phänomennah (nach ihren Oberflächenmerkmalen).

❑ L. organisiert und koordiniert manuelle Verrichtungen.

❑ L. leitet freie Bewegungsspiele an.

❑ L. leitet Übung an Geräten und Gerätschaften an.

❑ L. nimmt Materialien oder Produktionen der Sch. als Arbeits- bzw.
Veranschaulichungsmittel.

❑ L. überträgt Sch. die Beschaffung von Unterrichtsgegenständen.

❑ L. überträgt Sch. die Problemstrukturierung und Herstellung von Unterrichtsgegenständen.

❑ L. lässt die Sch. selbst Aufgaben erfinden und lösen.

❑ L. benutzt vorgefertigte Problemstellungen (Lehrbilder, Aufgabensammlungen, Arbeitsblätter, Informationsmaterial, Formulare usw.).

❑ L. benutzt Medien (Tafel, Hefte, Tageslichtprojektor usw.) als Strukturierungshilfe.

❑ L. stellt sicher, dass Sch. mit der neuen Problemsituation zurecht
kommen (organisatorisch wie inhaltlich als auch durch die Eignung des
Materialangebots).

❑ L. organisiert die Problemstellung und die Durchführung der Materialbearbeitung.

❑ L. zentriert die Materialbearbeitung auf strukturelle Momente (Kriterien).

❑ L. vermittelt den Sch., dass ihr Tun schon dass Werk ist.

❑ ...

Handlungszüge zur Stimulation
des Sachverhältnisses

Aktivation der Begebnisart: Modi der
Vergegenwärtigung (Unterrichtsmittel)

Figurale Repräsentation (Vorstellungsbilder wecken)

Steuerung der verbalen und nonverbalen Wissensrepräsentation nach
Prozessgestaltungsmerkmalen (monoton vs. bewegt) und nach Modi der
Teilhabe monologisch vs. dialogisch)

❏ L. entwickelt Vorstellungsbilder in einer Weise, die Aufmerksamkeit und Beteiligung der Sch. auslöst.

❏ L.darstellung erscheint einfallsreich, phantasievoll, bewegt (vs.
nüchtern, trocken, monoton).

❏ L.beitrag führt zu lebhaften Diskussionsbeiträgen.

❏ L. lenkt Gedankenentwicklung weitgehend durch Impulse.

❏ L. arbeitet mit Fragen und Erschließung der Sachverhalte.

❏ L.darstellung zeigt starken Realitätsbezug.

❏ L. stützt die Themaorientierung von Diskussionsbeiträgen.

❏ L. sorgt für Aufgabenorientierung.

❏ L. spricht Emotionen und Beziehungen an.

❏ L. drängt auf Einhaltung von Gesprächsregeln.

❏ L. ruft nacheinander Sch. auf zur öffentlichen Bearbeitung von vorgegebenen Texten und Aufgabensammlungen (vom Lehrbuch bis
zum Arbeitsblatt).

❏ ...

Handlungszüge zur Stimulation des Sachverhältnisses

Aktivierungsmuster zur Mannigfaltig-keitserhöhung (Unterrichtsmaßnahmen)

Funktionsziel: Individualisierung

Tätigkeit

- ❏ L. erklärt die auszuführenden Handlungen präzise.
- ❏ L. erläutert, was und wie die Sch. etwas tun sollen, sowohl hinsichtlich Quantität wie Qualität.
- ❏ L. informiert über die zur Verfügung stehende Arbeitszeit.
- ❏ L. nennt die auszuführenden Handlungen in der Reihenfolge ihres Ablaufs.
- ❏ L. weist auf Abschnittsbildungen in den Tätigkeiten hin.
- ❏ L. erteilt Arbeitsaufträge nicht nur mündlich, sondern auch schriftlich (Folie, Arbeitsblatt, Tafel, Buch).
- ❏ L. zentriert bei Tätigkeiten auf Problemstellen.
- ❏ L. macht vor, kontrolliert das Nachmachen.
- ❏ L. orientiert selbst oder durch Sch., wie man eine Sache anpackt.
- ❏ L. orientiert genau darüber, in welcher Weise (Umfang, Medium) und in welcher Symbolisierungsform (z.B. Werkstück, Grafik, Rollenspiel, Textvorlage) die Ergebnisse später dargestellt werden sollen.
- ❏ L. ermöglicht Fertigstellung der Betätigung.
- ❏ L. insistiert auf Fertigstellung der Betätigung.
- ❏ L. gibt der Betrachtung der Arbeitsergebnisse Raum.
- ❏ L. lenkt die Sch., ihre Erfahrungen mit ihren Betätigungen auf den Begriff zu bringen.
- ❏ L. beharrt auf logisch konsequent aufgebauter Argumentation.
- ❏ L. lässt einen Vorgang inszenieren.
- ❏ L. sensibilisiert für ästhetische Sichtweisen.
- ❏ ...

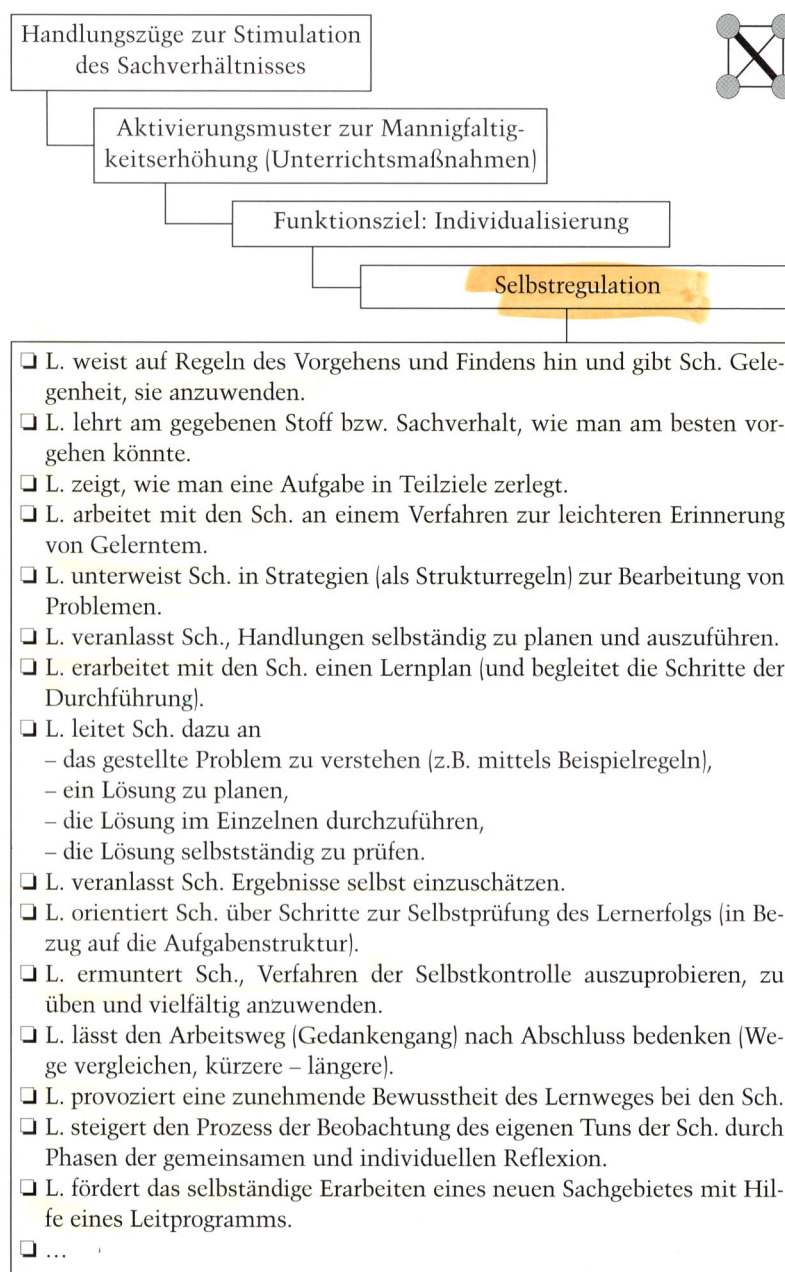

Handlungszüge zur Stimulation des Sachverhältnisses

Aktivierungsmuster zur Mannigfaltig-keitserhöhung (Unterrichtsmaßnahmen)

Funktionsziel: Individualisierung

Selbstregulation

- ❏ L. weist auf Regeln des Vorgehens und Findens hin und gibt Sch. Gelegenheit, sie anzuwenden.
- ❏ L. lehrt am gegebenen Stoff bzw. Sachverhalt, wie man am besten vorgehen könnte.
- ❏ L. zeigt, wie man eine Aufgabe in Teilziele zerlegt.
- ❏ L. arbeitet mit den Sch. an einem Verfahren zur leichteren Erinnerung von Gelerntem.
- ❏ L. unterweist Sch. in Strategien (als Strukturregeln) zur Bearbeitung von Problemen.
- ❏ L. veranlasst Sch., Handlungen selbständig zu planen und auszuführen.
- ❏ L. erarbeitet mit den Sch. einen Lernplan (und begleitet die Schritte der Durchführung).
- ❏ L. leitet Sch. dazu an
  - das gestellte Problem zu verstehen (z.B. mittels Beispielregeln),
  - ein Lösung zu planen,
  - die Lösung im Einzelnen durchzuführen,
  - die Lösung selbstständig zu prüfen.
- ❏ L. veranlasst Sch. Ergebnisse selbst einzuschätzen.
- ❏ L. orientiert Sch. über Schritte zur Selbstprüfung des Lernerfolgs (in Bezug auf die Aufgabenstruktur).
- ❏ L. ermuntert Sch., Verfahren der Selbstkontrolle auszuprobieren, zu üben und vielfältig anzuwenden.
- ❏ L. lässt den Arbeitsweg (Gedankengang) nach Abschluss bedenken (Wege vergleichen, kürzere – längere).
- ❏ L. provoziert eine zunehmende Bewusstheit des Lernweges bei den Sch.
- ❏ L. steigert den Prozess der Beobachtung des eigenen Tuns der Sch. durch Phasen der gemeinsamen und individuellen Reflexion.
- ❏ L. fördert das selbständige Erarbeiten eines neuen Sachgebietes mit Hilfe eines Leitprogramms.
- ❏ ...

Handlungszüge zur Stimulation
des Sachverhältnisses

Aktivierungsmuster zur Mannigfaltigkeitserhöhung (Unterrichtsmaßnahmen)

Vermittelnde kognitive Prozesse:
Richtungssinn der Gedankenführung

Reduktion von kogniti-
ver Komplexität

- ❏ L. orientiert sich darüber, wie die Aufgabenstellung verstanden wurde.
- ❏ L. vereinfacht die Situation durch klar gegebene Handlungsanweisungen (zerlegt eine Aufgabe in einzelne Arbeitsschritte, gibt deren Reihenfolge präzise an, macht die Arbeitsorganisation der Gruppe bzw. des Einzelnen eigens zum Thema bevor die Gruppe bzw. der Einzelne sich zu organisieren beginnt).
- ❏ L. stellt die Zielstellung dar.
- ❏ L. weist auf Einschränkungen des Suchraums durch Einführung von Kriterien hin.
- ❏ L. versichert sich des Regelwissens (der Ausgangsabstraktionen) der Sch. zu den zu behandelnden Lernstoffen.
- ❏ L. richtet die Suche auf Ähnlichkeiten bzw. Unterschiede zwischen einzelnen Phänomenen nach bestimmten Kriterien.
- ❏ L. veranlasst Korrekturhandlungen bei Verständnisproblemen.
- ❏ L. lässt Phänomene anhand von Gesetzmäßigkeiten bzw. Arbeitsregeln bearbeiten.
- ❏ L. drängt zur Feststellung von Unterschieden bzw. Ähnlichkeiten.
- ❏ L. stellt konvergente, zielgenaue Fragen.
- ❏ L. lässt Sch. ihren Gedankengang verbalisieren, auch einen falschen, um besser verstehen und helfen zu können.
- ❏ L. lenkt die Aufmerksamkeit der Sch. zurück auf entscheidende Problemstellen im Gedankengang.
- ❏ L. stellt Regeln zur Anwendung auf den Sachverhalt vor.
- ❏ L. veranlasst die Sch., ihre Zielerreichung zu überprüfen.
- ❏ ...

Zielorientiertheit ✓

Der Service: Gestaltung und Inhalt der CD-ROM

Handlungszüge zur Stimulation
des Sachverhältnisses

Aktivierungsmuster zur Mannigfaltigkeitserhöhung (Unterrichtsmaßnahmen)

Vermittelnde kognitive Prozesse:
Richtungssinn der Gedankenführung

Induktion von Dimensionalität

❏ L. exponiert ein Phänomen.

❏ L. schafft einen Problemraum, z.B. durch brainstorming, mind map-
ping, Vorlagen.

❏ L. forciert den Assoziationsfluss.

❏ L.beitrag zielt darauf, die Phantasie der Sch. anzuregen.

❏ L. stellt Fragen, die eine Vielzahl von Antwortmöglichkeiten erlauben.

❏ L. lenkt zum Aufstellen von Hypothesen.

❏ L. steuert den Prozess der Hypothesenbildung durch eingeschobene
Kontrollverfahren.

❏ L. initiiert Reflexionen über die Zielstellung(en).

❏ L. stellt andere Beziehungssetzungen her bzw. stimuliert dazu.

❏ ...

Handlungszüge zur Stimulation
des Sachverhältnisses

Aktivierungsmuster zur Mannigfaltigkeitserhöhung (Unterrichtsmaßnahmen)

Vermittelnde soziale Arrangements: Anregungszentrierungen der Aktionsarten

Kompetenzorientierung

- ❏ L. sorgt für streng aufgabenorientierte Arbeitsweise.
- ❏ L. veranlasst Sch., sich Klarheit über die Problemstellung zu verschaffen.
- ❏ L. geht auf Sachfragen der Sch. ein.
- ❏ L. handelt nach dem Expertenprinzip, d.h. Beiträge sollen vom sachlich Zuständigen geboten werden.
- ❏ L. stellt sich als besonders zuständiger Wissensträger dar.
- ❏ L. verfügt über eine Darstellungsgabe, die die Sch. fasziniert.
- ❏ L. zeigt Fertigkeiten, die sich die Sch. auf dem Wege der Nachahmung aneignen sollen.
- ❏ L. leitet ängstlich-unsichere Sch. eher Schritt für Schritt an.
- ❏ L. sorgt durch konkrete Anweisungen dafür, dass die Gelegenheit zu Ablenkungen im voraus minimiert werden.
- ❏ ...

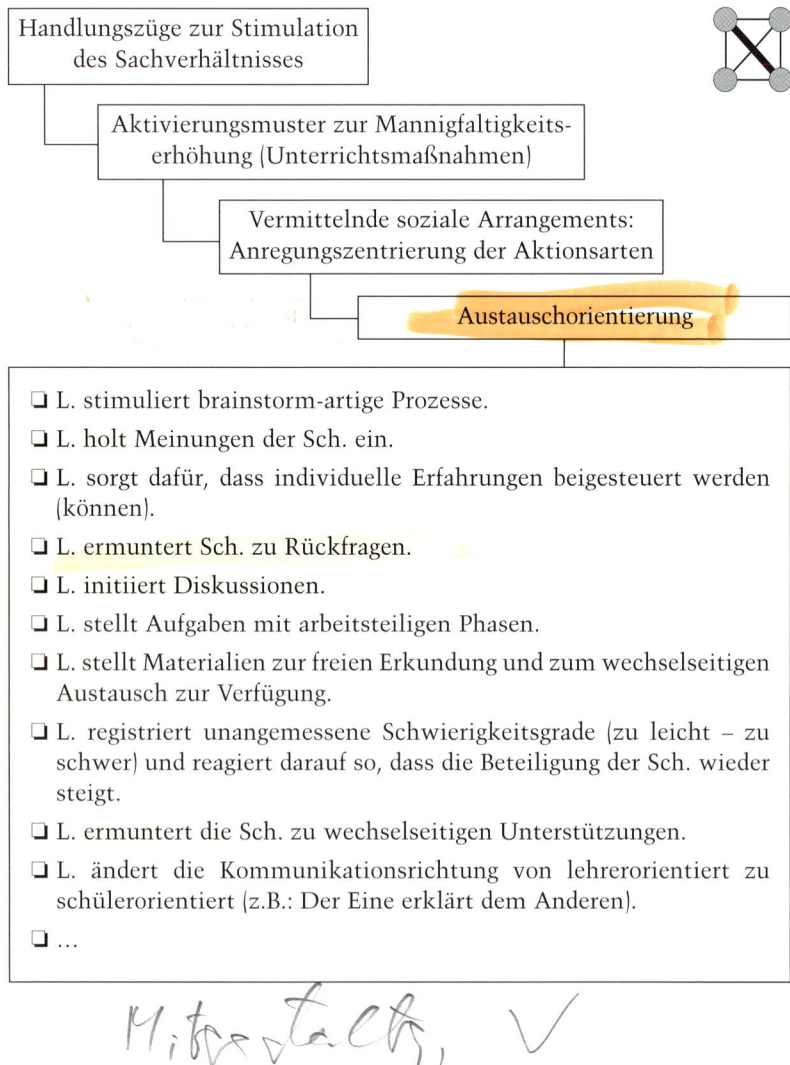

Handlungszüge zur Stimulation des Sachverhältnisses

Aktivierungsmuster zur Mannigfaltigkeits-erhöhung (Unterrichtsmaßnahmen)

Vermittelnde soziale Arrangements: Anregungszentrierung der Aktionsarten

Austauschorientierung

❏ L. stimuliert brainstorm-artige Prozesse.

❏ L. holt Meinungen der Sch. ein.

❏ L. sorgt dafür, dass individuelle Erfahrungen beigesteuert werden (können).

❏ L. ermuntert Sch. zu Rückfragen.

❏ L. initiiert Diskussionen.

❏ L. stellt Aufgaben mit arbeitsteiligen Phasen.

❏ L. stellt Materialien zur freien Erkundung und zum wechselseitigen Austausch zur Verfügung.

❏ L. registriert unangemessene Schwierigkeitsgrade (zu leicht – zu schwer) und reagiert darauf so, dass die Beteiligung der Sch. wieder steigt.

❏ L. ermuntert die Sch. zu wechselseitigen Unterstützungen.

❏ L. ändert die Kommunikationsrichtung von lehrerorientiert zu schülerorientiert (z.B.: Der Eine erklärt dem Anderen).

❏ …

Handlungszüge zur Stimulation
des Sachverhältnisses

Aktivierungsmuster zur Mannigfaltigkeitserhöhung (Unterrichtsmaßnahmen)

Vermittelnde soziale Arrangements: Anregungszentrierungen der Aktionsarten

Selbstorientierung

- ❏ L. gibt erst Hilfen, wenn Sch. ohne sie offenkundig nicht weiter-kommen.
- ❏ L. sorgt für Wiederholungen aus dem Gedächtnis.
- ❏ L. lässt Fertigkeiten üben.
- ❏ L. verweist auf ruhiges Nachdenken.
- ❏ L. fordert eigene Formulierungen.
- ❏ L. fordert persönliche Stellungnahme.
- ❏ L. verlangt individuelle Entscheidung.
- ❏ L. besteht auf eigenem Leistungsbeitrag (auch bei Partner- oder Gruppenarbeit).
- ❏ L. individualisiert den Unterricht dadurch, dass die Sch. mit jeweils unterschiedlichen Maßnahmen hinsichtlich Lernaufgabe, Metho-de, Arbeitstempo konfrontiert werden.
- ❏ L. richtet den Schwierigkeitsgrad der Aufgaben so ein, dass viele Sch. Erfolgserlebnisse haben.
- ❏ L. hält die Sch. zu Prozessen der Selbstkontrolle an.
- ❏ L. untersucht den individuellen Leistungsgrad.
- ❏ L. weist auf die Bedeutung schöpferischer Eigenbeiträge hin.
- ❏ …

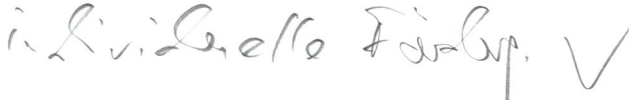

2.4 Auswertungshilfen

Merkblatt zur Nachreflexion auf unterrichtliches Handeln nach den
Basiswerten
(vgl. 📖, S. 86)

---

1. Wie erfuhr ich meine Kompetenzen?
– in den fachlichen Vorkenntnissen auf dem Wissensgebiet
– bei der Planung und beim Unterrichten
– bei der Gliederung des Lehrprozesses
– beim Heranführen der Schüler an die Sache
– bei Maßnahmen zur Unterstützung der Aneignungsprozesse
– durch die Wahl der jeweils angemessenen Repräsentationsstufen
– beim Organisieren handlungsorientierter Schülerbeiträge

---

2. Wie verwirklichte ich das Prinzip *Klarheit?*
– bei Problembehandlungen im Unterrichtsprozess
– in der Gedankenführung (Vorstrukturierung,
  Anknüpfung)
– als Präzision und Verständlichkeit bei den Arbeitsaufträgen
– in der Verständlichkeit beim Umgang mit Arbeitsmaterialien
– durch problemorientierte Aufmerksamkeitslenkungen
– bei der Raumorganisation
– in der Zeitstrukturierung durch Haltepunkte
  (Signalisierungshilfen verwendet?)
– beim Klären der Beziehungen
– im Umgang mit Störung

---

3. Wie handhabe ich das Prinzip *Lebendigkeit?*
– in der Balance zwischen Kontrolliertheit und Spontaneität
– als Arbeitsschwung
– in der Aufmerksamkeitserregung und Aufmerksamkeitslenkung
– durch Rhythmisierungen in der Zeitgestaltung
– als Risikobereitschaft und Flexibilität
– in meiner Raum- und Körperchoreographie
– in der Gesprächsführung
– durch eine lebendige Sprechweise
– in der Offenheit für eine Austauschorientierung zwischen Lehrer und
  Schüler

4. Was tat ich, um das Prinzip Vertrauen zu erfüllen?
- in der Regulation von Nähe und Distanz
- zur Klärung von Beziehungen
- im Wechsel des Kommunikationsstils
  (Aufgabenorientierung vs. Affiliation)
- im Sozialen (gegenüber der Klasse, aber auch gegenüber Einzelnen)
- in meinen Kommunikationsweisen (sensibel im Beziehungsaspekt: klar
  und nicht wertend)
- in Rücksichten auf das Selbstwertgefühl (Einfühlung, Wertschätzung,
  Echtheit)
- in der Handhabung von Handlungsspielräumen für Schüler
- zu meiner Selbststabilisierung
- durch wechselnde Zentrierungen zwischen Individuum und Gruppe

Merkblatt zur Nachreflexion auf unterrichtliches Handeln nach den *Wertkoppelungen* und *Leitbegriffen*
(vgl. 📖, S. 86)

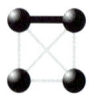

Handlungszüge zur sachstrukturellen Entfaltung in der Wissensvermittlung
– Ablaufsformen: Gliederung einer Unterrichtsstunde bzw. Unterrichtseinheit
– Strukturlinien: Spezielle, lernzielbezogene, bedeutungsstiftende Aktivitäten

Handlungszüge zur Unterstützung der Aneignungsprozesse
– Zielorientierung: Passungen

Handlungszüge zur lebendigen Gestaltung
– Handlungsdynamik
– Selbststabilisierungen

Handlungszüge zur Moderierung der individuellen Begegnung
– Nähe und Distanz
– Konformität und Autonomie

Handlungszüge zur Stimulation des Sachverhältnisses
– Aktivation der Begebnisart: Modi der Vergegenwärtigung (Unterrichtsmittel)
– Aktivierungsmuster zur Mannigfaltigkeitserhöhung (Unterrichtsmaßnahmen)

Handlungszüge zur Systemsteuerung, d.h. zur Gestaltung der Beziehung von Handlungsstruktur und Situationsstruktur
– Kontextualisierung
– Verhaltensvarianz

Einen weiteren Ordnungsgesichtspunkt zur Analyse der Lehrerhandlungen im Unterricht findet sich auf der CD-ROM. Dort ist er direkt mittels der F12-Taste unter Angabe der Seitennummer „Anleitung" → „Handlungszüge, Leitbegriffe" zu finden.

Eigene didaktische Fragestellungen systemmodellorientiert analysieren
Eine Sammlung von Beispielen
(✐ F12: P6b3), ▯ S. 89 ff., 131

1. Themenübersicht

2. Analysen

Fragen zum Klassenführungshandeln

Schülerbeteiligung

Einstimmung

→ **Wie stimmt L. die Sch. auf die Unterrichtsarbeit ein?**
  (✐ **F12: P6b32a1**)

 Handlungszüge zur sachstrukturellen Entfaltung in der Wissensvermittlung:
> Ablaufsformen > Problemerschließungen: Problemgeleiteter Aufbau
> Strukturlinien

 Handlungszüge zur lebendigen Gestaltung:
> Handlungsdynamik > Aktivation > verschiedene Formen der Aufmerksamkeitserregung (problembezogen)
> Selbststabilisierungen > Beziehungsklärungen

 Handlungszüge zur Moderierung der individuellen Begegnung:
> Nähe und Distanz > Erzieherische Bezüglichkeit > Rücksicht auf das Abwechslungsmotiv
> Nähe und Distanz > Kommunikationsstil > Kommunikationsfunktionen: Affiliation

 Handlungszüge zur Unterstützung der Aneignungsprozesse:
> Zielorientierung: Passung

 Handlungszüge zur Systemsteuerung:
> Kontextualisierung
> Verhaltensvarianz

 Handlungszüge zur Stimulation des Sachverhältnisses:
> Aktivation der Begebnisart

Fragen zum Klassenführungshandeln
Schülerbeteiligung
Unterrichtsgespräch

→ Wie gestaltet L. das Unterrichtsgespräch?
(✎ F12: P6b32a2)

 Handlungszüge zur Moderierung der individuellen Begegnung:
> Nähe und Distanz
> Konformität und Autonomie

 Handlungszüge zur Systemsteuerung:
> Kontextualisierung
> Verhaltensvarianz

 Handlungszüge zur sachstrukturellen Entfaltung in der Wissens-vermittlung:
> Ablaufformen > Problemerschließungen
> Ablaufformen > Problembehandlungen
> Strukturlinien

 Handlungszüge zur Unterstützung der Aneignungsprozesse:
> Zielorientierung: Passung > Expositionsstrategien
> Zielorientierung: Passung > Repräsentationsstrategien

 Handlungszüge zur Stimulation des Sachverhältnisses:
> Aktivation der Begebnisart > Figurale Repräsentation
> Aktivierungsmuster zur Mannigfaltigkeitserhöhung > Vermit-telnde kognitive Prozesse
> Aktivierungsmuster zur Mannigfaltigkeitserhöhung > Vermit-telnde soziale Arrangements

 Handlungszüge zur lebendigen Gestaltung:
> Handlungsdynamik
> Selbststabilisierungen

→ Wie löst L. das Problem, bei einem Unterrichtsgespräch
die Sch. zu mehr Beteiligung zu bringen? (✎ F12: P6b32a3)

 Handlungszüge zur sachstrukturellen Entfaltung in der Wissens-vermittlung:
> Ablaufformen > Problemerschließungen > Aktivieren eines Be-zugsrahmens

> Strukturlinien > Antizipationsschema > Vorstrukturierung und Anknüpfung

Handlungszüge zur Unterstützung der Aneignungsprozesse:
> Zielorientierung: Passung

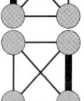

Handlungszüge zur lebendigen Gestaltung:
> Handlungsdynamik > Aktivation
> Selbststabilisierungen > Handlungseinheiten > Aktivitätsumverteilungen
> Selbststabilisierungen > Beziehungsklärungen > Commitment

Handlungszüge zur Stimulation des Sachverhältnisses:
> Mannigfaltigkeitserhöhung > Vermittelnde soziale Arrangements > Austauschorientierung
> Vergegenwärtigung > Figurale Repräsentation

Handlungszüge zur Moderierung der individuellen Begegnung:
> Nähe und Distanz > Erzieherische Bezüglichkeit > Rücksicht auf das Selbstwertgefühl: Einfühlung
> Nähe und Distanz > Erzieherische Bezüglichkeit > Rücksicht auf das Selbstwertgefühl: Wertschätzung

→ **Wie schafft L. einen Spannungsbogen?** (✒ **F12: P6b32a4**)

Handlungszüge zur sachstrukturellen Entfaltung in der Wissensvermittlung:
> Ablaufsformen > Problembehandlungen > Durcharbeiten

Handlungszüge zur Unterstützung der Aneignungsprozesse:
> Zielorientierung: Passung > Expositionsstrategien > Beziehungen entfalten
> Zielorientierung: Passung > Etablierungsstrategien > Elaborationsstrategien: Vergleichen
> Zielorientierung: Passung > Etablierungsstrategien > Organisationsstrategien: Produzieren

Handlungszüge zur lebendigen Gestaltung:
> Handlungsdynamik > Aktivation > verschiedene Formen der Aufmerksamkeitslenkung (problembezogen)
> Handlungsdynamik > Steuerung > Variation der Verarbeitungsaktivitäten: Arbeitsschwung
> Handlungsdynamik > Koordination: Umgang mit Zeit
> Selbststabilisierungen > Beziehungsklärungen > Commitment
> Selbststabilisierungen > Selbstverstärkungen

Handlungszüge zur Stimulation des Sachverhältnisses:
> Mannigfaltigkeitserhöhung > Vermittelnde kognitive Prozesse >
Induktion von Dimensionalität
> Vergegenwärtigung > Figurale Repräsentation

Handlungszüge zur Moderierung der individuellen Begegnung:
> Nähe und Distanz > Erzieherische Bezüglichkeit > Rücksicht
auf das Abwechslungsmotiv

→ **Wie schafft es L., möglichst viele Sch. zur Beteiligung am Unterrichtsgeschehen zu bringen?** (✎ F12: P6b32a5)

Handlungszüge zur lebendigen Gestaltung:
> Handlungsdynamik > Aktivation
> Handlungsdynamik > Koordination: Umgang mit Zeit
> Selbststabilisierungen > Handlungseinheiten > Aktivitätsum-
verteilungen
> Selbststabilisierungen > Beziehungsklärungen > Commitment

Handlungszüge zur Moderierung der individuellen Begegnung:
> Nähe und Distanz
> Konformität und Autonomie > Handlungsspielräume

Handlungszüge zur Stimulation des Sachverhältnisses:
> Aktivierungsmuster zur Mannigfaltigkeitserhöhung > Funkti-
onsziel: Individualisierung
> Aktivierungsmuster zur Mannigfaltigkeitserhöhung > Vermit-
telnde soziale Arrangements > Austauschorientierung

*Handlungszüge zur sachstrukturellen Entfaltung in der Wissens-
vermittlung:*
> Ablaufsformen > Problemerschließungen > Aktivieren eines Be-
zugsrahmens
> Strukturlinien > Antizipationsschema > Vorstrukturierung und
Anknüpfung

Handlungszüge zur Unterstützung der Aneignungsprozesse:
> Zielorientierung: Passung

→ **Wie geht L. mit Beiträgen der Sch. um?** (✎ F12: P6b32a6)

Handlungszüge zur Moderierung der individuellen Begegnung:
> Nähe und Distanz > Erzieherische Bezüglichkeit > Rücksicht
auf das Selbstwertgefühl
> Nähe und Distanz > Kommunikationsstil
> Konformität und Autonomie > Handlungsspielräume

Handlungszüge zur Systemsteuerung:
> Verhaltensvarianz

Handlungszüge zur lebendigen Gestaltung:
> Handlungsdynamik > Steuerung > Variation der Verarbeitungs-
aktivitäten: soziale Routine

Fragen zum Klassenführungshandeln

Umgang mit Störungen

Unruhe

→ **Wie geht L. mit Unruhe in der Klasse um?**
   (✎ **F12: P6b32b1**)

Handlungszüge zur Systemsteuerung:
> Verhaltensvarianz
> Kontextualisierung

Handlungszüge zur Unterstützung der Aneignungsprozesse:
> Zielorientierung: Passung

Handlungszüge zur Moderierung der individuellen Begegnung:
> Nähe und Distanz
> Konformität und Autonomie

Handlungszüge zur lebendigen Gestaltung:
> Handlungsdynamik > Steuerung
> Selbststabilisierungen > Handlungseinheiten
> Selbststabilisierungen > Selbstverstärkungen

Handlungszüge zur Stimulation des Sachverhältnisses:
> Mannigfaltigkeitserhöhung > Vermittelnde soziale Arrange-
ments > Austauschorientierung

→ **Wie geht L. mit den unterschiedlichen Temperamenten
   der Sch. um? Wie z.B. mit den Introvertierten, Ruhigen
   vs. Extrovertierten, Unruhigen, Zappeligen, Hyperak-
   tiven?** (✎ **F12: P6b32b2**)

Handlungszüge zur Systemsteuerung:
> Kontextualisierung
> Verhaltensvarianz

Handlungszüge zur Moderierung der individuellen Begegnung:
> Nähe und Distanz
> Konformität und Autonomie

 Handlungszüge zur Stimulation des Sachverhältnisses:
> Aktivierungsmuster zur Mannigfaltigkeitserhöhung > Funkti-
onsziel: Individualisierung

 Handlungszüge zur lebendigen Gestaltung:
> Handlungsdynamik > Aktivation
> Handlungsdynamik > Steuerung

Fragen zum Klassenführungshandeln
Schülerbeteiligung
Klassenklima

→ Wie gestaltet L. das Zusammenleben in der Klasse/ das Klassenklima? (✐ F12: P6b32b3)

 Handlungszüge zur Moderierung der individuellen Begegnung:
> Nähe und Distanz
> Konformität und Autonomie

 Handlungszüge zur Systemsteuerung:
> Kontextualisierung

 Handlungszüge zur lebendigen Gestaltung:
> Handlungsdynamik > Koordination: Umgang mit Zeit
>Selbststabilisierungen > Beziehungsklärungen

 Handlungszüge zur Stimulation des Sachverhältnisses:
> Aktivierungsmuster zur Mannigfaltigkeitserhöhung > Vermit-
telnde soziale Arrangements

→ Wie stimuliert L. ein Gefühl der Zusammengehörigkeit? (✐ F12: P6b32b4)

 Handlungszüge zur Moderierung der individuellen Begegnung:
> Nähe und Distanz > Erzieherische Bezüglichkeit
> Nähe und Distanz > Kommunikationsstil > Kommunikations-
funktionen > Affiliation

 Handlungszüge zur Systemsteuerung:
> Kontextualisierung > Lesbarkeit
> Verhaltensvarianz > Umgang mit Störungen > Stabilisierungshilfen

Handlungszüge zur sachstrukturellen Entfaltung in der Wissens-
vermittlung:
> Ablaufsformen > Ergebnissicherungen: Anwenden > Herstellen-
de Anwendung
> Ablaufsformen > Ergebnissicherungen: Anwenden > Ausübende
Anwendung

 Handlungszüge zur Stimulation des Sachverhältnisses:
> Aktivierungsmuster zur Mannigfaltigkeitserhöhung > Vermit-
telnde soziale Arrangements > Austauschorientierung

 Handlungszüge zur lebendigen Gestaltung:
> Handlungsdynamik > Steuerung > Variation der Verarbeitungs-
aktivitäten: Soziale Routine
> Selbststabilisierungen > Beziehungsklärungen
> Selbststabilisierungen > Selbstverstärkungen

Fragen zum Klassenführungshandeln
Schülerbeteiligung
Aggressivität

→ **Wie geht L. mit ablehnenden/feindseligen/aggressiven**
Schüleräußerungen um? (⊘ F12: P6b32b5)

 Handlungszüge zur lebendigen Gestaltung:
> Selbststabilisierungen
> Handlungsdynamik > Steuerung

 Handlungszüge zur Moderierung der individuellen Begegnung:
> Nähe und Distanz
> Konformität und Autonomie

 Handlungszüge zur Systemsteuerung:
> Kontextualisierung
> Verhaltensvarianz > Umgang mit Störungen > Umstimmungs-
hilfen

→ **Wie geht L. mit einer Demonstration der Selbstbehauptung**
bei den Sch. um? (⊘ F12: P6b32b6)

 Handlungszüge zur Moderierung der individuellen Begegnung:
> Nähe und Distanz
> Konformität und Autonomie > Handlungsspielräume

Handlungszüge zur Systemsteuerung:
> Verhaltensvarianz > Umgang mit Störungen > Umstimmungs-
hilfen

 Handlungszüge zur Stimulation des Sachverhältnisses:
> Aktivierungsmuster zur Mannigfaltigkeitserhöhung

→ **Wie zeigt L. Missbilligung? (** ✎ **F12: P6b32b7)**

 Handlungszüge zur Moderierung der individuellen Begegnung:
> Nähe und Distanz > Erzieherische Bezüglichkeit > Rücksicht
auf das Selbstwertgefühl: Einfühlung
> Nähe und Distanz > Erzieherische Bezüglichkeit > Rücksicht
auf das Selbstwertgefühl: Wertschätzung
> Nähe und Distanz > Erzieherische Bezüglichkeit > Rücksicht
auf das Selbstwertgefühl: Echtheit
> Nähe und Distanz > Erzieherische Bezüglichkeit > Beziehungen
klären: emotional – sozial
> Nähe und Distanz > Kommunikationsstil
> Konformität und Autonomie > Handlungsspielräume

 Handlungszüge zur Systemsteuerung:
> Verhaltensvarianz > Umgang mit Störungen > Umstimmungs-
hilfen

 Handlungszüge zur Stimulation des Sachverhältnisses:
> Aktivierungsmuster zur Mannigfaltigkeitserhöhung > Vermit-
telnde soziale Arrangements > Selbstorientierung

 Handlungszüge zur lebendigen Gestaltung:
> Handlungsdynamik > Aktivation > Aufmerksamkeitserregung
(reflexartig)
> Selbststabilisierungen > Selbstverstärkungen

Fragen zum Instruktionshandeln
Konzeptionell
Arbeitsmittel

→ Wie setzt L. die Arbeitsmittel ein? (⊘ F12: P6b32c1)

 Handlungszüge zur Stimulation des Sachverhältnisses:
> Aktivation der Begebnisart > Materiale Repräsentation
> Aktivierungsmuster zur Mannigfaltigkeitserhöhung > Funktionsziel: Individualisierung
> Aktivierungsmuster zur Mannigfaltigkeitserhöhung > Vermittelnde kognitive Prozesse

 Handlungszüge zur sachstrukturellen Entfaltung in der Wissensvermittlung:
> Ablaufsformen
> Strukturlinien

 Handlungszüge zur Unterstützung der Aneignungsprozesse:
> Zielorientierung: Passung > Repräsentationsstrategien

Fragen zum Instruktionshandeln
Konzeptionell
Sozialform

→ Wie setzt L. den Wechsel der Sozialform ein?
(⊘ F12: P6b32c2)

 Handlungszüge zur Stimulation des Sachverhältnisses:
> Aktivierungsmuster zur Mannigfaltigkeitserhöhung > Funktionsziel: Individualisierung
> Aktivierungsmuster zur Mannigfaltigkeitserhöhung > Vermittelnde soziale Arrangements

 Handlungszüge zur Systemsteuerung:
> Kontextualisierung > Lesbarkeit > Umgang mit sozialer Komplexität
> Verhaltensvarianz > Umgang mit Störungen

 Handlungszüge zur Moderierung der individuellen Begegnung:
> Nähe und Distanz > Erzieherische Bezüglichkeit > Wechselnde Zentrierungen

---

Fragen zum Instruktionshandeln
Konzeptionell
Arbeitsform

→ **Welche Bedeutung hat der Wechsel der Arbeitsform?**
  (✏ **F12: P6b32c3**)

 Handlungszüge zur Unterstützung der Aneignungsprozesse:
> Zielorientierung: Passung

 Handlungszüge zur Systemsteuerung:
> Verhaltensvarianz > Umgang mit Störungen

 Handlungszüge zur Moderierung der individuellen Begegnung:
> Nähe und Distanz > Erzieherische Bezüglichkeit > Rücksicht
auf das Abwechslungsmotiv

 *Handlungszüge zur sachstrukturellen Entfaltung in der Wissens-
vermittlung:*
> Ablaufsformen

Fragen zum Instruktionshandeln
Konzeptionell
Einstieg

→ **Wie gestaltet L. den Einstieg in ein neues Thema?**
  (✏ **F12: P6b32c4**)

 *Handlungszüge zur sachstrukturellen Entfaltung in der Wissens-
vermittlung:*
> Ablaufsformen > Problemerschließungen: Problemgeleiteter
Aufbau
> Strukturlinien

 Handlungszüge zur Unterstützung der Aneignungsprozesse:
> Zielorientierung: Passung

 Handlungszüge zur lebendigen Gestaltung:
> Handlungsdynamik > Aktivation
> Handlungsdynamik > Steuerung

Handlungszüge zur Stimulation des Sachverhältnisses:
> Aktivation der Begebnisart
> Aktivierungsmuster zur Mannigfaltigkeitserhöhung > Vermittelnde kognitive Prozesse

→ **Wie gestaltet L. den Einstieg in die Unterrichtsstunde?**
(⊘ **F12: P6b32c5**)

 Handlungszüge zur sachstrukturellen Entfaltung in der Wissensvermittlung:
> Ablaufsformen
> Strukturlinien

 Handlungszüge zur Unterstützung der Aneignungsprozesse:
> Zielorientierung: Passung

 Handlungszüge zur lebendigen Gestaltung:
> Handlungsdynamik > Aktivation
> Handlungsdynamik > Steuerung

 Handlungszüge zur Systemsteuerung:
> Kontextualisierung > Lesbarkeit

 Handlungszüge zur Moderierung der individuellen Begegnung:
> Nähe und Distanz > Erzieherische Bezüglichkeit > Beziehungen klären: emotional – sozial
> Nähe und Distanz > Kommunikationsstil
> Konformität und Autonomie

Fragen zum Instruktionshandeln

Konzeptionell

Sachaspekt

→ **Wie gestaltet L. die Auseinandersetzung mit den Sachaspekten des Themas?** (⊘ **F12: P6b32c6**)

 Handlungszüge zur Unterstützung der Aneignungsprozesse:
> Zielorientierung: Passung

 Handlungszüge zur sachstrukturellen Entfaltung in der Wissensvermittlung:
> Ablaufsformen
> Strukturlinien

Handlungszüge zur Stimulation des Sachverhältnisses:
> Aktivation der Begebnisart
> Aktivierungsmuster zur Mannigfaltigkeitserhöhung

 Handlungszüge zur lebendigen Gestaltung:
> Handlungsdynamik

Fragen zum Instruktionshandeln
Konzeptionell
Differenzierung

→ **Mit welchen Hilfen gelingt es L., jedes Kind individuell zu fördern (innere Differenzierung)? (✐ F12: P6b32c8)**

 Handlungszüge zur Stimulation des Sachverhältnisses:
> Aktivation der Begebnisart
> Aktivierungsmuster zur Mannigfaltigkeitserhöhung

 Handlungszüge zur Unterstützung der Aneignungsprozesse:
> Zielorientierung: Passung

 Handlungszüge zur Moderierung der individuellen Begegnung:
> Nähe und Distanz > Erzieherische Bezüglichkeit > Rücksicht auf das Selbstwertgefühl: Einfühlung
> Nähe und Distanz > Erzieherische Bezüglichkeit > Rücksicht auf das Selbstwertgefühl: Wertschätzung
> Nähe und Distanz > Erzieherische Bezüglichkeit > Rücksicht auf das Selbstwertgefühl: Echtheit
> Nähe und Distanz > Erzieherische Bezüglichkeit > Wechselnde Zentrierung: Individuum vs. Gruppe

---

Fragen zum Instruktionshandeln
Konzeptionell
Didaktische Prinzipien

→ **Wie verwirklicht L. die Prinzipien Anschaulichkeit, Bekräftigungsverhalten, Lebensnähe, Lehren zu lernen, Schülersteuerung, Selbstständigkeit, Synthese? (✐ F12: P6b32c7)**

(siehe auch ✐ F12: P6a1)

Fragen zum Instruktionshandeln

Konzeptionell

Bewertung

→ **Wie schafft L. Transparenz in den Bewertungsmaß-
stäben? (⊘ F12: P6b32c9)**

 Handlungszüge zur Moderierung der individuellen Begegnung:
> Nähe und Distanz > Erzieherische Bezüglichkeit > Rücksicht
auf das Selbstwertgefühl
> Nähe und Distanz > Kommunikationsstil > Aufgabenorientierung

 Handlungszüge zur Stimulation des Sachverhältnisses:
> Mannigfaltigkeitserhöhung > Funktionsziel: Individualisierung
> Mannigfaltigkeitserhöhung > Vermittelnde soziale Arrange-
ments > Kompetenzorientierung
> Mannigfaltigkeitserhöhung > Vermittelnde soziale Arrange-
ments > Selbstorientierung

→ **Wie reflektiert L. mit den Sch. seinen Unterricht?
(⊘ F12: P6b32c10)**

 Handlungszüge zur Moderierung der individuellen Begegnung:
> Nähe und Distanz > Kommunikationsstil

Fragen zum Instruktionshandeln

Situativ

Leistungsanspruch

→ **Wie setzt L. seine Leistungsansprüche durch?
(⊘ F12: P6b32d1)**

 Handlungszüge zur Moderierung der individuellen Begegnung:
> Nähe und Distanz > Kommunikationsstil > Kommunikations-
funktionen: Aufgabenorientierung
> Nähe und Distanz > Kommunikationsstil > Kommunikations-
funktionen: Soziale Kontrolle
> Konformität und Autonomie > Handlungsspielräume

Handlungszüge zur Systemsteuerung:
> Verhaltensvarianz > Umgang mit Störungen > Rückführungshilfen

Handlungszüge zur Stimulation des Sachverhältnisses:
> Aktivation der Begegnisart
> Aktivierungsmuster zur Mannigfaltigkeitserhöhung

Handlungszüge zur lebendigen Gestaltung:
> Handlungsdynamik > Steuerung
> Selbststabilisierungen > Beziehungsklärungen
> Selbststabilisierungen > Selbstverstärkungen

Fragen zum Instruktionshandeln

Situativ

Spannungsbogen

→ **Wie schafft L. einen Spannungsbogen? (⊘ F12: P6b32d2)**

Handlungszüge zur sachstrukturellen Entfaltung in der Wissensvermittlung:
> Ablaufsformen > Problembehandlungen > Durcharbeiten

Handlungszüge zur Unterstützung der Aneignungsprozesse:
> Zielorientierung: Passung > Expositionsstrategien > Beziehungen entfalten
> Zielorientierung: Passung > Etablierungsstrategien > Elaborationsstrategien: Vergleichen
> Zielorientierung: Passung > Etablierungsstrategien > Organisationsstrategien: Produzieren

Handlungszüge zur lebendigen Gestaltung:
> Handlungsdynamik > Aktivation > verschiedene Formen der Aufmerksamkeitslenkung (problembezogen)
> Handlungsdynamik > Steuerung > Variation der Verarbeitungsaktivitäten: Arbeitsschwung
> Handlungsdynamik > Koordination: Umgang mit Zeit
> Selbststabilisierungen > Beziehungsklärungen > Commitment
> Selbststabilisierungen > Selbstverstärkungen

Handlungszüge zur Stimulation des Sachverhältnisses:
> Mannigfaltigkeitserhöhung > Vermittelnde kognitive Prozesse > Induktion von Dimensionalität
> Vergegenwärtigung > Figurale Repräsentation

Handlungszüge zur Moderierung der individuellen Begegnung:
> Nähe und Distanz > Erzieherische Bezüglichkeit > Rücksicht auf das Abwechslungsmotiv

Fragen zum Instruktionshandeln

Situativ

Arbeitsgedächtnis

→ **Welche Maßnahmen trifft L. zum Aufbau eines Arbeitsgedächtnisses? (⊘ F12: P6b32d3)**

 Handlungszüge zur sachstrukturellen Entfaltung in der Wissensvermittlung:
> Ablaufsformen > Ergebnissicherungen: Wieder-Holen/Üben
> Ablaufsformen > Ergebnissicherungen: Anwenden

 Handlungszüge zur Unterstützung der Aneignungsprozesse:
> Zielorientierung: Passung > Etablierungsstrategien

Fragen zum Instruktionshandeln

Situativ

Zeitgestaltung

→ **Wie managt L. die Zeitgestaltung? (⊘ F12: P6b32d4)**

 Handlungszüge zur lebendigen Gestaltung:
> Handlungsdynamik
> Selbststabilisierungen > Handlungseinheiten

 Handlungszüge zur sachstrukturellen Entfaltung in der Wissensvermittlung:
> Ablaufsformen

 Handlungszüge zur Unterstützung der Aneignungsprozesse:
> Zielorientierung: Passung

 Handlungszüge zur Moderierung der individuellen Begegnung:
> Konformität und Autonomie > Handlungsspielräume

Handlungszüge zur Stimulation des Sachverhältnisses:
> Vergegenwärtigung > Figurale Repräsentation

Fragen zum Instruktionshandeln

Situativ

Schülerkritik

→ **Wie geht L. mit der Kritik seitens der Sch. um?**
(⊘ F12: P6b32d5)

 Handlungszüge zur lebendigen Gestaltung:
> Selbststabilisierungen

 Handlungszüge zur Systemsteuerung:
> Kontextualisierung

 Handlungszüge zur Moderierung der individuellen Begegnung:
> Nähe und Distanz

Prozessmusteranalyse
(✐ F12: P6d26)

> *Voraussetzung:* Sie haben ein Protokoll Ihrer Unterrichtsbeobachtungen vorliegen.
> Bearbeiten Sie dann die nachstehenden Fragen und Aufgaben.

Können Sie *Muster* in den Handlungsweisen erkennen? Zum Beispiel die einseitige Verwirklichung nur weniger Wertkoppelungen oder Handlungsbegriffe?
Ist die *Verhaltensvariation eingeschränkt*? Werden zu einem Handlungsbegriff stets dieselben oder sehr ähnliche Tätigkeiten ausgeführt?
Welche *andere* Tätigkeiten wären noch denkbar? Betrachten Sie dazu zunächst die anderen Tätigkeitsbeschreibungen zu diesem Handlungsbegriff, dann zu den anderen Handlungsbegriffen dieser Wertkoppelung und schließlich die anderen Wertkoppelungen mit ihren Konkretionen.
Prüfen Sie Ihre Auswahl alternativer Tätigkeiten nach folgenden Kriterien:

• dem *Sach*kriterium: Öffnung von Freiheitsgraden
• dem *Person*kriterium: persönliche Angemessenheit
• dem *Situations*kriterium: Verhältnismäßigkeit

Kontrollieren Sie die Eignung der ausgewählten alternativen Handlungsvorschläge im *Wertequadrat* (✐ F12: Wertequadrat, GWerteq). Weisen Ihre Vorschläge in die Richtung der dort ablesbaren *positiven* Konnotationen?

> Betrachten Sie auch insbesondere folgende Hinsichten des Systemmodells zur Prozessmuster-Unterbrechung:

• Die verschiedenen Formen der *(problembezogenen) Aufmerksamkeitslenkung: Aktivation der Anreizfokussierung,*
• Die verschiedenen Formen der *Variation der Verarbeitungsaktivitäten* (Bescheidwissen, Reibungslosigkeit, Arbeitsschwung, Soziale Routine)
• Können Sie *Rhythmisierungen* feststellen?
• Gibt es *Aktivitätsumverteilungen*?

• Wie verteilen sich die Schwerpunkte in den *Expositionsstrategien*, den *Repräsentationsstrategien* und den *Etablierungsstrategien*: Können Sie hier Abwechslung feststellen?

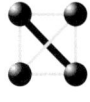

- Wechseln die *vermittelnden sozialen Arrangements*?
- Lassen sich unterschiedliche Akzentuierungen im *Kommunikationsstil* erkennen?

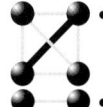

- Verfügt der Lehrer/die Lehrerin über ein Repertoire zum *Umgang mit Störungen*?

- Berücksichtigt der Lehrer/die Lehrerin das *Abwechslungsmotiv*?

- Werden die *sozialen Zentrierungen gewechselt*?

Interpretation nach den Prinzipien der Evolutionären Didaktik (Variation, Selektion, Stabilisierung)

(vgl. 📖, S. 80 ff., 88 f.)

Handlungszüge zur sachstrukturellen Entfaltung in der Wissensvermittlung

Variation: Wird die Sache in ihrer Struktur so *variationsreich* entfaltet, dass Anschlussfähigkeit hergestellt wird bzw. vorhandene Strukturierungen erweitert werden (Irritation von Autopoiese)?

Selektion: Ist die Gliederung klar unterscheidend, ein- und ausschließend, so dass *Selektion* erleichtert und gelenkt wird?

Stabilisierung: Wird der Prozess der Stoffentfaltung durch Vorstrukturierung und Anknüpfung sowie durch geeignete Strukturlinien unterstützt, so dass eine *Stabilisierung* bereits vorhandener kognitiver Strukturen erfolgen kann?

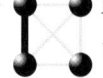

Handlungszüge zur Unterstützung der Aneignungsprozesse:

Variation: Werden die Aneignungsprozesse durch individualisierte Ausdrucksformen, Differenzerfahrungen und eine Vielfalt der Betrachtungs- und Herangehensweisen unterstützt?

Selektion: Gelingt es der Lehrkraft durch „Passung" in den Repräsentations-, Expositions- und Etablierungsstrategien die Komplexität zu reduzieren und die Prozesse der *Selektion* zu unterstützen?

Stabilisierung: Stellt die Lehrkraft Anschlussfähigkeit her? Gibt sie Gelegenheit, die Aneignungsprozesse sowie der angeeigneten kognitiven Strukturen zu *stabilisieren* (Üben)?

Handlungszüge zur lebendigen Gestaltung:

Variation: Wird der Unterrichtsprozess abwechslungsreich und flexibel („kreativ") gestaltet? Dient diese Gestaltung der Erfahrung von Differenz und Kontingenz?

Selektion: Inwiefern wird die Lebendigkeit klar *gestaltet*, d.h. inwiefern stützen lenkende Maßnahmen die *Selektion*? Gelingt es der Lehrkraft die Lebendigkeit zu „kanalisieren"? Können die Beteiligten mit der Tatsache umgehen, dass es immer mehr Möglichkeiten gibt als im gelebten Leben verwirklicht werden können?

Stabilisierung: Wird das System durch den gezielten, didaktisch begründbaren Einsatz von Maßnahmen zur lebendigen Gestaltung *stabilisiert*?

Handlungszüge zur Moderierung der individuellen Begegnung:

Variation: Ist der Umgang differenziert und individualisiert? Gelingt es der Lehrkraft mit Unterschieden und Abweichungen umzugehen?

Selektion: Fördert die Gestaltung von Nähe und Distanz sowie von Konformität und Autonomie die soziale Klarheit?

Stabilisierung: Gibt es in den zwischenmenschlichen Beziehungen Gelegenheiten zur *Stabilisierung* durch Selbstreferentialität (wie z.B. durch Routinen und Rituale)?

Handlungszüge zur Stimulation des Sachverhältnisses:

Variation: Wird das Sachverhältnis in einer Weise angestoßen, dass die Möglichkeiten der Problembehandlungen erweitert werden?

Selektion: Tragen die Handlungszüge zur Stimulation des Sachverhältnisses dazu bei, Unterscheidungen erkennen (ein eigenes Urteil fällen bzw. die ei-

	gene Meinung artikulieren) und mit Zeitknappheit umgehen zu können?
Stabilisierung:	Ist die Stimulation des Sachverhältnisses geeignet, Anschlussfähigkeit herzustellen?

Handlungszüge zur Systemsteuerung:

Variation:	Wie variationsreich ist der Umgang mit Störungen? Werden Handlungsalternativen aufgezeigt?
Selektion:	Erlaubt die Lesbarkeit der systemsteuernden Maßnahmen die Unterscheidung von systemerhaltenden und systemgefährdenden Verhaltensweisen?
Stabilisierung:	Tragen die systemsteuernden Maßnahmen zum Erhalt des Systems bei?

Interpretation nach den Prinzipien von Unterrichtsqualität sensu Kramis (1989): Bedeutsamkeit, Effizienz, Lernklima
(vgl. 📖, S. 84)

Handlungszüge zur sachstrukturellen Entfaltung in der Wissensvermittlung
Tragen sie zur Erhöhung der *Effizienz* bei?
Unterstützen sie die *Bedeutsamkeit* des Unterrichteten?

Handlungszüge zur Unterstützung der Aneignungsprozesse
Tragen sie zur Erhöhung der *Effizienz* bei?
Unterstützen sie die *Bedeutsamkeit* des Unterrichteten?

Handlungszüge zur lebendigen Gestaltung
Beeinflussen sie das *Lernklima* positiv?
Tragen sie zur Erhöhung der *Effizienz* bei?

Handlungszüge zur Moderierung der individuellen Begegnung
Beeinflussen sie das *Lernklima* positiv?
Unterstützen sie die *Bedeutsamkeit* des Unterrichteten?

Handlungszüge zur Stimulation des Sachverhältnisses
Unterstützen sie die *Bedeutsamkeit* des Unterrichteten?
Beeinflussen sie das *Lernklima* positiv?

Handlungszüge zur Systemsteuerung
Tragen sie zur Erhöhung der *Effizienz* bei?
Beeinflussen sie das *Lernklima* positiv?

Gruppenunterricht nach Haag (1998)

Operationalisierung der Phasen Arbeitsauftrag – Gruppenarbeit – Auswertung durch die Tätigkeitsbeschreibungen des Systemmodells „Lehrerhandeln im Unterricht"
(vgl. 📖, S. 97, 106)

Phase 1: Arbeitsauftrag

Präzision: Präzise Handlungsbeschreibung

---

(1) Die auszuführenden Handlungen werden (den Erwartungen der Lehrkraft entsprechend) exakt erklärt.

Handlungszüge zur Moderierung der individuellen Begegnung > Fremdsteuerung vs. Selbstorganisation: Engagement unterstützend oder behindernd?
- Die Arbeitsorganisationsmaßnahmen des L. erfolgen zügig und sind effektiv.

Handlungszüge zur Stimulation des Sachverhältnisses > Tätigkeit
- L erklärt die auszuführenden Handlungen präzise.
- L. informiert über die zur Verfügung stehende Arbeitszeit.
- L. erteilt Arbeitsaufträge nicht nur mündlich sondern auch schriftlich (Folie, Arbeitsblatt, Tafel).

Handlungszüge zur Systemsteuerung > Stabilisierungshilfen
- L. vereinfacht die Situation durch klar angegebene Verhaltensweisen.

(2) Es ist klar, was getan werden soll.

Handlungszüge zur sachstrukturellen Entfaltung in der Wissensvermittlung > Vorstrukturierung und Anknüpfung
- L. macht Angaben über Lernziele, damit die Sch. feststellen können, wann sie sie erreicht haben.
- L. benennt eindeutig, welche Arbeitsmittel (Medien und Hilfsmittel) verwendet werden sollen.

> Zentrieren
- L. ordnet zu, organisiert (für alle verbindliche Aktivitäten).

Handlungszüge zur Moderierung der individuellen Begegnung > Rücksicht auf das Selbstwertgefühl: Wertschätzung
- L. bespricht den Sinn des Lernziels.

> Beziehungen klären: Emotional – sozial
- L. trifft klare Vereinbarungen.

(3) Es ist klar, wie (in welcher Quantität und Qualität) die Handlungen ausgeführt werden sollen.

Handlungszüge zur Stimulation des Sachverhältnisses > Tätigkeit
- L. stellt sicher, dass den Sch. klar ist, was und wie sie etwas tun sollen, sowohl hinsichtlich Quantität wie Qualität.

> Reduktion von kognitiver Komplexität
- L. initiiert Reflexionen über die Zielstellungen.

(4) Die Reihenfolge der auszuführenden Handlungen ist eindeutig.

Handlungszüge zur Stimulation des Sachverhältnisses > Tätigkeit
- L. gibt präzise die Reihenfolge der auszuführenden Handlungen an.

(5) Es ist klar, ob die Handlungen während der Gruppenarbeit oder während der Auswertungsphase durchgeführt werden sollen.

Handlungszüge zur Stimulation des Sachverhältnisses > Tätigkeit
- L. orientiert genau, in welcher Weise (Umfang, Medium) und in welcher Symbolisierungsform (z.B. Werkstück, Rollenspiel, Graphik, Textverarbeitung) die Ergebnisse später dargestellt werden sollen.

> Induktion von Dimensionalität
- L. initiiert Reflexionen über die Zielstellungen.

Verständlichkeit

(1) Einfachheit

Handlungszüge zur Moderierung der individuellen Begegnung > Kommunikationsfunktion: Aufgabenorientierung
- L. spricht deutlich.

(2) Kurze, einfache Sätze

Handlungszüge zur Unterstützung der Aneignungsprozesse > Zentrieren
- L. spricht in einfachen, kurzen Sätzen.

(3) Geläufige Wörter

Handlungszüge zur sachstrukturellen Entfaltung in der Wissensvermittlung > Evozieren eines spezifischen semantischen Netzes
- L. versichert sich einer gemeinsamen Sprache.

> Erkennende Anwendung
- L. führt zur Klärung von Vorstellungen und Begriffen angesichts der Betrachtung verwandter Sachverhalte.

(4) Fachwörter erklärt

Handlungszüge zur sachstrukturellen Entfaltung in der Wissensvermittlung > Evozieren eines spezifischen semantischen Netzes
- L. sorgt für die Klärung von Fachausdrücken und Schlüsselwörtern.

> Durcharbeiten
- L. vermittelt Benennungshilfen durch die Einführung von Fachausdrücken.

(5) Schlüsselwörter erklärt

Handlungszüge zur sachstrukturellen Entfaltung in der Wissensvermittlung > Evozieren eines spezifischen semantischen Netzes
- L. sorgt für die Klärung von Fachausdrücken und Schlüsselwörtern.

(6) Konkret

Handlungszüge zur Unterstützung der Aneignungsprozesse > Ikonische Repräsentation
- L. formuliert Arbeitsaufträge konkret und anschaulich oder bestimmt dies als Sch.-arbeit.

Handlungszüge zur Moderierung der individuellen Begegnung > Kommunikationsfunktionen: Aufgabenorientierung
- L. spricht präzise zur Sache.
- L. achtet auf Genauigkeit bei der Beschreibung von Sachverhalten.

> *Kompetenzorientierung*
- L. sorgt durch konkrete Anweisungen dafür, dass die Gelegenheiten zu Ablenkungen im voraus minimiert werden.

(7) Anschaulich

Handlungszüge zur Unterstützung der Aneignungsprozesse > Ikonische Repräsentation
- L. formuliert Arbeitsaufträge konkret und anschaulich oder bestimmt dies als Sch.-arbeit.

Gliederung/Ordnung

(1) Gegliedert

Handlungszüge zur Unterstützung der Aneignungsprozesse > Ikonische Repräsentation
- L. gliedert Arbeitsaufträge sinnvoll und übersichtlich oder bestimmt dies als Sch.-arbeit.

Handlungszüge zur Moderierung der individuellen Begegnung > Fremdsteuerung vs. Selbstorganisation: Engagement unterstützend oder behindernd?
- L. gliedert seine Instruktionen deutlich im Hinblick auf den Umgang mit der Sache und mit der Zeit.

Handlungszüge zur Systemsteuerung, d.h. zur Gestaltung der Beziehung von Handlungsstruktur und Situationsstruktur > Stabilisierungshilfen
- L. schafft Gliederungen, die Erfolgserlebnisse erreichbar erscheinen lassen.

Handlungszüge zur Stimulation des Sachverhältnisses > Tätigkeit
- L. weist auf Abschnittsbildungen in den Tätigkeiten hin.

(2) Folgerichtig

Handlungszüge zur Moderierung der individuellen Begegnung > Fremdsteuerung vs. Selbstorganisation: Engagement unterstützend oder behindernd?
- Der Organisationsaufwand des L. zu den Arbeitsschritten erfolgt sequentiell korrekt. (L. spricht über die Sachverhalte in der Reihenfolge der gedachten Bearbeitung und sprachlich präzise).

(3) Übersichtlich

 Handlungszüge zur Unterstützung der Aneignungsprozesse >
Ikonische Repräsentation
- L. gliedert Arbeitsaufträge sinnvoll und übersichtlich.
- L. macht Tafelarbeit als visuelle Informationsverarbeitung.

(4) Gute Unterscheidung von Wesentlichem und Unwesentlichem

 Handlungszüge zur Unterstützung der Aneignungsprozesse >
Ikonische Repräsentation
- L. hebt Wesentliches deutlich hervor (akustisch, visuell).

 Handlungszüge zur Moderierung der individuellen Begegnung >
Rücksicht auf das Abwechslungsmotiv
- L. signalisiert, dass etwas Bedeutsames kommt.

(5) Alles kommt schön der Reihe nach.

 Handlungszüge zur Moderierung der individuellen Begegnung >
Fremdsteuerung vs. Selbstorganisation: Engagement unterstüt-
zend oder behindernd?
- Der Orientierungsaufwand des L. zu den Arbeitsschritten der Sch. erfolgt sequentiell korrekt (L. spricht über Sachverhalte in der Reihenfolge der gedachten Bearbeitung und sprachlich präzise).

 Handlungszüge zur Systemsteuerung, d.h. zur Gestaltung der Beziehung von Handlungsstruktur und Situationsstruktur > Rückführungshilfen
- L. nennt bei Anordnungen nicht alles auf einmal sondern eins nach dem andern und in der Reihenfolge des intendierten Handlungsablaufs.

Verständnissicherung

(1) Der Arbeitsauftrag wird durch den vorausgehenden Unterrichtskontext verständlich.

...

(2) Der Arbeitsauftrag wird von den Sch. in eigenen Worten wiederholt

 Handlungszüge zur Unterstützung der Aneignungsprozesse >
Zentrieren

- L. lässt Arbeitsaufträge von Sch. mit eigenen Worten wiederholen.

> Wieder-Holungsstrategien

- L. lässt demonstrativ wiederholen (z.B. vorsprechen – nachsprechen; vormachen – nachmachen; der eine – der andere).
- L. provoziert Sch., einen zuvor dargestellten Sachverhalt mit eigenen Worten darzustellen: Der eine – dem anderen erklären.

(3) Die Lehrkraft fragt nach, ob alles verstanden wurde.

 Handlungszüge zur Unterstützung der Aneignungsprozesse >
Zentrieren
- L. vergewissert sich, ob und inwieweit er verstanden wurde.

 Handlungszüge zur Stimulation des Sachverhältnisses > Arbeits-
mittel: Anregungszentrierung nach Aufforderungscharakter (sen-
so-motorisch vs. problemzentriert) und Ich-Funktion (selbst er-
zeugt vs. vermittelt)
- L. stellt sicher, dass die Sch. mit der neuen Problemsituation zurecht kommen.

> *Reduktion von kognitiver Komplexität*
- L. orientiert sich darüber, wie die Aufgabenstellung verstanden wurde.

> *Kompetenzorientierung*
- L. veranlasst Sch. sich Klarheit über die Problemstellung zu verschaffen.

> *Austauschorientierung*
- L. ermuntert Sch. zu Rückfragen.

(4) Fragen von Sch. werden beantwortet.

 Handlungszüge zur lebendigen Gestaltung > Aufmerksamkeits-
lenkung (problembezogen): Aktivation der Anreizfokussierung
durch Ungewissheit
- L. lässt Fragen an das Thema bzw. den Unterrichtsgegenstand und die Arbeitsorganisation stellen.

 Handlungszüge zur Moderierung der individuellen Begegnung >
Rücksicht auf das Selbstwertgefühl: Einfühlung
- L. lässt sich auf Problemdiskussion(en) ein.
- L. formuliert sein Verständnis dessen, was die Sch. sagen, mit eigenen Worten und meldet es zur Bestätigung oder Richtigstellung an die Sender zurück (aktives Zuhören).

(5) Unverstandenes wird geklärt.

Handlungszüge zur Stimulation des Sachverhältnisses > Kompetenzorientierung
- L. geht auf Sachfragen der Sch. ein.

(6) Die Lehrkraft stellt gezielte Fragen, um zu überprüfen, ob alles verstanden wurde.

Handlungszüge zur Unterstützung der Aneignungsprozesse > Zentrieren
- L. überprüft durch gezielte Fragen, ob und inwieweit Sachverhalte verstanden wurden.

Handlungszüge zur lebendigen Gestaltung > Aufmerksamkeitslenkung (problembezogen): Aktivation der Anreizfokussierung durch Ungewissheit
- L. lässt Fragen an das Thema bzw. an den Unterrichtsgegenstand und die Unterrichtsorganisation stellen.

Handlungszüge zur Moderierung der individuellen Begegnung > Rücksicht auf das Abwechslungsmotiv
- L. provoziert Aufmerksamkeit durch Zwischenfragen und Impulse

Handlungszüge zur Stimulation des Sachverhältnisses > Reduktion von kognitiver Komplexität
- L. stellt konvergente, zielgenaue Fragen.

(7) Die Lehrkraft überprüft durch Blickkontakte, ob der Arbeitsauftrag verstanden wurde.

Handlungszüge zur lebendigen Gestaltung > Haltungen (in Sprechweise, Körpersprache, Raumchoreografie)
- L. schenkt spontanen Rückkoppelungsprozessen (z.B. Mienenspiel, Störungen) erhöhte, konzentrierte Aufmerksamkeit.
- L. überprüft durch Blickkontakte Verständnis der gegebenen Anweisungen und Aufträge.

Phase 2: Gruppenarbeit

Lehrerintervention: Orientierung

(1) Die Lehrkraft beobachtet das Gruppengeschehen vor der Intervention.

 Handlungszüge zur Moderierung der individuellen Begegnung >
Beziehungen klären
- L. behält die Stimmungslage von Wort- und Gruppenführern im Auge und reagiert früh.

(2) Die Lehrkraft hört sich in das Gruppengespräch ein.

 Handlungszüge zur Moderierung der individuellen Begegnung >
Fremdsteuerung vs. Selbstorganisation: Engagement unterstüt-
zend oder behindernd?
- L. überwacht den Arbeitsverlauf in den Gruppen bzw. beim Einzelnen durch teilnehmendes Interesse, auch durch Ratschläge, nicht aber durch Vorschriften.

 Handlungszüge zur Stimulation des Sachverhältnisses > Aus-
tauschorientierung
- L. registriert unangemessene Schwierigkeitsgrade (zu leicht – zu schwer) und reagiert darauf so, dass die Beteiligung der Sch. wieder steigt.

(3) Die Lehrkraft informiert sich vor der Intervention über den Stand der Gruppenarbeit.

 Handlungszüge zur lebendigen Gestaltung > Variation der Verar-
beitungsaktivitäten: Bescheidwissen: Breitbandaufmerksamkeit
und erhöhte Aktivitätsüberlappung
- L. zeigt kontrollierte Wachheit.
  > Variation der Verarbeitungsaktivitäten: Reibungslosigkeit
- L. erkennt, wo motorische Unterstützung hilfreich ist und inszeniert sie.
  > Commitment (Einsatz, Interesse, Begeisterung)
- L. verfolgt Fortschritte der Sch. bei Stillarbeiten bzw. Gruppenarbeiten.

 Handlungszüge zur Moderierung der individuellen Begegnung >
Rücksicht auf das Selbstwertgefühl: Wertschätzung

- L. zeigt, dass er auf Antworten der Sch. bzw. deren Arbeitsfertigstellung warten kann und stellt sicher, dass die Mitschüler dies auch tun.

 Handlungszüge zur Stimulation des Sachverhältnisses > Arbeitsmittel: Anregungszentrierung nach Aufforderungscharakter (senso-motorisch) und Ich-Funktion (selbst erzeugt vs. vermittelt)
- L. stellt sicher, dass Sch. mit der neuen Problemsituation zurecht kommen (organisatorisch wie inhaltlich als auch durch die Eignung des Materialangebotes).

Lehrerintervention: Aufgabenbezug

(1) Die Lehrkraft schätzt den momentanen Intragruppenprozess richtig ein.

 Handlungszüge zur Stimulation des Sachverhältnisses > Austauschorientierung
- L. registriert unangemessene Schwierigkeitsgrade (zu leicht – zu schwer) und reagiert darauf so, dass die Beteiligung der Sch. wieder steigt.

> Selbstorientierung
- L. gibt erst Hilfen, wenn die Sch. ohne sie offensichtlich nicht weiterkommen.

(2) Die Lehrkraft versteht die Gedanken und Anliegen der SchülerInnen.

 Handlungszüge zur sachstrukturellen Entfaltung in der Wissensvermittlung > Erkennende Anwendung
- L. ermuntert Sch. zu weitergehenden Überlegungen.

 Handlungszüge zur Moderierung der individuellen Begegnung > Rücksicht auf das Selbstwertgefühl: Einfühlung
- L. hört Sch. ohne Unterbrechung zu und vermittelt durch sein Verhalten, dass er versteht oder zu verstehen sucht.
- L. formuliert sein Verständnis dessen, was die Sch. sagen, mit eigenen Worten und meldet es zur Bestätigung oder Richtigstellung an die Sender zurück (aktives Zuhören).
- L. würdigt nonverbale Beteiligung der Sch. am Unterrichtsgeschehen (z.B. dadurch, dass er Einzelne darauf anspricht und sie u.U. zu verbalen Äußerungen ermuntert).

(3) Die Lehrkraft geht auf die Probleme der SchülerInnen ein.

 Handlungszüge zur sachstrukturellen Entfaltung in der Wissensvermittlung > Durcharbeiten
• L. bietet Veränderung im Umgang mit der Sache.

 Handlungszüge zur Moderierung der individuellen Begegnung > Rücksicht auf das Selbstwertgefühl: Einfühlung
• L. lässt sich auf Problemdiskussion(en) ein.

> *Rücksicht auf das Selbstwertgefühl: Wertschätzung*
• L. ermutigt Sch., z.B. durch Kopfnicken und minimale verbale Zustimmung zum Weiterreden bzw. Weitermachen.

> *Kommunikationsfunktionen: Aufgabenorientierung*
• L. geht auf Fehler und Irrwege der Sch. ein.

> *Tätigkeit*
• L. ermöglicht Fertigstellung der Betätigung

(4) Die Lehrkraft handelt situationsgerecht.

 Handlungszüge zur Moderierung der individuellen Begegnung > Wechselnde Zentrierungen: Individuum vs. Gruppe
• L. geht routiniert, aber nicht stereotyp auf Beiträge Einzelner ein.
• L. strebt erkennbar danach (unterbricht sich, wartet ab, spricht an usw.), dass die Zentrierungen aller miteinander übereinstimmen, d.h. alle richten ihre Aktivitäten auf den gegebenen Sachverhalt.

 Handlungszüge zur Systemsteuerung, d.h. zur Gestaltung der Beziehung von Handlungsstruktur und Situationsstruktur > Umgang mit sozialer Komplexität
• L. organisiert Gelegenheiten zur wechselseitigen Unterstützung.
• L. stellt gegenseitige Unterstützung als gemeinsame Stärke dar.
• L. individualisiert den Unterricht dadurch, dass die Sch. jeweils mit unterschiedlichen Maßnahmen hinsichtlich Lernaufgabe, Methode, Arbeitstempo konfrontiert werden.

Lehrerintervention: Umgangsqualität

(1) Den anderen wertschätzen, anerkennen, loben ermutigen.

Handlungszüge zur lebendigen Gestaltung > Commitment (Einsatz, Interesse, Begeisterung)
• L. schafft ein Klima des Voranschreitens.

Handlungszüge zur Moderierung der individuellen Begegnung > Rücksicht auf das Selbstwertgefühl: Wertschätzung
• L. ermutigt Sch. durch Kopfnicken und minimale verbale Zustimmung zum Weiterreden bzw. Weitermachen.
• L. zeigt Interesse an dem, was den Sch. wichtig ist.

(2) Mit ihm freundlich, herzlich umgehen, trösten.

Handlungszüge zur Moderierung der individuellen Begegnung > Rücksicht auf das Selbstwertgefühl
• L. zeigt, dass es ihm Freude macht, mit den Sch. zusammen zu sein.

> Rücksicht auf das Abwechslungsmotiv
• L. zeigt Humor (auch durch die Wahl des Ausdrucks, durch Witze, Rätsel, Wortspiele, lustige Geschichten, launige Kommentare).

> Kommunikationsfunktion: Affiliation
• L. schlägt einen zwanglosen, lockeren Ton an.
• L. lacht, lacht mit.

Handlungszüge zur Systemsteuerung, d.h. zu Gestaltung der Beziehung von Handlungsstruktur und Situationsstruktur > Umstimmungshilfen
• L. zeigt Humor, Witz, Schlagfertigkeit.

> Stabilisierungshilfen
• L. lobt nicht generell sondern beschreibt genau, welche Handlungsweisen der Sch. er lobend herausstellen will.

(3) Sozial – reversibles Handeln

Handlungszüge zur Moderierung der individuellen Begegnung > Rücksicht auf das Selbstwertgefühl: Einfühlung
• L. formuliert sein Verständnis dessen, was der Sch. gesagt hat, mit eigenen Worten und meldet es zur Bestätigung oder Richtigstellung an den Sender zurück (aktives Zuhören).

> Beziehungen klären: Emotional – sozial

- L. überlässt sich nicht seinen Verstimmungen, zeigt sich nicht launisch.

> *Kommunikationsfunktionen: Affiliation*
- Die Lehrersprache erscheint überwiegend reversibel; d.h. die Sch. können sie übernehmen.

Lenkung: Keine Lenkung

(1) Die Lehrkraft ordnet sich als gleichberechtigter Gesprächspartner ein.

 Handlungszüge zur Moderierung der individuellen Begegnung > Beziehungen klären: Emotional – sozial
- L. gestaltet den Meinungsaustausch formell, trägt Sorge für einen geregelten Ablauf.

(2) Die Lehrkraft hält sich mit ihren Gedanken und Wünschen zurück.

 Handlungszüge zur Moderierung der individuellen Begegnung > Beziehungen klären: Emotional – sozial
- L. ermöglicht, dass Äußerungen der Sch. Gehör finden, wobei kontroverse Ansichten zur Geltung gelangen (können).

(3) Die Lehrkraft hat nur einen geringen Redeanteil.

 Handlungszüge zur lebendigen Gestaltung > Variation der Verarbeitungsaktivitäten: Reibungslosigkeit
- L. sagt nichts, was die Sch. nicht auch sagen könnten.

> *Aktivitätsumverteilungen*
- L. nimmt sich aus der Aktivität zurück.
- L. gibt Aufgaben an Sch. ab.

 Handlungszüge zur Moderierung der individuellen Begegnung > Rücksicht auf das Selbstwertgefühl: Wertschätzung
- L. zeigt, dass er auf Antworten der Sch. bzw. deren Arbeitsfertigstellung warten kann und stellt sicher, dass die Mitschüler dies auch tun.

> *Wechselnde Zentrierungen: Individuum vs. Gruppe*
- L. sorgt dafür, dass viele Sch. je einzeln zu Wort kommen und Gehör finden.

> *Normverpflichtungen und Räume der freien Entscheidung: Engagement eröffnend oder behindernd?*

- L. schränkt seine Redeanteile deutlich ein, so dass Sch. vermehrt zum Zuge kommen.
- Die Gesprächsform des L. ermuntert Sch. zu Beiträgen (z.B. Impulse setzen, wenig W-Fragen, Vertrautes verwenden).

 Handlungszüge zur Stimulation des Sachverhältnisses > Selbstorientierung
- L. verweist auf ruhiges Nachdenken (wenn ... dann).

Lenkung: Hohe Lenkung

(1) Die Lehrkraft lenkt das Gespräch; der Gruppenfokus richtet sich auf sie.

 Handlungszüge zur Unterstützung der Aneignungsprozesse > Zentrieren
- L. ordnet zu, organisiert (für alle verbindliche Aktivitäten).
- L. ordnet die Beiträge (z.B. in der Reihenfolge gemäß dem gestellten Aufgabenkatalog).
- L. führt auf die Aufgabenstellung zurück.
- L. gibt Zusammenfassungen selbst.

 Handlungszüge zur lebendigen Gestaltung > Aufmerksamkeitslenkung (problembezogen): Aktivation der Anreizfokussierung durch Komplexität des Reizmusters
- L. lenkt auf neue Ordnungsmöglichkeiten hin.

(2) Die Lehrkraft rückt ihre Gedanken und Wünsche in den Vordergrund.

 Handlungszüge zur lebendigen Gestaltung > Aufmerksamkeitserregung (reflexbezogen): emotionale Erreger
- L. setzt gezielt Hinweisreize als Mittel der Aufmerksamkeitslenkung ein.

> Haltungen (in Sprechweise, Körpersprache, Raumchoreografie)
- L. verlangt nachdrücklich die Einhaltung von vereinbarten Rückkoppelungsprozessen (z.B. jeder muss fragen, wenn er etwas nicht verstanden hat).
- L. signalisiert, dass er gewillt ist, seine Intentionen zu verfolgen.

 Handlungszüge zur Moderierung der individuellen Begegnung > Beziehungen klären: Emotional – sozial
- L. bringt seine eigenen Befindlichkeiten zur Sprache.

(3) Die Lehrkraft hat einen hohen Redeanteil.

 *Handlungszüge zur Unterstützung der Aneignungsprozesse >
Zentrieren*
• L. kommentiert, erzählt, teilt mit, trägt vor.

 Handlungszüge zur Stimulation des Sachverhältnisses > Kommunikationsfunktionen: Aufgabenorientierung
• L. erläutert, stellt dar, berichtet, informiert.

> *Kompetenzorientierung*
• L. stellt sich als besonders zuständiger Wissensträger dar.

(4) Die Lehrkraft verwendet überwiegend dirigistische Sprechakte.

 *Handlungszüge zur Unterstützung der Aneignungsprozesse >
Zentrieren*
• L. zeigt zielbestimmtes Verhalten.
• L. besteht auf einer bestimmten Aktivität.
• L. unterbricht Sch. bei ihren Redebeiträgen zum Zwecke der
Zentrierung auf das Thema.

> *Symbolische Repräsentation*
• L. drängt auf bestimmte sprachlogische Fassungen (Fachausdrücke, Oberbegriffe, Formulierungen).

> *Wieder-Holungsstrategien: Reproduzieren*
• L. lässt demonstrativ wiederholen (z.B. vorsprechen – nachsprechen; vormachen – nachmachen; der eine – der andere).

> *Elaborationsstrategien: Vergleichen (analysieren – kombinieren)*
• L. sorgt dafür, dass die Sch. einzelne Aspekte herausarbeiten
bzw. gesondert betrachten.
• L. insistiert auf Begründungen.

 *Handlungszüge zur lebendigen Gestaltung > Aufmerksamkeitserregung (reflexartig): Veränderung der physikalischen Qualität
von Reizen*
• L. setzt verbale Stimuli mit Aufforderungs- oder Befehlscharakter ein und weist eventuell auf Konsequenzen bei Nichtbefolgung hin.

Phase 3: Auswertung

Umfassende Integration

(1) Die Lehrkraft geht über Antworten hinaus, sie ordnet die Ergebnisse in einen größeren Zusammenhang und stellt Verbindungen zwischen den Gruppenergebnissen her, d.h. die Lehrkraft integriert.

 Handlungszüge zur sachstrukturellen Entfaltung in der Wissensvermittlung > Aktivieren eines Bezugsrahmens
- L. stellt Verknüpfungen zu vorausgegangener Stoffbehandlung her (auch durch Wiederholen, Abhören, Hausaufgaben kontrollieren usw., sofern dies als themarelevant für den weiteren Fortgang angesehen werden kann).

> *Evozieren eines spezifischen semantischen Netzes*
- L. initiiert Zusammenhangsbildungen.

> *Durcharbeiten*
- L. lenkt durch vorbereitende Fragen oder Impulse zu Verbindungen von Vorwissen mit neuem Stoff.

> *Bedeutungseinheiten sichern: Mechanisches Üben; Strukturales Üben*
- L. organisiert die Komprimierung des Gelernten zu Bedeutungseinheiten (z.B. in einem zusammenfassenden Tafelanschrieb).

> *Erkennende Anwendung*
- L. ermuntert Sch. zu weitergehenden Überlegungen.

 Handlungszüge zur Unterstützung der Aneignungsprozesse > Zentrieren
- L. sorgt bei einem freien Gespräch für eine Zusammenfassung.

> *Beziehungen entfalten*
- L. fordert neue Zusammenhangsbildungen.

> *Wieder-Holungsstrategien: Wiedererkennen*
- L. lässt eine oder mehrere aktuelle Gegebenheiten mit mutmaßlichen Gedächtnisinhalten identifizieren.

 Handlungszüge zur lebendigen Gestaltung > Aufmerksamkeitslenkung (problembezogen): Aktivation der Anreizfokussierung durch Komplexität des Reizmusters
- L. sammelt Implikationen.
- L. lenkt auf neue Ordnungsmöglichkeiten hin.

Handlungszüge zur Systemsteuerung, d.h. zur Gestaltung der Beziehung von Handlungsstruktur und Situationsstruktur > Umgang mit sozialer Komplexität

- L. richtet Zeit und Aufmerksamkeit auf die Zentrierungsverhältnisse der Gesamtsituation (in der Gestaltung des Raumes, in der Prozessgestaltung, in der Vermittlung von Inhalten, in den Kognitionen der Beteiligten, im Gesamtfeld der Gruppe).

 Handlungszüge zur Stimulation des Sachverhältnisses > Tätigkeit

- L. gibt der Betrachtung der Arbeitsergebnisse Raum.

Keine Integration

(1) Die Lehrkraft geht nicht über Antworten hinaus.

 Handlungszüge zur lebendigen Gestaltung > Variation der Verarbeitungsaktivitäten: Reibungslosigkeit

- L. bleibt bei ungeeigneten Beiträgen verbindlich, ohne sich ablenken zu lassen.

 Handlungszüge zur Systemsteuerung, d.h. zur Gestaltung der Beziehung von Handlungsstruktur und Situationsstruktur > Stabilisierungshilfen

- L. gibt unmittelbare und sachangemessene Bestätigungen.

Sicherung

(1) Kriterien für eine umfassende Sicherung: – Tafel/Overhead; – Heft/ Arbeitsblatt; – mündliches Wiederholen/Zusammenfassungen durch SchülerInnen/Lehrkraft; – Klassengespräch).

 Handlungszüge zur sachstrukturellen Entwicklung in der Wissensvermittlung > Bedeutungseinheiten sichern: Mechanisches Üben; Strukturales Üben

- L. organisiert die Komprimierung des Gelernten zu Bedeutungseinheiten (z.B. in einem zusammenfassenden Tafelanschrieb).

> Erkennende Anwendung

- L. veranlasst Sch. zur Rückbesinnung auf den Lernweg bzw. das Lernergebnis.

> *Herstellende Anwendung*
- L. gibt Gelegenheit, dass das Anwendungsergebnis sorgfältig beurteilt werden kann.

 Handlungszüge zur Systemsteuerung, d.h. zur Gestaltung der Beziehung von Handlungsstruktur und Situationsstruktur > Umgang mit sozialer Komplexität
- L. organisiert die Beiträge der Sch. (z.B. als Tafelanschrieb; reihum; Schwache zuerst).

Lenkung: Keine Lenkung

(1) Die Lehrkraft hält sich mit ihren Gedanken zurück.

 Handlungszüge zur lebendigen Gestaltung > Aktivitätsumverteilungen
- L. nimmt sich aus der Aktivität zurück.

 Handlungszüge zur Moderierung der individuellen Begegnung > Rücksicht auf das Selbstwertgefühl
- L. hört ohne Unterbrechung zu und vermittelt durch sein Verhalten, dass er versteht oder zu verstehen sucht.

> *Wechselnde Zentrierungen: Individuum vs. Gruppe*
- L. sorgt dafür, dass möglichst viele Sch. je einzeln zu Wort kommen und Gehör finden.

> *Normverpflichtungen und Räume der freien Entscheidung: Engagement eröffnend oder behindernd?*
- L. schränkt seine Redeanteile deutlich ein, so dass Sch. vermehrt zum Zuge kommen.

 Handlungszüge zur Stimulation des Sachverhältnisses > Austauschorientierung
- L. ändert die Kommunikationsorientierung von lehrerorientiert zu schülerorientiert.
- L. ermuntert die Sch. zu wechselseitiegn Unterstützungen.

> *Selbstorientierung*
- L. gibt erst Hilfen, wenn die Sch. ohne sie offenkundig nicht weiterkommen.

(2) Die gesamte Klasse darf beisteuern.

 Handlungszüge zur lebendigen Gestaltung > Variation der Verarbeitungsaktivitäten: Reibungslosigkeit
- L. sagt nichts, was die Sch. nicht auch sagen könnten.

Handlungszüge zur Moderierung der individuellen Begegnung > Kommunikationsfunktionen: Aufgabenorientierung
- L. bleibt eher unpersönlich, hält Distanz, um Sch. für die Aufgabenbewältigung freizusetzen.

 Handlungszüge zur Systemsteuerung, d.h. zur Gestaltung der Beziehung von Handlungsstuktur und Situationsstruktur > Rückführungshilfen
- L. lässt die erfolgte Gedankenentwicklung nachgestalten.

(3) Die Lehrkraft lässt SchülerInnen-Äußerungen, die die Fragen getroffen haben, stehen.

 Handlungszüge zur Moderierung der individuellen Begegnung > Rücksicht auf das Selbstwertgefühl: Einfühlung
- L. hört Sch. ohne Unterbrechung zu und vermittelt durch sein Verhalten, dass er versteht oder zu verstehen sucht.
- L. formuliert sein Verständnis dessen, was die Sch. sagen, mit eigenen Worten und meldet es zur Bestätigung oder Richtigstellung an die Sender zurück (aktives Zuhören).

> Rücksicht auf das Selbstwertgefühl: Wertschätzung
- L. ermutigt Sch., z.B. durch Kopfnicken und minimale verbale Zustimmung zum Weiterreden bzw. Weitermachen.

 Handlungszüge zur Systemsteuerung, d.h. zur Gestaltung der Beziehung von Handlungsstruktur und Situationsstruktur > Stabilisierungshilfen
- L. gibt unmittelbare und sachangemessene Bestätigungen.

Lenkung: Hohe Lenkung

(1) Die Lehrkraft rückt ihre Gedanken in den Vordergrund.

 Handlungszüge zur Unterstützung der Aneignungsprozesse > Differenzieren
- L. setzt andere Akzente.

(2) Die Lehrkraft lenkt das Gespräch.

 Handlungszüge zur sachstrukturellen Entfaltung in der Wissensvermittlung > Durcharbeiten
- L. führt ein offensichtlich gut durchdachtes Lehrgespräch, bei

dem L. unter Einbeziehung von Vorkenntnissen der Sch. den Sinn- und Sachzusammenhang eines Themas erschließt. Ein Spannungsbogen wird wahrnehmbar, die Mitarbeit der Sch. erscheint rege.

Handlungszüge zur Unterstützung der Aneignungsprozesse > Zentrieren

- L. sorgt bei einem freien Gespräch für eine Zusammenfassung, für die Sicherung der Ergebnisse.

Handlungszüge zur lebendigen Gestaltung > Variation der Verarbeitungsaktivitäten: Reibungslosigkeit

- L. organisiert, koordiniert Beiträge der Sch.

> Variation der Verarbeitungsaktivitäten: Arbeitsschwung

- L. organisiert Stoffentfaltung gezielt auf Höhepunkte hin.

Handlungszüge zur Moderierung der individuellen Begegnung > Beziehungen klären: Emotional – sozial

- L. gestaltet den Meinungsaustausch formell; trägt Sorge für einen geregelten Ablauf.

> Kommunikationsfunktionen: Aufgabenorientierung

- L. weist nicht zur Sache gehörige Beiträge der Sch. ab.
- L. unterbricht Sch. bei deren Redebeiträgen zum Zwecke der Zentrierung auf das Thema.
- L. drängt Sch., ihre Beiträge einer gedanklichen Ordnung zu unterziehen.

Handlungszüge zur Systemsteuerung, d.h. zur Gestaltung der Beziehung von Handlungsstruktur und Situationsstruktur > Stabilisierungshilfen

- L. organisiert Verdeutlichungshilfen eines Gesprächs- und Gedankenablaufs durch Verschriftlichungen (Tafelarbeit; Tageslichtprojektor; Hefteintrag).

Handlungszüge zur Stimulation des Sachverhältnisses > Steuerung der verbalen und nonverbalen Wissensrepräsentation nach Prozessgestaltungsmerkmalen (monoton vs. bewegt) und nach Modi der Teilhabe (monologisch vs. dialogisch)

- L. stützt die Themaorientierung von Diskussionsbeiträgen.

> Tätigkeit

- L. lenkt die Sch. ihre Erfahrungen auf den Begriff zu bringen.
- L. beharrt auf logisch aufgebauter Argumentation.

(3) Die Lehrkraft wiederholt, kommentiert Klassenäußerungen. Diese werden als Anstoß für „Monologe" benutzt.

 Handlungszüge zur sachstrukturellen Entfaltung in der Wissensvermittlung > Aktivieren eines Bezugsrahmens

- L. stellt Verknüpfungen zu vorausgegangener Stoffbehandlung her (auch durch Wiederholen, Abhören, Hausaufgaben kontrollieren usw., sofern dies als themarelevant für den weiteren Fortgang angesehen werden kann).

> Bedeutungseinheiten sichern: Mechanisches Üben; Strukturales Üben

- L. greift alte Kompetenzen wieder auf, um sie lebendig zu erhalten.
- L. knüpft an alte Kompetenzen an, um Verankerungen des neuen Stoffes im Gedächtnis zu erleichtern.

 Handlungszüge zur Unterstützung der Aneignungsprozesse > Zentrieren

- L. kommentiert, berichtet, erzählt, teilt mit, trägt vor.

 Handlungszüge zur Moderierung der individuellen Begegnung > Kommunikationsfunktionen: Aufgabenorientierung

- L. erläutert, stellt dar, berichtet, informiert.

Der Benutzer kann diese Liste hinsichtlich der genannten drei Betrachtungsmöglichkeiten völlig getrennt durchgehen. Die verwendeten visuellen Hilfen sollten ihm dies leicht machen.

Zum Inhalt der Kennzeichnung lerngünstigen Lehrverhaltens beim Gruppenunterricht ist in der Phase 2 bei „Lenkung" zu bemerken, dass Haag für das Kriterium „Keine Lenkung" gegenüber „Hohe Lenkung" Werte gefunden hat, die diese Strategie begünstigen.

2.5 Quellenangaben[*]

Arbeitskreis OPD (Hrsg.). (1998). *Operationalisierte Psychodynamische Diagnostik: Grundlagen und Manual* (2. Aufl.). Bern: Huber.

Ausubel, D. (1968). *Educational Psychology*. New York: Holt, Rinehart and Winston, Inc.

Bachmair, G. (1974). *Unterrichtsanalyse. Verfahren und Fragestellungen zur Planung, Durchführung und Auswertung von Unterrichtsbeobachtungen*. Weinheim: Beltz.

Becker, G.E. (1988). Über den Stellenwert der Kriterienkataloge zur Unterrichtsbeurteilung. In Institut für Weiterbildung (Hrsg.), *Lernprozesse beobachten, verstehen, beurteilen* (Schriftenreihe zur Lehrerbildung, Lehrerfortbildung und pädagogischen Weiterbildung, Bd. 12, S. 86–93). Pädagogische Hochschule Heidelberg.

Bardmann, Th.M. (Hrsg.). (1997). *Zirkuläre Positionen. Konstruktivismus als Praktische Theorie*. Opladen: Westdeutscher Verlag.

Bardmann, Th.M. (Hrsg.). (1998). *Zirkuläre Positionen 2. Die Konstruktion der Medien*. Opladen: Westdeutscher Verlag.

Bardmann, Th.M. & Lamprecht, A. (1999). *Systemtheorie verstehen. Eine multimediale Einführung in systemisches Denken*. Opladen: Westdeutscher Verlag.

Baumert, J., Bos, W. & Lehmann, R.H. (Hrsg.). (2000). *TIMSS/III. Dritte internationale Mathematik- und Naturwissenschaftliche Studie. Bildung am Ende der Schullaufbahn* (Bd. 1 und 2). Opladen: Leske & Budrich.

Baumert, J. (2002). Interview mit der Wochenzeitung DIE ZEIT vom 27.06.02, S. 30.

Beck, K. (2000). Zur Lage der Lehr-Lern-Forschung – Defizite, Erfolge, Desiderate. *Unterrichtswissenschaft, 28*, 1, 23–29.

Behrendt, R.F. (1963). *Dynamische Gesellschaft. Über die Gestaltbarkeit der Zukunft*. Bern: Scherz.

Bertelsmann Stiftung (2002). *Wir brauchen eine andere Schule! Das deutsche Bildungssystem hält nicht, was es verspricht! Konsequenzen aus PISA. Positionen der Bertelsmann Stiftung*. Gütersloh: Bertelsmann Stiftung.

Bruner, J.S., Olver, R.R. & Greenfield, P.M. (Eds.). (1966). *Studies in cognitive growth*. New York: Wiley.

Bundesministerium für Bildung und Forschung (Hrsg.). (2001). *TIMSS-Impulse für Schule und Unterricht. Forschungsbefunde, Reforminitiativen, Praxisberichte und Video-Dokumente*. Bonn: BMBF.

Clausen, M. (2002). *Qualität von Unterricht – Eine Frage der Perspektive?* Münster: Waxmann.

Clausen, M., Reusser, K & Klieme, E. (2002). *Unterrichtsqualität auf der Basis hochinferenter Unterrichtsbeurteilungen: Ein Vergleich zwischen Deutschland und der deutschsprachigen Schweiz*. Universität Mannheim, Lehrstuhl für Erziehungswissenschaft.

---

[*] Hier werden nur die Titel angeführt, auf die im vorliegenden Text Bezug genommen wird. Ein ausführliches Literaturverzeichnis findet sich auf der CD-ROM.

Dahrendorf, R. (1966). *Bildung ist Bürgerrecht. Plädoyer für eine aktive Bildungspolitik.* Hamburg.

Dann, H.-D., Diegritz, Th. & Rosenbusch, H.S. (Hrsg). (1999). *Gruppenunterricht im Schulalltag: Realität und Chancen.* Erlangen: Universitätsbund Erlangen-Nürnberg e.V.

Deutsches PISA-Konsortium (Hrsg.). (2001). *PISA 2000. Basiskompetenzen von Schülerinnen und Schülern im internationalen Vergleich.* Opladen: Leske + Budrich.

Ditton, H. (2002). Unterrichtsqualität. *Unterrichtswissenschaft, 3,* 197–212.

Einsiedler, W. (2002). Das Konzept „Unterrichtsqualität". *Unterrichtswissenschaft, 3,* 194–196.

Entwistle, N.J., Entwistle, A. & Tait, H. (1993). Academic understanding and contexts to enhance it: A perspective from research on student learning. In T.M. Duffy, J. Lowyck & D.H. Jonassen (Eds.), *Designing environments for constructive learning* (pp. 331–357). Berlin: Springer.

Haag, L. (1998). *Die Qualität des Gruppenunterrichts im Lehrerwissen und Lehrerhandeln.* Friedrich-Alexander-Universität, Erlangen-Nürnberg: Habiltitationsschrift.

Hamm-Brücher, H. (1965). *Auf Kosten unserer Kinder.* Hamburg.

Helwig, P. (1951). *Charakterologie* (2. Aufl.). Stuttgart: Klett.

Hentig, H.v. (1976). Sozialpathologie der Schule. *Merkur, 6,* 221–233.

Hentig, H.v. (1985). *Die Menschen stärken und die Sachen klären. Ein Plädoyer für die Wiederherstellung der Aufklärung.* Ditzingen: Reclam.

Herbart, J.F. (1802–1832/1986). *Systematische Pädagogik* (Eingel., ausgew. u. interpretiert von Dietrich Benner). Stuttgart: Klett-Cotta.

Hofer, M. (2000). Schule: Vom Lernort zur „intermediären" Institution. *Unterrichtswissenschaft, 28,* 1,10–15.

Kopp, F. (1971). Die Artikulation des Unterrichts. In H. Röhrs (Hrsg.), *Didaktik* (S.155–168) Frankfurt am Main: Akademische Verlagsgesellschaft.

Kösel, E. (1997). *Die Modellierung von Lernwelten. Ein Handbuch zur Subjektiven Didaktik* (3. Aufl.). Elztal-Dallau: Laub.

Kramis, J. (1989). *Grundlegende Gütekriterien für Unterricht und Didaktische Prinzipien. Theoretische Grundlegung und empirische Überprüfung an 110 Personen.* Berichte zur Erziehungswissenschaft, 79. Freiburg, CH: Pädagogisches Institut der Universität.

Molnar, A. & Lindquist, B. (1990). *Verhaltensprobleme in der Schule. Lösungsstrategien für die Praxis.* Dortmund: modernes lernen.

Niegemann, H.M. (2000). Lehr-Lernforschung in den 90er Jahren: Multimedia, Schulen ans Netz, TIMSS – und was sonst? *Unterrichtswissenschaft, 28,* 1, 4–9.

Oser, F. & Patry, J.L. (1990). *Choreographien unterrichtlichen Lernens. Basismodelle des Unterrichts.* Pädagogisches Institut der Universität Freiburg (Schweiz), Berichte zur Erziehungswissenschaft, Nr. 89.

Pfistner, H.-J. (1993). *Das Heidelberger Unterrichtsmodell.* Donauwörth: Auer.

Picht, G. (1964). *Die deutsche Bildungskatastophe.* Olten: Walter.

Ratke, F.-O. (1996). *Wissen und Können – Grundlagen der wissenschaftlichen Lehrerbildung.* Opladen: Leske & Budrich.

Sarasin, S. (1995). *Das Lernen und Lehren von Lernstrategien. Theoretische Hintergründe und eine empirische Untersuchung zur Theorie „Choreographien unterrichtlichen Lernens"*. Hamburg: Kovac.

Schauenburg, H., Freyberger, H.J., Cierpka, M. & Buchheim (Hrsg.). (1998). *OPD in der Praxis. Konzepte, Anwendungen, Ergebnisse der Operationalisierten Psychodynamischen Diagnostik*. Bern: Huber.

Scheltwort, P. (2004). *Unterricht beobachten und analysieren. Eine theoretische und empirische Studie zur Evaluation des Modells „Lehrerhandeln im Unterricht"*. Pädagogische Hochschule Heidelberg: Dissertation.

Scheunpflug, A. (1999). Evolutionäre Didaktik – Ein Didaktikentwurf aus system- und evolutionstheoretischer Sicht. In H.-G. Holtappels & K. Horstkemper (Hrsg.), Neue Wege in der Didaktik? Analysen und Konzepte zur Entwicklung des Lehrens und Lernens. *Die deutsche Schule*, 5. Beiheft, 169–185.

Scheunpflug, A. (2001). *Evolutionäre Didaktik. Unterricht aus system- und evolutionstheoretischer Perspektive*. Weinheim: Beltz.

Scheunpflug, A. (2001b). *Biologische Grundlagen des Lernens*. Berlin: Cornelsen Scriptor.

Schulz von Thun, F. (1988ff). *Miteinander reden* (3 Bde). Reinbek: Rowohlt.

Schwark, W. (1977). *Praxisnahe Unterrichtsanalyse*. Ravensburg.

Stapf, K.H., Herrmann, T., Stapf, A. & Stäcker, K.H. (1972). *Psychologie des elterlichen Erziehungsstils*. Bern und Stuttgart: Gemeinschaftsverlag Huber und Klett.

Stock, J., Wolf, H., Mohr, H. & Thietke, J. (1998). *Delphi-Studie 96/98* (Endbericht: Potentiale und Dimensionen der Wissensgesellschaft – Auswirkungen auf Bildungsprozesse und Bildungsstrukturen). München.

Terhart, E. (1983). *Unterrichtsmethode als Problem*. Weinheim: Beltz.

Terhart, E. (2000). *Lehr-Lern-Methoden. Eine Einführung in Probleme methodischer Organisation von Lehren und Lernen* (3. Aufl.). Weinheim: Beltz.

Terhart, E. (1999). Konstruktivismus und Unterricht. Gibt es einen neuen Ansatz in der Allgemeinen Didaktik? *Zeitschrift für Pädagogik, 45*, 5, 629–666.

Treiber, B. & Weinert, F. E. (Hrsg.). (1982). *Lehr-Lern-Forschung*. München: Urban & Schwarzenberg.

Wagner, B. (1999). *Lernen aus der Sicht der Lernenden: eine Untersuchung zum Einfluß des Basismodell-Unterrichts auf das Lernen von Schülerinnen und Schülern* (Europäische Hochschulschriften: Reihe 11, Pädagogik; Bd. 780). Frankfurt am Main: P. Lang.

Watzlawick,P., Weakland, J.H. & Fisch, R. (1974). *Lösungen. Zur Theorie und Praxis menschlichen Wandels*. Bern: Huber.

Weidenmann, B. (2000). Perspektiven der Lehr-Lern-Forschung. *Unterrichtswissenschaft, 28*, 1, 16–22.

Wiater, W. (2001). Herausforderungen an die Schule von morgen. In W. Wiater (Hrsg.), *Kompetenzerwerb in der Schule von morgen. Fachdidaktische und erziehungswissenschaftliche Aspekte eines nachhaltigen Lernens* (S. 7–22). Donauwörth: Auer.

Reihe **PRAXIS TRAINING**

Wibke v. Grone/Jörg Petersen

Zum Lernen anregen
Motivation in Theorie und Praxis

168 S., kart., **mit CD-ROM**   Best.-Nr. **3680**

Mit dem Medienverbund (Lehr- und Arbeitsbuch + Lern-programm auf CD-ROM) wird der Themenbereich „Lehr-fertigkeiten für Lehrer/-innen aller Bildungsstufen" der Reihe „praxis training" erweitert. Theorie und Technik, Ler-nende zum Lernen anzuregen, werden in einer Kombina-tion aus Lesestudium, computergestütztem Lernen und Anregungen für Trainingsexperimente vermittelt. Dass hierbei genau die Theorien und Methoden Anwendung finden, die Gegenstand des Medienverbundes sind, ver-steht sich von selbst.
Nach einer allgemeinen und mit vielen veranschau-lichen und Videobeispielen präsentierten Einleitung werden ....che (Leistungsmotivation, Attribution, ...r- und Kompetenzmotivation, Flow-Er- und Stress) als Wechselspiel zwischen ....puter-Lernprogramm und dem Litera-

turstudium entfaltet. Jedem Bereich sind Train... praxis und computergestützte Übungsaufgab Der Medienverbund eignet sich sowohl für das .... Weiterbildungsmaßnahmen.

Videobeispiele aus der Lehr- und Lern-...teraktives Video – zugeordnet. ...is auch als Grundlage für Seminare und

...nut Sommer

...age im Unterricht
...es Studien- und Arbeitsbuch mit

160 S., ...   **D-ROM**   Best.-Nr. **3233**

Jörg Peters.. Hartmut Sommer zeigen, dass die oft verpönte „Le.. ..age", wenn sie pädagogisch sinnvoll eingesetzt wir.. ...n effektives und motivierendes Lehr-instrument sein ... ... Das Werk besteht aus einem Arbeits-buch, aus Übungen anhand von Unterrichtsbeispielen (die als Video auf der beiliegenden CD-ROM enthalten sind) sowie einer Lernsoftware zum Thema „Lehrerfrage", eben-falls auf der CD-ROM. Die Medien ergänzen sich, können aber jeweils auch ganz unabhängig voneinander genutzt werden. Der Leser hat damit die Möglichkeit, den seinem Lernstil am besten entsprechenden Lernweg selbst zu wählen.

Rund um die Uhr bequem bestellen unter
Tel.: 01 80/5 34 36 17, Fax: 09 06/73-1 78 oder
online: www.auer-verlag.de